L h 4 60
B

AF337045

M. 1001.
C+

HISTOIRE

DE LA

DERNIERE GUERRE

DE BOHEME.

TOME PREMIER.

HISTOIRE

DE LA
DERNIERE GUERRE

DE BOHEME.

ENRICHIE DES CARTES, DES PLANS DE BATAILLES ET DES SIEGES.

Par Mr. D. M. V. L. N.

NOUVELLE EDITION.

TOME PREMIER.

A AMSTERDAM,

Chez DAVID MORTIER,

MDCCLVI.

HISTOIRE

DE LA

DERNIERE GUERRE

DE BOHEME.

LIVRE PREMIER.

ARGUMENT.

Etat de l'Europe à la mort de l'Empereur Charles VI. *Guerre de Siléſie. Prétentions du Roi de Pruſſe ſur une partie de ce Duché.*

L A néceſſité de m'amuſer dans une eſpéce de ſolitude où je me trouve par le concours de certaines circonſtances, jointe à l'ambition d'inſtruire le Public ſur quantité de faits qu'il ignore ou qu'il ſait mal, me fait entreprendre l'Hiſtoire d'une Guerre remplie d'événemens extraordinaires. Voici en deux mots le plan que je me ſuis formé. J'expoſerai d'abord les cauſes de cette Guerre; je rapporterai ſimplement les raiſons des Attaquans & de l'Attaqué; après quoi je narrerai les faits avec tout l'ordre & toute l'impartialité dont je ſuis capable.

Depuis le Miniſtére du Cardinal Albéroni, l'Eſpagne formoit de grands projets ſur l'Italie, mais le mauvais ſuccès de la guerre qu'elle y avoit portée en 1718. lui avoit fait comprendre que tant que la France n'agiroit pas

de concert avec elle , il lui feroit impoffible
de réuffir. Tout le monde fait que la diverfion
que cette Puiffance fit en attaquant l'Efpagne
dans fes propres Etats , contribua plus que
toute autre chofe à la Paix qui fut conclue
entre les Cours de Madrid & de Vienne. L'Efpagne s'attacha donc à faire entrer la France
dans fes vues , & à l'engager à fe joindre à elle
pour attaquer l'Empereur. Mais le Cardinal
de Fleuri , qui depuis la mort du Régent gouvernoit en quelque forte cette puiffante Monarchie , avoit pris des engagemens avec les
Puiffances maritimes alliées de l'Empereur,
qui ne lui permettoient pas de fe prêter aux
deffeins de l'Efpagne. Celle-ci , enfléc des fuccès que fes armes avoient eus en Afrique où
elles avoient pris Oran , n'attendoit qu'une
occafion favorable pour revendiquer des Domaines qu'elle n'avoit cédés qu'à fon corps
défendant. La mort d'Augufte II. arrivée en
1733. brouilla l'Empereur avec la France , &
fournit à l'Efpagne cette occafion qu'elle a-
voit tant fouhaitée.

Il eft important de rappeller tous ces faits ,
pour bien connoître l'état de l'Europe à la
mort du dernier Empereur, la difpofition des
Puiffances à l'égard de fa Succeffion , & les
refforts qui ont occafionné la conquête rapide
que les Bavarois firent de la Bohême. Avançons.

Le Roi Augufte avoit fenti depuis longtems
le peu d'avantage qu'il y avoit à être Roi de
Pologne , & prévoyant , en habile Politique ,
que l'Empereur Charles VI. venant à mourir
fans Enfans mâles , donneroit lieu à plufieurs
Princes de faire valoir leurs prétentions , il
tourna

tourna toutes ſes vues de ce côté-là , & ne
penſa qu'à ſe mettre en état de profiter de
cette conjonĉture pour acquérir quelque partie de cette riche Succeſſion qui fût à ſa bien-
féance , & qui en conſervant à ſes Succeſſeurs
la Dignité Royale , agrandît en même tems
leurs Etats , & leur fût d'un avantage plus réel
que la Couronne de Pologne. Pour cet effet
il entretint une étroite amitié avec le Roi de
Pruſſe , Frédéric-Guillaume I. avec l'Electeur de Baviére , & ſur-tout avec la France.
Par une ſuite de ces diſpoſitions , Auguſte s'é-
toit joint aux Elecŧeurs de Cologne , de Baviére , & Palatin , pour engager la Diéte de
l'Empire à refuſer à l'Empereur la garantie
de la *Pragmatique-Sanĉtion Caroline* , c'eſt-à-dire , du Teſtament par lequel Sa Majeſté Impériale aſſuroit tous ſes Etats à l'Aîné de ſes
Enfans , ſoit mâle ou femelle.

Cette conduite du Roi de Pologne ne pouvoit pas manquer de déplaîre à l'Empereur :
auſſi lorſque ce grand Monarque fut mort ,
Sa Majeſté Impériale , dans la ſuppoſition que
ſon Succeſſeur adopteroit les mêmes principes , fit aſſembler un Corps d'armée en Siléſie , ſur les frontiéres de la Pologne , bien ré-
ſolu de traverſer l'élecŧion du nouvel Elecŧeur
de Saxe , pour ſe venger du précédent ; cependant il lui fit offrir ſous main ſon ſecours &
celui de ſes Alliés , s'il vouloit ſigner la garantie de la Pragmatique-Sanĉtion.

Son Alteſſe Electorale avoit des vues toutes
différentes de celles du feu Roi ſon Pére au ſujet de la Couronne de Pologne. Elle accepta les
offres de l'Empereur , ſigna la garantie de la

Sanction-Pragmatique, & se mit sur les rangs pour disputer la Couronne au Roi Stanislas que le parti du Primat avoit élu. Sur ces entrefaites un Corps de Troupes Russiennes entra en Pologne, en vertu de l'alliance conclue entre la Russie, l'Empereur & le Roi de Prusse, pour maintenir la liberté des Suffrages. Le Roi de Prusse voyant les engagemens que l'Empereur venoit de prendre avec l'Electeur de Saxe, se sépara de l'alliance & voulut rester neutre. La Russie, qui n'étoit pas fâchée que l'Electeur de Saxe fût Roi de Pologne, seconda les vues de l'Empereur, & peu après l'Electeur ayant été élu par ceux de son parti qui s'étoient retirés à Karsinowska, les Troupes Russiennes se joignirent aux Saxonnes qui entrérent en Pologne d'abord après l'Election d'Auguste III. Ce Prince partit lui-même aussitôt de ses Pays héréditaires, & vint se faire couronner à Cracovie.

Cependant la France donnoit les plus fortes assurances aux Polonois de ne rien oublier pour maintenir la liberté de l'Election, soit par des armemens, soit par des diversions; & bien instruite des vues de l'Empereur, elle faisoit déclarer par ses Ministres à Londres & en Hollande, que si Sa Majesté Impériale troubloit la Pologne, soit par le voisinage de ses troupes qui n'avoient qu'un pas à faire pour y entrer, soit par ses Alliés, elle l'attaqueroit sur le champ.

L'Empereur ne parut pas faire grand cas de ces menaces, il continua à tenir les Polonois en allarme, en faisant camper son Armée sur les frontiéres de la Pologne, & favorisa la jonc-

jonction des Saxons & des Russes , qui tombant alors sur les Partisans du Roi Stanislas , les dissipérent , & contraignirent ce Prince lui-même à se jetter dans Dantzig avec l'Ambassadeur de France.

D'abord après la Scission arrivée dans la République par l'Election des deux Candidats , Louïs XV. déclara la guerre à l'Empereur pour tirer raison de l'injure qu'il venoit de lui faire dans la personne de son Beaupére , à qui il avoit donné l'exclusion. L'Espagne ne manqua pas de saisir cette occasion pour reprendre des Pays qu'elle n'avoit cédés à l'Empereur que par la nécessité qui fait céder le plus foible au plus fort. Elle envoya vingt mille hommes en Italie. Le Roi de Sardaigne , aussi mécontent de la Cour de Vienne , qui ne l'avoit point satisfait sur divers articles du Traité d'Utrecht , se joignit à l'Espagne & à la France. Il donna passage au travers de ses Etats à plus de cinquante mille François , qu'il grossit de quinze mille hommes de ses troupes , & en moins de deux campagnes l'Empereur perdit presque toute l'Italie , le Fort de Kehl , Philisbourg & Traerbach.

L'Electeur de Saxe , pour qui l'Empereur s'étoit attiré cette guerre , ne pouvoit que le secourir foiblement , occupé avec les Russiens à faire rentrer les Polonois sous son obéissance. Dans cette extrémité Sa Majesté Impériale eut recours à ses amis les Anglois (1) & les Hollandois , & à quelques autres Puissances qui

avoient

____

(1) Un Auteur moderne les nomme plaisamment, *Les anciens Trésoriers de l'Auguste Maison.*

avoient accédé à des Traités défensifs qu'il avoit faits avec les premiers.

Le Roi d'Angleterre n'avoit pas été content de l'Empereur par rapport à la maniére dont il en avoit usé avec l'Espagne dans l'affaire de la succession des Duchés de Parme & de Toscane : d'ailleurs Sa Majesté Britannique n'ignoroit pas tout ce qui s'étoit passé en Pologne, puisque de concert avec les Etats - Généraux elle avoit fait tout son possible pour engager l'Empereur & la Russie à retirer leurs troupes qui donnoient de l'ombrage, & à se désister de l'exclusion qu'ils avoient formellement donnée au Roi Stanislas. Tout cela ensemble engagea le Roi d'Angleterre à déclarer aux Ministres Impériaux, par l'avis de son Conseil, que la guerre que la France faisoit à l'Empereur étoit une guerre juste que Sa Majesté Impériale s'étoit attirée, & qu'elle auroit pu éviter si elle eût voulu écouter les avis de ses Alliés. Les Etats-Généraux tinrent à peu près le même langage. Ils dirent que l'Empereur étoit l'agresseur, & que par conséquent la guerre qu'on lui faisoit ne touchoit en rien ses Alliés, puisqu'il se l'étoit attirée malgré toutes leurs remontrances.

Mais comme ces sages Républicains sentoient bien que les Pays - Bas dépourvus de Troupes, d'Argent & de Magazins, couroient grand risque de tomber en moins de rien sous la puissance de la France, & qu'eux, avec quarante mille hommes de troupes qu'ils avoient en tout, ne se trouvoient rien moins qu'en état de les défendre, sans compter qu'il est toujours fâcheux de faire la guerre pour un

autre,

autre, ils prirent le parti de la Neutralité,
que l'Ambaſſadeur de France leur propoſoit,
& firent dire à ce Miniſtre par leur Député,
,, que comme Leurs Hautes-Puiſſances ne s'é-
,, toient mêlées en aucune maniére, ni direc-
,, tement ni indirectement, des affaires de Po-
,, logne, elles n'avoient pas plutôt eu des rai-
,, ſons d'appréhender que les différens ſenti-
,, mens par rapport à l'Election d'un Roi de
,, Pologne pourroient donner occaſion à des
,, voyes de fait, qui pourroient être ſuivies
,, d'une guerre générale, & même d'une guer-
,, re dans laquelle les Pays-Bas Autrichiens
,, ſeroient enveloppés, qu'elles ont auſſitôt
,, travaillé à prévenir ces voyes de fait. Qu'a-
,, près avoir conféré là-deſſus par leurs Dépu-
,, tés avec Mrs. les Miniſtres de l'Empereur
,, & de la Grande-Bretagne, elles ont écrit
,, ſur ce ſujet en des termes très preſſans di-
,, rectement à Sa Majeſté Impériale & Catho-
,, lique. Que quoique la réponſe qu'elles ont
,, reçue ne ſatisfaſſe pas tout-à-fait leur eſpé-
,, rance & leur attente, elles ne peuvent pas
,, douter que Sa Majeſté Très-Chrétienne ne
,, ſoit convaincue par la conduité qu'elles ont
,, obſervée, que non ſeulement elles n'ont
,, contribué en aucune maniére à traverſer la
,, libre élection d'un Roi de Pologne, mais
,, qu'au-contraire elles ont fait tout ce qu'on
,, pouvoit attendre d'elles, dans une affaire
,, de cette nature, pour prévenir les voyes
,, de fait; que leur deſſein de continuer leurs
,, offices, & que quels que puiſſent être les
,, ſuccès de leurs inſtances bien intention-
,, nées, elles étoient bien réſolues de ne pren-

A 4

,, dre

„ dre aucune part aux affaires de Pologne ni
„ aux brouilleries , qui , fans leur faute &
„ coopération, pourroient en réfulter. Qu'a-
„ près cela elles croyoient avoir lieu de pou-
„ voir s'attendre que Sa Majefté Très-Chré-
„ tienne, non feulement approuvera leur con-
„ duite en cela, mais qu'auffi elle voudra bien
„ *leur donner cette affurance que les Pays-Bas*
„ *Autrichiens , dont Sa Majefté Impériale &*
„ *Catholique eft préfentement en poffeffion , qui*
„ *fuivant les Traités doivent fervir de barriére*
„ *à leur République , & à la Grande-Bretagne,*
„ *& qui à cet égard les touchent de bien plus*
„ *près eux & la Grande-Bretagne , que Sa Ma-*
„ *jefté Impériale quoique Souveraine de ces Pays,*
„ *ne feront pas attaqués à l'occafion des diffé-*
„ *rends entre Sa Majefté Impériale & la Fran-*
„ *ce fur l'Election d'un Roi de Pologne.*
La Cour de France accorda auffitôt la Neutralité que les Etats demandoient.

Si l'Empereur gagna dans cette affaire , en
ce qu'il ne lui en couta rien pour garantir un
Pays très-aifé à foumettre dans l'état où il é-
toit, il perdit d'un autre côté ce zéle , cette
ardeur que les Hollandois avoient toujours té-
moignée pour fon augufte Maifon, depuis qu'ils
l'avoient regardée comme néceffaire à leur fureté. De-là cette lenteur, ou, fi l'on veut ,
cette circonfpection avec laquelle ils ont agi
dans la fuite par rapport aux intérêts de cette
Maifon. De-là cette efpéce de refroidiffement
entre les Etats & l'Empereur.

Cependant les progrès des Puiffances alliées
déconcertoient la Cour de Vienne. Le Ministre qui gouvernoit la France , perfuadé que
d'or-

d'ordinaire la fortune échappe lorsqu'on croit la mieux tenir, fit faire quelques propofitions de Paix. Le Confeil de l'Empereur ne demandoit pas mieux que de finir une guerre fi funefte, & fi malheureufe; mais dès qu'il vit que la France pofoit pour Préliminaire la Ceffion de la Lorraine en dédommagement de l'Exclufion donnée au Roi Staniflas, il parut ne vouloir point de Paix à ce prix, & aimer mieux courir encore les rifques de la guerre. Le Cardinal n'ignoroit pas combien l'Empereur défiroit l'exécution de fa chére Sanction-Pragmatique. Il le prit par fon foible, & lui offrit la garantie du Roi fon Maître pour la ceffion de la Lorraine, outre un équivalent qu'il auroit foin de procurer au Duc de ce nom. Cette propofition fut extrêmement agréable, rien ne pouvoit être plus avantageux à la Pragmatique-Sanction, que la garantie d'un auffi puiffant Prince que le Roi de France, qui feul étoit un garant fuffifant, quand même l'Empereur n'en auroit pas eu d'autre. On commença dès lors à travailler à ce Traité définitif, par lequel le Duc de Lorraine céde fon Duché & celui de Bar au Roi Staniflas, ou plutôt à la France, qui s'engage à lui procurer la ceffion de la Tofcane. Mais le point principal étoit la garantie du Roi Très-Chrétien. Le X. Article du Traité définitif fut employé à régler cette importante affaire. Voici en quels termes il eft conçu. ,, C'eft par rapport aux chofes fta-
,, tuées ci-deffus, que Sa Majefté Royale Très-
,, Chrétienne a pris en la meilleure forme qu'il
,, foit poffible, par le VI. Article des Articles
,, Préliminaires, par rapport aux Etats en partie

A 5

,, déjà

,, déjà possédés , & en partie à posséder par
,, Sa Sacrée Majesté Impériale , l'engagement
,, de la défense appellée vulgairement Garan-
,, tie de l'Ordre de succéder dans la Maison
,, d'Autriche , qui a été plus amplement expli-
,, qué par la *Pragmatique-Sanction* publiée le
,, 19. jour d'Avril de l'année 1713. Car ayant
,, été exactement considéré que la tranquillité
,, publique ne pouvoit durer & subsister plus
,, longtems , & qu'on ne pouvoit imaginer de
,, moyen sûr pour conserver un équilibre du-
,, rable en Europe , que la conservation du
,, susdit Ordre de succession , contre toutes sor-
,, tes d'entreprises futures : Sa Sacrée Majesté
,, Royale Très-Chrétienne mue , tant par le
,, désir ardent qu'elle a du maintien de la tran-
,, quillité publique , & de la conservation de
,, l'équilibre en Europe , que par la considéra-
,, tion des conditions de la Paix auxquelles
,, Sa Sacrée Majesté Impériale a consenti, prin-
,, cipalement par cette raison , s'est obligée de
,, la maniére la plus forte à défendre le susdit
,, Ordre de succession ; & afin qu'il ne puisse
,, naître dans la suite aucun doute sur l'effet de
,, cette sûreté ou garantie, Sa susdite Sacrée
,, Majesté Royale Très-Chretienne s'engage ,
,, en vertu du présent Article, de mettre à exé-
,, cution cette même sûreté , appellée vulgai-
,, rement garantie , toutes & quantes fois qu'il
,, en sera besoin ; promettant par soi & ses Hé-
,, ritiers de la maniére la meilleure & la plus
,, stable que faire se peut , qu'elle défendra de
,, toutes ses forces , maintiendra , & , comme
,, on dit , garantira contre qui que ce soit tou-
,, tes les fois qu'il en sera besoin , cet ordre de
,, Suc-

,, Succeſſion que Sa Majeſté Impériale a décla-
,, ré & établi en forme de *Fidei-Commis* per-
,, pétuel, indiviſible & inſéparable, en faveur
,, de la primogéniture pour les Héritiers de
,, Sa Majeſté de l'un & de l'autre Sexe, par
,, l'Acte ſolemnel publié le 19 Avril de l'An-
,, née 1713, & ajoûté à la fin du préſent Traité,
,, lequel Acte a été porté dans les Monumens
,, publics pour avoir force de Loi & de Prag-
,, matique-Sanction, valide à perpétuïté, &
,, dont le Saint Empire Romain a promis la
,, garantie, en vertu du *Conclufum* émané le
,, 11 Janvier 1732. Et comme ſelon cette ré-
,, gle & ordre de ſuccéder dans le cas où par
,, les effets de la bonté divine il y aura des
,, Enfans mâles deſcendus de Sa Sacrée Ma-
,, jeſté Impériale, l'Aîné de ſes Fils, ou ce-
,, lui-ci étant mort, le Premier-né de cet Aî-
,, né, &, n'y ayant aucune Ligne Maſculine
,, de Sa Sacrée Majeſté Impériale, l'Aînée de
,, ſes Filles, les Séréniſſimes Archiducheſſes
,, d'Autriche, l'ordre & droit de primogéni-
,, ture indiviſible étant à jamais obſervé, doit
,, lui ſuccéder dans tous les Royaumes, Pro-
,, vinces & Etats que Sa Majeſté Impériale
,, poſſéde actuellement, ſans qu'il y ait jamais
,, lieu à aucune diviſion ou ſéparation, ſoit en
,, faveur de ceux ou celles qui ſont de la ſecon-
,, de, troiſiéme ou derniére ligne ou degré ou
,, autrement, pour quelque cáuſe enfin que ce
,, puiſſe être; ce même ordre & droit de pri-
,, mogéniture indiviſible devant pareillement
,, ſubſiſter dans tous les autres cas & à perpé-
,, tuïté dans tous les tems & dans tous les
,, âges, également ou dans la Ligne Maſcu-
,, line,

„ line, ou la Ligne Maſculine étant éteinte,
„ dans la Ligne Féminine ; ou enfin toutes &
„ quantes fois qu'il pourroit être queſtion de
„ la Succeſſion aux Royaumes, Provinces &
„ Etats Héréditaires poſſédes actuellement par
„ Sa Sacrée Majeſté Impériale. C'eſt pourquoi
„ Sa Sacrée Majeſté Royale Très - Chrétienne
„ promet & s'oblige de défendre celui ou cel-
„ le qui ſuivant l'ordre qui vient d'être rap-
„ porté, doit ſuccéder aux Royaumes, Pro-
„ vinces & Etats que Sa Sacrée Majeſté Im-
„ périale poſſéde actuellement, & de les y
„ maintenir à perpétuïté, contre tous & quel-
„ conques qui tenteroient de troubler en au-
„ cune maniére cette poſſeſſion.

Cette garantie eſt exprimée, comme on voit,
en des termes qui ne ſauroient être ni plus
forts, ni plus précis. Cependant la France s'eſt
crue diſpenſée de remplir ſes engagemens, lorsque l'Electeur de Baviére a voulu faire valoir
ſes prétentions, & l'a même appuyé de troupes & d'argent, comme je le dirai tantôt plus
au long.

Pendant qu'on travailloit à Vienne & dans
le Cabinet du Roi de France à régler tous
les Articles du Traité de Paix, le Comte de
Thöring Envoyé de Baviére à Paris préſenta
au Cardinal de Fleuri un Mémoire ſous le titre de *Déduction Fondamentale*, où il fit voir
les droits inconteſtables que la Maiſon de Baviére avoit ſur l'Autriche, la Bohême, & la
Hongrie même, par le Teſtament de Ferdinand I. portant qu'au défaut d'Héritiers mâles
la ſucceſſion paſſeroit à ſa Fille aînée Anne
Epouſe d'Albert V. Duc de Baviére, & Mére

de

de Guillame V. Trifayeul de l'Electeur actuellement régnant. Le Cardinal n'ignoroit pas ces prétentions, & quelque défir qu'il eût de les favorifer, il n'ofoit le témoigner ouvertement. Il fe contenta d'en écrire à l'Empereur en termes vagues, & feulement pour le fonder. La réponfe de ce Monarque fit comprendre qu'il n'étoit pas d'humeur à mettre cette affaire en arbitrage. Le Cardinal fit une nouvelle tentative, plus précife que la premiére. On lui répondit de maniére à ne laiffer aucun doute fur ce que l'Empereur penfoit à cet égard, & quelque tems après les raifons de ce Monarque furent communiquées au Marquis de Mirepoix, Ambaffadeur de France à Vienne. En voici un extrait.

„ Il a été répondu à Mr. le Marquis de Mi-
„ repoix, que fur les ouvertures faites au fu-
„ jet des prétentions de l'Electeur de Baviére,
„ on s'eft déjà, au mois de Juillet dernier, ex-
„ pliqué d'une façon à faire fuffifamment con-
„ noître l'infubfiftance defdites prétentions.

„ L'Electeur préfent ayant auffi bien recon-
„ nu, fans ferment folemnel, la Succeffion é-
„ tablie dans la Maifon d'Autriche, qu'il a
„ garantie, pouvoit-il alors ignorer les Con-
„ tracts de Mariage, les Teftamens & les Co-
„ diciles qu'il prétend faire valoir à l'heure
„ qu'il eft? Et quoi de valable dans la Société
„ Civile pourroit-on imaginer, fi fous prétexte
„ d'avoir ignoré des titres anciens de cent &
„ deux cens ans, il étoit permis de renverfer
„ des promeffes auffi facrées? Quelle fureté
„ y auroit-il deformais, fi les fermens & les
„ garanties ne fuffifent point? & comment
„ ac-

,, accorder ensemble de garantir la succession ;
,, & de renverser la même succession en s'y
,, opposant de toute sa force ?

,, Les renonciations sous condition de rap-
,, pel des Epouses du Duc Albert & de l'Elec-
,, teur Maximilien de Baviére ne sont pas d'une
,, autre nature, que celles des autres Archi-
,, duchesses d'Autriche, qui les ont précédées
,, ou suivies : il est constant qu'en Allemagne
,, toutes les Filles qui renoncent sous condi-
,, tion, sont censées succéder par rappel au dé-
,, faut des Mâles dans les biens dont les Fem-
,, mes ne sont pas positivement exclues, &
,, cela, soit que ce Droit de rappel leur soit
,, expressément réservé, ou non, vu qu'il leur
,, appartient *ipso jure*, &c. en conséquence de
,, l'axiôme des Jurisconsultes : *quod ubi adest*
,, *dispositio Legis, non opus sit dispositione hominis.*
,, Il ne fut rien accordé au-delà de ce Droit
,, de rappel aux Epouses du Duc Albert & de
,, l'Electeur Maximilien, ni par l'Empereur
,, Ferdinand I. ni par Ferdinand II. du nom, &
,, ce même Droit de rappel *suo loco & ordine*,
,, n'est point contesté à la Maison de Baviére ;
,, mais que les Empereurs susmentionnés ayent
,, prétendu exclure toutes les autres Archidu-
,, chesses, en ne conservant ce Droit qu'à leurs
,, Filles qu'ils avoient mariées à des Prin-
,, ces de la Maison de Baviére, ou qu'ils ayent
,, voulu les préférer aux autres, qui un jour
,, seroient plus proches au dernier Mâle dé-
,, cédant, c'est une chose avancée sans aucun
,, fondement, & qui ne sauroit jamais être
,, prouvée par les susdits Testamens ni Codi-
,, ciles. Une disposition aussi monstrueuse de-
,, vroit

„ vroit en tout cas être exprimée en des ter-
„ mes clairs, pofitifs, & tels qu'ils ne fe-
„ roient fufceptibles d'aucun doute, tandis
„ qu'il y eft dit feulement, qu'au défaut de
„ la Ligne mafculine, leur Filles euffent à
„ fuccéder, ce qui ne leur fera point contefté
„ lorfque l'ordre de la fucceffion les touchera.

„ Or on comprend aifément, que lorfque
„ lesdits Teftamens & Codiciles furent dres-
„ fés, d'autres Archiducheffes ne pouvoient
„ être préférées aux Filles des Teftateurs, ni
„ être fait aucune mention de préférence,
„ puifqu'elles fe trouvoient alors les plus pro-
„ ches à fuccéder; mais de-là il ne s'enfuit en
„ aucune façon, que les Archiducheffes nées
„ depuis doivent perdre les droits que Dieu
„ & la Nature leur ont donnés en qualité de
„ Filles & d'Héritiéres, & qui leur appartien-
„ nent par les mêmes principes, qu'à celles
„ des Empereurs Ferdinand I. & II. de ce
„ nom, puifqu'aucun de ceux-ci n'a ni vou-
„ lu, ni pu leur ôter ce droit.

„ Le premier fe prouve, parce que non
„ feulement celles, qui par le même cas des
„ Filles des Empereurs Ferdinand I. & II.
„ fe trouvent les plus proches Héritiéres, ne
„ font pas exclues par la teneur de ces Inftru-
„ mens, mais qu'au-contraire il y eft expres-
„ fément fait mention des anciens ufages &
„ coutumes établis dans la Maifon d'Autri-
„ che, & qu'on s'y rapporte même à ces ufa-
„ ges, lefquels font entiérement contraires
„ à des préférences aufli monftrueufes.

„ A l'égard du fecond, il eft certain que
„ les fufdits Empereurs n'auroient jamais pu
exclu-

,, exclure les Archiducheſſes qui naîtroient
,, de leurs Succeſſeurs, parce que le droit de
,, ſuccéder ne dépendoit pas de leur arbitre,
,, étant acquis à ces Princeſſes par la diſpo-
,, ſition de Dieu, & celle de la Nature, ainſi
,, que par les Pactes & Conventions des An-
,, cêtres, & par pluſieurs autres titres.
,, Sa Majeſté Impériale aſſure, que ſi elle
,, ſe trouvoit dans le cas où étoient les deux
,, ſuſdits Empereurs, elle ne voudroit pas
,, ſeulement ſonger à introduire par la Sanc-
,, tion-Pragmatique des excluſions auſſi in-
,, juſtes; mais ce n'eſt pas ſeulement l'Em-
,, pereur, qui ne ſauroit penſer de la ſorte,
,, aucun encore de tant de Princes, & de
,, Puiſſances qui ſe trouvent dans le même
,, cas que l'Electeur de Baviére, ne ſe ſont
,, jamais portés à de pareilles prétentions.
,, Avant les régnes des Empereurs Ferdi-
,, nand I. & II. pluſieurs Archiducheſſes fu-
,, rent mariées à des Princes de différentes
,, Maiſons, & le Droit de rappel, en cas d'ex-
,, tinction des Mâles, leur fut également
,, conſervé, & auſſi-bien ſtipulé que dans le
,, Contract de mariage du Duc Albert & de
,, l'Electeur Maximilien; mais malgré ceci
,, il n'eſt jamais venu dans l'eſprit d'aucun
,, des autres Princes de former des prétentions
,, ſemblables à celles de l'Electeur de Baviére.
,, Or eſt-il ſeulement à ſuppoſer que tous ces
,, autres Princes oublieroient leurs droits,
,, s'ils ſe trouvoient autoriſés par le préten-
,, du grand nombre des Juriſconſultes? Et
,, pour les reclamer devroit - on n'avoir é-
,, gard qu'au tems des Ferdinand I. & II.
,, &

,, & non à ceux d'Albert, d'Ernest, de Maxi-
,, milien, de Léopold, & d'autres ? Pourquoi
,, les mêmes clauses auroient-elles plus de
,, force dans les autres tems, que dans ceux-
,, ci ? Et d'où vient que les deux Contracts
,, de Mariage, les Testamens & Codiciles,
,, avec la prétendue opinion de tant de cé-
,, lébres Jurisconsultes, furent tout-à-fait
,, inconnus à tous les Ministres & Conseil-
,, lers de l'Electeur de Baviére en 1722 &
,, 1726, lorsqu'il contracta de la façon la plus
,, solemnelle des engagemens tout-à-fait con-
,, traires aux prétentions qu'il forme aujour-
,, d'hui ? Jamais le sentiment particulier de
,, quelque Jurisconsulte fut-il regardé comme
,, une Loi ? car ceux-ci se trouvant très-sou-
,, vent partagés d'opinions, on seroit obligé
,, de suivre des idées contradictoires ; par con-
,, séquent il n'y a ni raison ni nécessité de s'y
,, arrêter.

,, Si cependant on avoit indiqué à Sa Majesté
,, Impériale au moins le nom, & la citation d'un
,, seul de ce prétendu grand nombre qu'on fait
,, sonner si haut, rien ne lui seroit plus aisé que
,, d'en faire voir l'insubsistance, & de montrer
,, combien l'avis d'aucun Jurisconsulte est peu
,, propre à être appliqué au cas en question.

,, La Lettre de Mr. le Cardinal de Fleuri ne
,, fait aucune mention ni de ces prétendus Ju-
,, risconsultes, ni des preuves que l'Electeur
,, de Baviére prétend en tirer en faveur de sa
,, cause. On a seulement à peu près conjec-
,, turé par les discours de Mr. le Comte de
,, Pérouse, quels étoient les fondemens sur les-
,, quels on prétend s'appuyer, sans cependant

Tom. I.   B   ,, en

,, en être bien assuré. Ce qu'on s'est imagi-
,, né, ou plutôt ce qu'on a cru deviner des dif-
,, cours du Comte de Pérouse, consiste en ce
,, que quelques-uns des Jurisconsultes Alle-
,, mands soutiennent, que lorsqu'au défaut des
,, Enfans mâles il est question de la succession
,, de plusieurs Filles qui ayent renoncé, ou des
,, Descendans qui les représentent, celles-ci
,, eussent à succéder *in Stirpes*, en partageant
,, tous ensemble l'héritage, puisque le Droit
,, de rappel les favorise tous, & non unique-
,, ment la Fille du dernier Mâle défunt. Mais
,, sans vouloir alléguer que cela n'est point
,, applicable au cas en question, vu l'incom-
,, patibilité de ce sentiment avec la Primogé-
,, niture & l'Indivisibilité établie à l'égard des
,, Provinces héréditaires, & que selon les
,, principes desdits Jurisconsultes ces Païs de-
,, vroient être divisés à l'infini, uniquement
,, en faveur de l'Electeur de Baviére; sans
,, vouloir, dis-je, relever ceci, il est décidé
,, tant par les Loix de l'Empire, que par l'au-
,, torité des plus savans Ecrivains du Droit
,, Public d'Allemagne, que cette opinion, dé-
,, jà entiérement rejettée par la plus grande
,, partie, peut tout au plus avoir lieu dans la
,, succession des Nobles particuliers, mais au-
,, cunement lorsqu'il s'agit de Provinces en-
,, tiéres, parce que par-là les Etats de l'Em-
,, pire se trouveroient démembrés à l'infini,
,, & que par conséquent tout le Systême de
,, l'Empire seroit renversé. Ceci pourroit ê-
,, tre prouvé par nombre de citations, mais il
,, suffira d'opposer au principe susmentionné,
,, que l'Electeur de Baviére ne sauroit apporter

,, au-

„ aucun exemple, que dans une fucceſſion de
„ l'Empire on ait jamais ſuivi cette méthode,
„ en voulant préférer les Héritiéres éloignées
„ aux plus proches.

„ Lorſque la Ligne Maſculine des Ducs de
„ Cléves, Juliers & Bergue vint à manquer,
„ perſonne n'a ſeulement ſongé d'y appeller
„ tous ceux qui ſortant de cette Maiſon pou-
„ voient avoir le Droit de rappel, ni de pré-
„ férer les Sœurs plus éloignées à celles du
„ dernier Duc défunt, & moins encore de
„ choiſir une de ces premiéres pour la ſuc-
„ ceſſion, en donnant l'excluſion à toutes
„ les autres.

„ On n'a non plus donné dans ces idées ou-
„ trées après l'extinction des Mâles de la Fa-
„ mille de Saxe-Lawembourg, ni après celle
„ des Comtes de Hanau, quoiqu'il y ait des
„ Terres qu'on ſuppoſe & prétend ſuſcepti-
„ bles de la ſucceſſion des Femmes.

„ En un mot, les prétentions de l'Electeur
„ de Baviére, & ſes prétendus fondemens ſont
„ tout-à-fait contraires à l'Equité naturelle,
„ au Syſtême, & aux Uſages établis de la Mai-
„ ſon d'Autriche & de l'Empire en général, &
„ de plus contraires à la Renonciation accep-
„ tée ſous ferment ſolemnel, & à la garantie
„ donnée en conféquence en 1726; enfin ces
„ prétentions introduiroient une méthode de
„ ſuccéder ſi monſtrueuſe & ſi inconnue que
„ perſonne n'y a jamais penſé, & que ceux
„ mêmes qui ſe trouvent dans le même cas
„ avec l'Electeur de Baviére n'y penſent point
„ du tout, & que cet Electeur lui-même n'y
„ a donné qu'après l'année 1726. quoiqu'il

B 2

„ dût

,, dût déjà auparavant avoir connoiffance des
,, Teftamens & Codiciles, auffi-bien que des
,, prétendues autorités des Jurisconfultes qu'il
,, veut faire valoir à-préfent.

,. Tout ceci n'eft cependant aucunement
,, dit pour donner lieu à la moindre négocia-
,, tion, ou démarche femblable, fur un point,
,, qui non feulement n'eft fujet à aucun doute,
,, mais qui a même été garanti par les Traités,
,, & les Sermens les plus folemnels, ainfi que
,, des Conclufions de tout l'Empire. On n'y a
,, d'autre intention que d'éloigner tout foup-
,, çon que nous voulions éviter les éclairciffe-
,, mens; & afin qu'on ne puiffe pas conclure,
,, comme on pourroit le faire fi nous nous tai-
,, fions, que nous manquons de raifons folides
,, pour répondre à des prétextes auffi frivoles.
,, C'eft dans cette feule vue, & non par aucu-
,, ne autre raifon, que Sa Majefté Impériale
,, n'eft pas éloignée de faire dreffer des extraits
,, convenables defdits Contracts de mariage,
,, Teftamens & Codiciles, pour les communi-
,, quer à la Cour de France, & faire donner là-
,, deffus les éclairciffemens néceffaires; mais
,, il y faudroit du tems, d'autant plus que de
,, pareilles Piéces ne fauroient être conftées
,, qu'à ceux qui fe trouvent déjà accablés d'as-
,, faires: d'ailleurs le filence fur la Lettre de
,, Mr. le Cardinal de Fleuri eft bien moins
,, long, que celui qu'on garde fur ce que Sa
,, Majefté Impériale a dit à ce fujet dans la
,, Lettre du 26. Juillet.

J'ai rapporté cette réponfe de la Cour de
Vienne, parce qu'elle eft comme le pivot fur
lequel ont roulé toutes les raifons qu'elle a al-
lé-

léguées dans la fuite, n'ayant à peu près fait qu'amplifier celles-ci dans les défenfes qu'elle a oppofées aux argumens des Prétendans à la fucceffion. Je rapporterai en fon lieu les principaux motifs de l'Electeur de Baviére. Revenons à la négociation du Comte de Thoring.

Elle n'eut pas tout le fuccès que la Cour de Munich auróit fouhaité. Le Cardinal, bien convaincu que l'Empereur s'expoferoit plutôt à une nouvelle rupture que de foufrir que l'Electeur de Baviére ou quelque autre Prince que ce fût dût être excepté de la Garantie de la France, confeilla au Roi de la figner purement & fimplement, ce qui fut exécuté, malgré les mouvemens que le Miniftre Bavarois fe donna pour l'empêcher. Il eft probable que la Cour de France fit infinuer à l'Electeur de Baviére, que quoiqu'elle garantît, fans aucune reftriction énoncée, la Pragmatique-Sanction, elle fe réfervoit néanmoins tacitement le cas où cette Garantie pourroit être préjudiciable au droit d'un Tiers ; car alors il n'étoit pas queftion de Garantie, vu qu'un Prince ne s'engageoit à garantir une Loi que dans la fuppofition qu'elle étoit jufte, & qu'il n'étoit lié par la Garantie, que dans les cas où il n'y avoit pas lieu de craindre de faire injuftice à perfonne. C'eft du-moins la principale raifon que la France a alléguée dans la fuite, pour juftifier les fecours qu'elle a donnés à l'Electeur de Baviére ; & fi cette raifon ne paroît pas à certaines gens la meilleure du monde, elle vaut bien au-moins la froide équivoque que Charles-Quint employoit, pour fruftrer François I.

<table><tr><td>B 3</td><td>d'un</td></tr></table>

d'un Pays qui lui appartenoit à si juste titre, je parle du Duché de Milan.

Cependant Charles VI. le dernier des Mâles de la Maison d'Autriche mourut (1), & aussi-tôt sa Pragmatique-Sanction fut violée de toutes parts.

Le Roi de Prusse, qui dans un âge peu avancé avoit toute la politique de ceux qui ont vieilli dans les affaires, prévit fort bien que l'Héritiére de la Maison d'Autriche auroit plus d'un Ennemi sur les bras. Il n'y a-voit pas longtems que ce Monarque étoit parvenu au Trône. Il avoit trouvé en y mon-tant des Finances en bon ordre, une Armée leste, bien armée & bien exercée. Avec de tels avantages, & un grand désir de signaler les commencemens de son régne par quel-que entreprise d'éclat, il résolut de revendi-quer certains Pays situés dans le Duché de Siléfie, que ses Ancêtres avoient été obligés d'abandonner à la Maison d'Autriche, faute de pouvoir les défendre. Il prit pour cela toutes les mesures que sa prudence lui dic-ta; & comme il savoit fort bien qu'en ma-tiére de Guerre & de Politique il n'y a pas moins de gloire à surprendre son Enne-mi qu'à le vaincre, il fit sourdement avan-cer des Troupes sur la frontiére de Siléfie, & dès qu'elles se trouvérent à portée de pouvoir former un Corps d'Armée en se ras-femblant, il les fit tout d'un coup entrer dans ce Duché, où il se rendit lui-même le 13. Décembre de la même année, deux mois après

la

____

(1) Le 20. Octobre 1740.

la mort de l'Empereur. Ce Monarque avoit
laiſſé à ſon Héritiére de vaſtes Etats à garder,
des Coffres vuides, & des Troupes délabrées
& répandues en diverſes Contrées fort éloignées les unes des autres. Le Conſeil de cette
Princeſſe, étourdi de la mort ſubite de l'Em-
reur, n'avoit preſque pris aucunes meſures
pour mettre ſes Etats à couvert de l'invaſion de ceux qui pouvoient lui en diſputer la
poſſeſſion. Il s'étoit en quelque ſorte endormi
ſous l'eſpérance de la Garantie de tant de Puiſſances, ſans conſidérer que les Princes ne tiennent leurs engagemens que ſelon qu'ils y ſont
intéreſſés, & qu'ils ont ſecoué le joug du
point - d'honneur que le Vulgaire met à tenir
ſes promeſſes, même à ſon préjudice. Diſons
mieux : il n'avoit pas été poſſible à ce Miniſtére de remédier à tous les inconvéniens qui
ſe préſentoient en foule par la mort ſubite
de l'Empereur, & par les malheurs de deux
ſanglantes guerres qu'il avoit falu ſoutenir,
& qui étoient à peine finies.

Cela étant ainſi, le Roi de Pruſſe trouva
la Siléſie ſans défenſe. Il ſe rendit maître de
diverſes Places avant que la Cour de Vienne
eût raſſemblé des forces capables de lui faire
tête, & publia divers Ecrits pour prouver la
juſtice de ſes prétentions, & pour juſtifier ſon
procédé. Il s'efforça de démontrer qu'en agiſ-
ſant comme il faiſoit, il ne donnoit point
atteinte à la Sanction - Pragmatique, ni à la
Garantie où le feu Roi ſon Pére s'étoit engagé.
La Cour dé Vienne ne reſta pas ſans replique ;
mais comme elle ſentoit bien qu'il ſaloit avoir
recours à d'autres argumens, elle fit marcher

de tous côtés des Troupes vers la Siléfie, & cependant elle ne négligea pas la voye de la Négociation. Le 7 de Février il y eut une Conférence entre le Comte de Götter, Envoyé de Sa Majefté Pruffienne à Vienne, & le Comte de Wurmbrand Préfident du Confeil Aulique. Elle fe tint chez le Grand-Chancelier de Sintzendorf, & roula fur les moyens d'ajufter les différends furvenus entre les deux Cours. Le Comte de Götter communiqua aux Miniftres Autrichiens les Inftructions que le Roi fon Maître lui avoit envoyées.

1. „Je fuis prêt, difoit ce Prince à fon Mi„niftre, de garantir de toutes mes forces les „Etats que la Maifon d'Autriche poffède en „Allemagne, contre quiconque voudroit les „attaquer.

2. „J'entrerai là-deffus dans une Alliance „étroite avec la Cour de Vienne, celle de „Ruffie, & les Puiffances maritimes.

3. „J'employerai tout mon crédit pour pro„curer la Dignité Impériale au Duc de Lor„raine, & pour foutenir fon élection contre „qui que ce foit. Je pourrois même dire fans „trop rifquer, que je me fais fort d'y réuffir.

4. „Pour mettre d'abord la Cour où vous „êtes en bon état de défenfe, je lui fournirai „inceffamment argent comptant deux mil„lions de florins. Vous fentez bien que pour „des fervices auffi effentiels que ceux aux„quels je m'engage par les conditions très„onéreufes marquées ci-deffus, il me faut „une récompenfe proportionnée, & une fû„reté convenable pour un dédommagement „de tous les rifques que je cours, & du rôle „dont

„ dont je veux bien me charger. En un mot
„ c'eſt la ceſſion entiére & totale de toute
„ la Siléſie, que je demande d'abord pour
„ prix de mes peines, & des dangers que je
„ veux courir dans la carriére où j'entre pour
„ la conſervation & la gloire de la Maiſon
„ d'Autriche.

Il y avoit quelques Articles ſecrets, où le Roi faiſoit entendre à ſon Miniſtre, qu'il pourroit ſe relâcher ſur la prétention de la ceſſion *entiére & totale* de la Siléſie, pourvu qu'on lui en laiſſât la meilleure partie, faiſant les mêmes offres que ci-deſſus à ce prix-là.

Voici la réponſe que la Cour de Vienne fit à ces propoſitions.

1. „ Le lien qui unit tous les Membres du
„ Corps Germanique, & la diſpoſition la
„ plus précife de la Bulle d'or, oblige un
„ chacun d'entre eux à aſſiſter celui qui eſt
„ attaqué dans ſes Etats, lesquels font partie
„ de ce Corps. C'eſt à quoi ſe réduit à-peu-
„ près la premiére offre de Sa Majeſté Pruſ-
„ ſienne: offre qui d'ailleurs n'égale point
„ l'engagement qui réſulte de la Garantie de
„ la Pragmatique-Sanction, dont tout l'Em-
„ pire s'eſt chargé. Or ſi de pareils liens ne
„ font pas valables, de quelle ſûreté la Mai-
„ ſon d'Autriche pourroit-elle ſe flatter?

2. „ Les Alliances avec la Ruſſie & les
„ Puiſſances maritimes, connues de toute
„ l'Europe, ont ſubſiſté avant l'entrée des
„ Troupes Pruſſiennes dans la Siléſie, & el-
„ les ſubſiſtent encore. Et l'on eſt très-aſſuré
„ que l'intention de ces Alliés n'eſt pas que,
„ pour les affermir, la Reine perde une

 „ par-

,, partie de ses Etats, vu que lesdites Al-
,, liances ont pour objet principal de les con-
,, ferver en entier.

3. ,, La Reine ne peut qu'être infiniment
,, redevable à Sa Majefté Pruffienne de la
,, bonne intention qu'elle lui témoigne à l'é-
,, gard de l'Election Impériale ; mais outre
,, que cette Election doit être libre , & doit
,, fe faire de la maniére prefcrite par la Bulle
,, d'or , la Reine eft perfuadée que rien n'eft
,, plus propre à la traverfer que les troubles
,, excités au milieu de l'Empire.

4. ,, On n'a jamais fait la guerre pour for-
,, cer un Prince à accepter l'argent qu'on lui
,, offre , & ce que Sa Majefté Pruffienne a
,, déjà tiré de la Siléfie , fous prétexte d'y
,, faire fubfifter fes Troupes , joint au dom-
,, mage immenfe qui réfulte de la ruine du
,, Païs , furpaffe d'avance les deux millions
,, qu'on offre.

5. ,, La Reine n'eft pas d'avis de com-
,, mencer fon régne par le démembrement de
,, fes Etats. Elle fe croit obligée en honneur
,, & en confcience de maintenir la Sanction-
,, Pragmatique contre toute infraction direc-
,, te ou indirecte. D'où il s'enfuit qu'elle ne
,, fauroit confentir à la ceffion , ni de toute
,, la Siléfie , ni d'une partie d'icelle. Mais
,, elle eft encore prête à renouveller l'ami-
,, tié la plus fincére avec Sa Majefté le Roi
,, de Pruffe , pourvu que cela fe puiffe faire
,, fans une infraction directe ou indirecte , &
,, fans bleffer le droit d'un Tiers ; & pourvu
,, que les Troupes Pruffiennes fortent fans dé-
,, lai de fes Etats. C'eft , à fon avis , l'unique
,, voye

„ voye convenable à l'Equité & à la Justice,
„ aux Constitutions fondamentales de l'Em-
„ pire, au Maintien de son Systême, au Bien
„ & à l'Equilibre de toute l'Europe, & c'est
„ par conséquent l'unique voye conforme
„ à la vraye gloire de Sa Majesté Prussien-
„ ne.: Et la Reine ne balance pas de l'en
„ requérir très-instamment, & même de l'en
„ conjurer par toutes les considérations qui
„ peuvent faire impression sur le cœur d'un
„ grand Prince. Et on ne fait pas difficulté de
„ remettre aux Ministres de Sa Majesté Prus-
„ sienne la présente réponse par écrit, pour
„ plus forte preuve de la surabondance de bon-
„ ne-foi avec laquelle on procéde ici, quoi-
„ qu'on n'ait pu les porter à en agir de-même

Après cette réponse le Comte de Götter & le Baron de Bork, Ministres de Prusse, ne pensérent plus qu'à s'en retourner, voyant bien qu'ils étoient désormais inutiles à Vienne, & que les choses en étoient au point qu'il faloit que le sort des armes en décidât.

Je ne parle de ce fameux démêlé, qu'à cause de la liaison naturelle qu'il a avec les affaires de Bohême. Ainsi je ne suivrai point les Prussiens dans tous les mouvemens qu'ils firent en Silésie. Je toucherai seulement les faits principaux.

Le Roi de Prusse, après s'être emparé de Glogau, & avoir pris toutes les précautions nécessaires pour la conservation de cette Place, se mit en marche vers la Haute-Silésie, & vint camper près d'Otmachau, d'où il fit un détachement de cinq mille hommes qui se portérent sur les frontiéres de la Moravie

sous

sous les ordres du Général Jeetz, & y brulé-
rent la petite Ville de Zuckmantel.

Il y eut diverses escármouches entre les
Partis Prussiens & les Hussars Autrichiens
qui étoient en Moravie, & qui faisoient de
tems en tems des courses dans la Silésie. Cependant les Troupes Autrichiennes destinées
à faire tête à celles du Roi de Prusse, s'assembloient dans la Moravie. Elles y formérent
vers le milieu de Mars une Armée de quarante Escadrons & de vingt-neuf Bataillons,
sans compter les Hussars. Celle du Roi de
Prusse étoit de trente Escadrons & de trente
& un Bataillons. Le Feld-Maréchal Neuperg
vint prendre le commandement de la premiére. Il se rendit à Olmutz, où il tint un grand
Conseil de guerre, après lequel toute l'Armée eut ordre de se tenir prête à marcher;
& le 26 Mars elle arriva à Sternberg, d'où
elle continua à marcher avec assez de difficulté à cause de la neige qui étoit tombée,
& parut ensin dans la Haute-Silésie. Elle
mit Garnison à Grotkau pour avoir toujours
ses derriéres libres, & se posta le 8 d'Avril
dans les villages de Leupusch, de Lichten-
berg, & de Conraldswalde.

Le Roi de Prusse, informé de la marche des
Autrichiens, rappella tous ses détachemens,
& marcha avec toute son Armée vers Fried-
land, dans le dessein d'y passer la riviére de
Neiss; mais ayant vu toutes les forces des
Autrichiens rassemblées vis à-vis de cet endroit, il se rabattit sur Michelau & Loeuven,
où il passa la Neiss sans aucune perte.

Le 10 l'Armée Prussienne s'avança jusqu'au
vil-

village de Pompitz vis-à-vis celui de Molwitz,
où étoit le Quartier-général des Autrichiens.
Ces villages font situés dans le diſtrict de
Brieg ſur une plaine aſſez longue. Le Roi
détacha le Comte de Rhotembourg avec ſix
Eſcadrons de Huſſars pour reconnoître la con-
tenance des Ennemis. A peine ce détachement parut, qu'il fut chargé par un Corps
de Huſſars Autrichiens, qui le firent d'abord
reculer ; néanmoins le Comte ſoutint le combat juſqu'à ce que l'Armée Pruſſienne s'étant
formée, le Roi lui envoya un renfort qui le
dégagea. Sur les deux heures après midi,
Römer, Général des Autrichiens, commença
la bataille à la tête de la Cavalerie compoſée
de ces braves Régimens de Cuiraſſiers qui
font depuis longtems la principale force des
Armées de la Maiſon d'Autriche. Ils venoient d'eſſuyer une décharge de l'Artillerie
Pruſſienne, qui ſembloit n'avoir fait qu'irriter
leur courage. Tout-à-coup ils tombérent ſur
l'aile droite des Pruſſiens avec tant d'impé-
tuoſité, que leur Cavalerie plia & fut miſe
en deſordre. Elle voulut ſe rallier entre les
deux lignes d'Infanterie ; mais les Cuiraſſiers
Autrichiens eurent l'audace de la pourſuivre
dans cet aſyle, ce qui eſt peut-être ſans exemple. Le Roi, pour favoriſer le ralliement
de la Cavalerie de cette aîle, fit avancer
quelques Bataillons de Grenadiers, qui par
leur grand feu rallentirent un peu l'ardeur
des Cuiraſſiers. Ceux-ci furent obligés de reculer ; mais s'étant aiſément ralliés, ils firent
volte-face, & ſe jettérent ſur l'Infanterie de
la première ligne, qu'ils tâchérent de rompre ;
mais

mais ils n'en purent venir à bout, ayant d'a-
bord perdu le Général Römer, & n'étant
point fecondés par le feu de leur Infanterie,
qui n'étoit pas encore à portée d'agir. D'ailleurs ils ne pouvoient fe fervir que de l'arme blanche contre des gens qui les cribloient
eux & leurs chevaux à coups de fufil & de
grenades. Ils furent repouffés de maniére qu'ils
fe virent obligés de fe replier fur leur aîle
droite, ne pouvant plus foutenir le feu des
Pruffiens. Il n'y avoit rien de décidé à la
gauche de ces derniers, on y combattoit avec
un avantage à peu près égal. Mais ce qui
décida l'affaire, c'eft que l'Infanterie Autrichienne étant furvenue, & ayant commencé
un combat de moufquetterie avant que la Cavalerie fe fût remife du defordre où elle étoit,
fe trouva hors d'état de pouvoir fe foutenir,
& perdit du terrain; deforte que le Comte de
Neuperg penfa à la retraite, & la fit en fort
bon ordre, couvert par la Cavalerie de fon
aîle droite, qui n'avoit pas été dérangée le
moins du monde.

On peut juger par tout ce que je viens de
dire (& j'en parle comme témoin oculaire)
qu'une partie de la Cavalerie Autrichienne attaqua trop tôt; que fon impétuofité lui fut funefte, puifqu'elle la fit tomber fous un feu d'Infanterie qui dérangea extrêmement fes rangs,
& que fi elle avoit attendu que l'Infanterie
eût pu agir, la bataille étoit felon toute apparence perdue pour les Pruffiens. Au-lieu d'attendre fon Infanterie, elle s'en fut au galop
tomber fur la Cavalerie ennemie qu'elle défit;
mais elle n'eut pas le même avantage fur l'In-
fan-

fanterie, par la raison qu'il est moralement impossible que la Cavalerie toute seule puisse enfoncer avec son arme blanche un Corps d'Infanterie dont le feu continuel abbat hommes & chevaux.

Cette bataille fut funeste aux deux Partis. Les Prussiens y perdirent le Prince Frédéric Margrave de Brandebourg, Colonel au Service des Etats-Généraux, & le Général Schulembourg tué à la tête de son Régiment de Dragons, qui plia des premiers. Les Autrichiens eurent plusieurs Généraux tués & blessés.

Pendant que les deux Partis se battoient avec tant de fureur, les Jurisconsultes de part & d'autre tâchoient de prouver, les uns la justice des prétentions du Roi de Prusse, les autres la nullité de ces mêmes prétentions, & l'irrégularité de son procédé envers la Reine de Hongrie. Rapportons ici les principales raisons des uns & des autres, & laissons à ceux qui liront cette Histoire la liberté de prendre le parti qu'ils jugeront le plus convenable.

La Silésie est un Fief du Royaume de Bohême. Cette Province, autrefois divisée en plusieurs petites Souverainetés, étoit gouvernée par des Ducs Vassaux des Rois de Bohême. Ces Ducs avoient fait des Pactes de confraternité avec les Electeurs de Brandebourg, en vertu desquels ceux-ci devoient succéder à leurs Etats au défaut de Postérité masculine. La Maison d'Autriche, ayant acquis le Royaume de Bohême, prétendit que ces Pactes étoient absolument nuls, vu qu'ils n'avoient pu

se

se faire sans l'aveu du Seigneur dont les Possesseurs étoient feudataires, c'est-à-dire du Roi de Bohême ; & qu'enfin c'étoient des Terre inaliénables, desorte que quand même les Rois de Bohême auroient consenti qu'elles fussent aliénées, elle ne pouvoient l'être de leur nature.

Les tems n'étant pas favorables aux Electeurs de Brandebourg, ils furent obligés de dissimuler, observant néanmoins en certaines conjonctures de réveiller leurs prétentions. Cela donna lieu à des plaintes de part & d'autre, jusqu'à ce qu'enfin par les Traités de 1686. & 1694. les choses furent accommodées, & l'Electeur Frédéric-Guillaume renonça pour lui & ses Successeurs aux Duchés de Brieg, Lignitz, Wohlau & Jagerdorff. Ceux qui voudront se faire une idée plus étendue de ce fameux Procès, pourront lire les Piéces que je me crois obligé de rapporter ici, vu la rélation que les affaires de Siléfie ont avec celles de la Bohême.

EXPOSITION FIDELE

Des Droits incontestables de la Maison Royale de Prusse & Electorale de Brandebourg sur plusieurs Principautés, Duchés & Seigneuries de la Siléfie, 1741.

I.

„„ Pour peu qu'on soit versé dans l'Histoire
„ de la Bohême & de la Siléfie, on ne peut
„„ igno-

„ ignorer les juftes Prétentions & les Droits
„ inconteftables que la Maifon de Brande-
„ bourg a depuis longtems fur les Princi-
„ pautés & les Seigneuries de *Jaegerdorff*,
„ *Lignitz*, de *Brieg*, de *Wohlau*, de *Beut-*
„ *then*, d'*Oderberg*, &c. & l'on fait auffi
„ qu'elle n'a jamais négligé la pourfuite de
„ fes Droits toutes les fois que l'occafion
„ s'en eft préfentée.

I I.

„ Tous ceux qui ont écrit fur les préten-
„ tions des Princes & des Grands, ont par-
„ lé de celles de la Maifon de Brandebourg,
„ & ont eu foin d'en inftruire le Public; mais
„ il faut avouer qu'ils ne font pas entrés dans
„ un détail fuffifant, faute de connoître de
„ certains Traités, & d'autres Documens au-
„ thentiques.

I I I.

„ Les Ancêtres de l'illuftre Maifon d'Au-
„ triche qui ont été Rois de Bohême, ont
„ très-bien reconnu la validité des Droits de
„ la Maifon de Brandebourg, & ils l'ont
„ fouvent voulu porter à les leur abandonner,
„ moyennant de groffes fommes d'argent;
„ mais jamais les Electeurs ni les Margraves
„ de Brandebourg n'ont voulu confentir à
„ cette aliénation Ils craignoient fans-doute
„ de fe rendre refponfables à leur poftérité
„ même, s'ils vendoient le Droit d'héritage
„ qu'ils avoient acquis fur des Duchés, des

Tom. I.   C   „ Prin-

„ Principautés & des Seigneuries qui leur ap-
„ partenoient légitimement ; d'autant plus
„ qu'ils ne pouvoient les aliéner fans aban-
„ donner leurs Sujets naturels, & fans vio-
„ ler la plûpart des engagemens dans lefquels
„ la Maifon de Brandebourg eft entrée.

IV.

„ On peut dire avec vérité, que les Elec-
„ teurs, & les Margraves de Brandebourg,
„ fe font toujours fait un fcrupule de laiffer
„ fans fecours, & d'abandonner à une Puis-
„ fance étrangére, des Sujets qui leur appar-
„ noient par droit héréditaire : qui fe trou-
„ voient engagés par ferment à la Maifon E-
„ lectorale, & qui étoient inconfolables de
„ fe voir, pour ainfi dire, arrachés à leurs
„ légitimes Souverains & obligés de fauffer
„ leur foi, pour céder à une force majeure.

V.

„ Mais enfin, comme le tems caufe des
„ révolutions, même dans les plus puiffans
„ Etats, il vient d'en arriver une favorable
„ à la Maifon de Brandebourg, à qui les
„ voyes d'accommodement & de juftice qu'el-
„ le a recherchées, n'ont jamais pu réuffir,
„ à caufe de l'extrême puiffance où la Mai-
„ fon d'Autriche étoit parvenue par la pos-
„ feffion du Trône Impérial. La Ligne mas-
„ culine de cette Maifon, qui fe trouvoit par-
„ venue au faîte des Grandeurs Humaines,
„ vient de s'éteindre, & la Providence ou-
„ vre

„ vre par là à celle de Brandebourg les mo-
„ yens de fecourir des Sujets abandonnés de-
„ puis fi longtems, & de fe mettre en poffef-
„ fion de ce qui lui appartient inconteftablè-
„ ment.

V I.

„ Pour convaincre le Public attentif à ces
„ fortes de révolutions, de la validité des
„ Droits dont il s'agit ici, il eft à propos
„ d'en donner une idée préliminaire ; ce qui
„ fera d'autant plus aifé, que fans employer
„ ni l'art, ni la chicane, il n'y a pour réus-
„ fir qu'à produire les Documens qui fe trou-
„ vent dans les Archives.

V I I.

„ Les preuves dont on fe fervira étant de
„ différente nature, il fera bon de les ran-
„ ger dans l'ordre qui leur fera le plus na-
„ turel.

C H A P I T R E I.

Des droits de la Maifon Royale de Pruf-
fe & Electorale de Brandebourg fur
le Duché de Jaegerdorff.

I.

„ COmme c'eft dans le Duché de Jaeger-
„   dorff qu'on a employé les moyens les
„ plus violens pour arracher ce Pays à la
C 2

„ Mai-

„ Maison de Brandebourg , à qui il appar-
„ tient de droit, c'eft auffi par ce Duché
„ qu'il fera bon de commencer.

I I.

„ En voici l'hiftoire. Le Margrave Geor-
„ ge, à qui fon zéle pour la Religion Pro-
„ teftante fit donner le nom de *Pieux* ou de
„ *Dévot*, acheta ce Duché argent comptant
„ en l'année 1524. Il étoit Coufin & en mê-
„ me tems Gouverneur de Louis Roi de Bo-
„ hême, qui lui avoit permis, & même con-
„ feillé d'acheter des Terres en Siléfie, vou-
„ lant bien qu'il en jouît comme des Biens
„ propres & héréditaires, avec pouvoir d'en
„ difpofer à fa volonté, & de les aliéner,
„ en la maniére & quand il le jugeroit à pro-
„ pos. Le Margrave autorifé à faire une
„ telle acquifition, vendit tout ce qu'il avoit
„ acquis dans le Royaume de Hongrie, &
„ employa l'argent qu'il en tira, à acheter
„ le Duché de Jaegerdorff.

I I I.

„ La fomme dont on étoit convenu fut
„ exactement payée aux Seigneurs de Schel-
„ lemberg, à qui le Pays de Jaegerdorff a-
„ voit appartenu jufqu'alors, & en même tems
„ le Margrave fit l'acquifition de la Baronie
„ héréditaire de Lubfchutz.

I V.

IV.

„ Le Roi de Bohême ne tarda pas après
„ cela de donner au Margrave George l'in-
„ veſtiture actuelle du Duché de Jaegerdorff,
„ comme d'un Fief *héréditaire & aliénable,*
„ & dès-lors ce Margrave obtint voix & ſéan-
„ ce aux Diétes & aux Aſſemblées des Prin-
„ ces de Siléſie.

V.

„ Après la mort du Roi Louïs, Ferdinand I.
„ Roi de Bohême confirma en 1527. tout ce
„ qui s'étoit paſſé au ſujet de Jaegerdorff, &
„ George le Pieux jouït paiſiblement de ce
„ Duché juſqu'à ſa mort, qui arriva en
„ 1543. Il avoit établi dans ſon Duché une
„ forme de Gouvernement très-avantageuſe.
„ Il s'étoit comporté avec beaucoup de ſa-
„ geſſe, avoit procuré le bien & l'avantage
„ de ſes Sujets, agrandi conſidérablement
„ la Ville de Jaegerdorff où il réſidoit or-
„ dinairement, y avoit bâti un Château,
„ & n'avoit rien oublié de ce qui pouvoit
„ contribuer au bonheur de ſes États.

VI.

„ Il laiſſa un Fils nommé George-Frédéric,
„ qui lui ſuccéda; & qui étant né en 1539.
„ n'avoit que quatre ans quand ſon Pére
„ mourut. C'eſt ce qui donna lieu à Albert
„ dit l'*Alcibiade,* qui réſidoit en Franconie,

C 3

„ de

,, de prétendre à la tutelle du jeune George-
,, Frédéric son Cousin, & de l'exercer aussi
,, bien par rapport au Duché de Jaegerdorff,
,, qu'au Margraviat d'Anspach. Cependant
,, comme Ferdinand I. ne crut pas pouvoir
,, se fier à la bonne-foi d'Albert, il eut
,, soin des intérêts de George-Frédéric, &
,, fit mettre en sequestre les revenus du Du-
,, ché de Jaegerdorff au profit de ce jeune
,, Prince.

V I I.

,, Dès qu'il eut atteint l'âge de dix-neuf
,, ans, Ferdinand I. lui remit fidélement son
,, Duché de Jaegerdorff, & lui fit toucher
,, en même tems avec la derniére exactitude
,, tous les revenus qu'on en avoit tirés, &
,, qui jusqu'alors avoient été soigneusement
,, conservés.

V I I I.

,, Le règne de George-Frédéric fut très-
,, heureux. Mais quoique ce Prince eût eu
,, deux femmes, il ne laissa point d'enfans,
,, & voulant mettre ordre à ses affaires, il
,, donna par Testament, à la Maison Electo-
,, rale de Brandebourg, tant le Duché de Jae-
,, gerdorff, dont il pouvoit disposer (*suivant
,, le 2. §. ci-dessus.*) que le Seigneuries héré-
,, ditaires de Lubschutz, d'Oderberg, de
,, Beuthen, de Tarnowitz, & autres dépen-
,, dances. Joachim-Frédéric, alors Electeur
,, de Brandebourg, se mit, en vertu du Tes-
,, ta-

„ tament fusmentionné, en poffeffion du
„ Duché de Jaegersdorff & de tout ce qui
„ en dépend; il s'y fit rendre hommage,
„ il y régla tout ce qui concernoit la Ré-
„ gence du Païs, & cela fans oppofition
„ ni contradiction quelconque. C'eft de cet
„ Electeur que defcend toute la Maifon
„ Royale de Pruffe & Electorale de Bran-
„ debourg, & c'eft de lui qu'elle tient par
„ *Fideïcommis*, & par des Conventions ob-
„ fervées dans la Famille, le droit de fuc-
„ ceffion au Duché de Jaegerdorff & à tou-
„ tes fes appartenances.

IX.

„ Il eft vrai que l'Electeur Joachim-Fré-
„ déric jugea à propos de donner, en 1607,
„ ledit Duché, & tout ce qui en dépend,
„ au Margrave Jean-George, qui étoit le
„ Puîné de fes Fils. Deux raifons l'engagé-
„ rent à cette démarche; il favoit que les
„ Etats de Jaegerdorff fouhaitoient d'avoir un
„ Prince qui les gouvernât, & qui demeurât
„ dans le Pays; & d'ailleurs il vouloit pro-
„ curer un dédommagement au Prince fon
„ Fils, que diverfes intrigues avoient obli-
„ gé de renoncer à l'Evêché de Strasbourg.

„ Mais au-refte cette donation ne porte
„ aucun préjudice à la Ligne Electorale de
„ Brandebourg, laquelle a confervé tous les
„ Droits qui la regardent, en vertu du *Fideï-
„ commis* & des autres Conventions dont on
„ vient de parler.

X.

„ Durant les troubles qui arrivérent en
„ Bohême, le Margrave Jean-George, Duc
„ de Jaegerdorff, s'allia avec Frédéric V.
„ Electeur Palatin, & se trouva aussi engagé
„ dans une sanglante guerre avec l'Empereur
„ Ferdinand II La Maison Electorale de
„ Brandebourg ne prit à-la-vérité aucune
„ part à cette révolution, mais elle ne put
„ empêcher Ferdinand II. qui étoit Empe-
„ reur & Roi de Bohême, de déposséder le
„ Margrave de son Duché de Jaegerdorff, &
„ de le mettre même au Ban de l'Empire, où
„ il mourut l'année suivante.

„ Il laissa un Fils mineur, nommé Ernest,
„ né en 1617, & qu'on peut dire qui hérita
„ de ses malheurs; car malgré l'intercession
„ de plusieures Princes & grands Seigneurs,
„ qui sollicitoient l'Empereur de ne pas
„ faire porter à un Enfant encore mineur la
„ peine que son Pére avoit encourue, en le
„ dépouillant des Biens de sa Maison, on ne
„ put rien obtenir pour ce jeune Prince, qui
„ resta privé de son Patrimoine, & qui mou-
„ rut en 1642. Avec lui s'éteignit la Branche
„ appanagée de Brandebourg, à qui Jaeger-
„ dorff appartenoit.

X I.

„ Ce Duché échut alors avec toutes ses
„ dépendances à la Ligne Electorale, comme
„ un héritage appartenant de Droit aux Mâ-
„ les

„ les de la Famille; & depuis cela les Rois
„ de Bohême de la Maifon d'Autriche n'ont
„ pu, fans injuftice, demeurer en poffeffion
„ d'un Bien propre & héréditaire de la Mai-
„ fon de Brandebourg. C'eft ce que l'Electeur
„ Frédéric - Guillaume de glorieufe mémoi-
„ re ne manqua pas de repréfenter, foutenant
„ hautement, que fuivant la difpofition des
„ Loix, les Mâles d'une Famille qui a reçu
„ l'inveftiture d'une Principauté, font auto-
„ rifes à s'en mettre eux-mêmes en poffeffion,
„ dès qu'elle eft vacante, & cela fans autre
„ forme de procès, & fans en demander per-
„ miffion à perfonne.

XII.

„ Par malheur pour ce grand Prince, la
„ Guerre dite *de trente ans* étoit encore al-
„ lumée en 1642. part tout l'Empire, & il
„ ne jugea pas à propos d'en commencer une
„ nouvelle au fujet de Jaegerdorff. D'ailleurs
„ les Empereurs de la Maifon d'Autriche lui
„ faifoient efpérer qu'on en pourroit venir à
„ un accommodement, & l'affaire refta pen-
„ dant longtems dans les termes d'une fim-
„ ple négociation.

XIII.

„ On la mit fur le tapis pendant les Con-
„ grès qui fe tinrent en Weftphalie; mais on
„ étoit déjà fi embaraffé à accommoder ce
„ qui avoit donné fujet à la guerre, qu'on
„ ne put fe réfoudre à traiter de cette
C 5
„ ma-

,, maniére qui paroiſſoit nouvelle ; & de-plus
,, on ne pouvoit s'empêcher de prêter l'o-
,, reille à la Maiſon d'Autriche, qui promet-
,, toit toujours, que quand la Paix ſeroit faite
,, on chercheroit les moyens de terminer
,, l'affaire de Jaegerdorff à l'amiable & con-
,, formément aux loix de l'équité.

X I V.

,, Comme on ſavoit qu'il y avoit des Traités
,, particuliers entre les Rois de Bohême & la
,, Maiſon de Brandebourg, ſuivant leſquels,
,, en cas de diſpute, ils doivent prendre
,, d'abord ce qu'on nomme des *Aſtrégues*,
,, pour terminer leur différend, on propoſa
,, de tenter cette voye ; mais elle ne réuſſit
,, point, & l'on ne put même convenir du
,, choix d'un ſeul Arbitre.

X V.

,, En effet dans une affaire dont l'éviden-
,, ce eſt entiére, étoit-il poſſible de s'amuſer
,, à des procédures ? & quand on auroit vou-
,, lu mettre en œuvre toutes les ſubtilités de
,, la Chicane en faveur de la Couronne de
,, Bohême, pouvoit-on diſputer à la Maiſon
,, de Brandebourg ſon Droit héréditaire ſur
,, le Duché de Jaegerdorff ?

X V I.

,, Il ſeroit fort inutile d'alléguer, en fa-
,, veur des Rois de Bohême, la félonie dont
,, on

„ on a accufé le Margrave Jean-George ; car
„ à prendre les chofes à la rigueur, on n'a
„ pu en faire porter la peine qu'aux defcen-
„ dans mêmes du Prince accufé de ce crime,
„ ce qui s'eft fait en privant le Margrave
„ Erneft, fa vie durant, du Duché qu'il a-
„ voit hérité de fon Pére. Pour fes parens
„ en ligne collatérale, comme on ne pou-
„ voit rien leur imputer, ils n'étoient pas
„ puniffables d'un mal qu'ils n'avoient point
„ commis ; c'eft ce dont tout Jurifconfulte
„ demeurera d'accord, à moins que la paf-
„ fion ne l'ait entiérement aveuglé. Il y a
„ plus, & fuivant le fentiment des plus
„ habiles Jurifconfultes, on ne peut priver
„ les Enfans même d'un Vaffal convaincu
„ de félonie, des Droits qu'ils ont naturel-
„ lement fur le Fief dont leur Famille a
„ reçu l'inveftiture ; parce que ce n'eft point
„ du dernier poffeffeur qu'ils tiennent leur
„ Droit de Succeffion, mais de la volonté &
„ de la difpofition de celui dont leur Fief
„ dérive originairement.

X V I I.

„ Suppofant donc que le Margrave Jean-
„ George, Duc de Jaegerdorff, ait été cou-
„ pable du crime de Léze-Majefté, il y
„ auroit encore bien des chofes à dire en
„ faveur de fon Fils le Margrave Erneft, &
„ de la Maifon de Brandebourg, qui fuccéda
„ en 1642. aux Droits de ce Prince. Car
„ enfin, s'il eft vrai, comme on n'en peut
„ douter, qu'en cas de Léze-Majefté on
„ ne

„ ne puisse saisir que les Biens allodiaux du
„ Coupable, les Fiefs héréditaires dans la Mai-
„ son du Prince Ernest, & qui lui apparte-
„ noient en vertu d'un *Fedeïcommis* établi
„ dans sa Famille, n'ont pu lui être ravis;
„ & c'est faire injustice à ses Parens, que
„ de les priver de leurs prétentions, eux
„ qui n'ont en rien participé à la faute dont
„ on accusoit leur Devancier. Il est donc
„ constant que ce seroit à tort, qu'on vou-
„ droit exclure les Princes de la Maison E-
„ lectorale de Brandebourg de la succession
„ au Duché de Jaegerdorff, & qu'on ne peut
„ avec raison retenir des Biens qui appar-
„ tiennent à leur Famille, parce qu'ils ne
„ peuvent être responsables des fautes qu'ils
„ n'ont pas commises.

XVIII.

„ Tout ceci est incontestable, & personne
„ n'ignore que le dernier possesseur d'un Fief
„ héréditaire doit le remettre à ses parens en
„ ligne collatérale.

„ On a dit ci-dessus (*chap.* I. §. 2.) que
„ le Margrave George ne se laissa persuader
„ par le Roi Louïs d'acheter le Duché de
„ Jaegerdorff, qui dépendoit de la Couronne
„ de Bohême, que pour en jouïr comme
„ d'un Fief aliénable, & dont il pourroit
„ disposer par Testament. C'est uniquement
„ cet avantage qui le porta à acquérir Jaeger-
„ dorff & ses dépendances, & jamais sans
„ cela il n'auroit pu se résoudre à vendre le
„ partrimoine & tous les biens qu'il avoit en
„ Hongrie pour en acheter d'autres en Silésie.

XIX.

XIX.

,, Le Margrave George - Frédéric eut oc-
,, casion d'user des Droits que son Pére avoit
,, acquis. Il disposa en 1599 & en 1603
,, de toute sa succession, & la Ligne Electo-
,, rale de Brandebourg ayant acquiescé à ses
,, volontés, elles furent pleinement exécu-
,, tées après sa mort. Il laissa, par Testa-
,, ment, le Duché de Jaegersdorff avec tou-
,, tes ses dépendances à l'Electeur Joachim-
,, Frédéric, qui s'en mit en possession en
,, 1603, sans que personne ait jamais pensé
,, à s'y opposer. Ce Duché fut ainsi atta-
,, ché & en quelque maniére incorporé aux
,, Etats que possédoit la Maison Electorale
,, de Brandebourg, conformément à des
,, Traités qui subsistent dans la Famille, &
,, que l'Empereur a confirmés.

XX.

,, Il ne faut alléguer ici ni prescription ni
,, d'autres pareilles exceptions. On n'a ja-
,, mais négligé de faire valoir les Droits de
,, la Maison Electorale de Brandebourg sur
,, la Principauté de Jaegersdorff, comme sur
,, un Fief héréditaire; & les Rois de Bohê-
,, me de la Maison d'Autriche ont certai-
,, nement été informés de la validité de ces
,, Droits, puisqu'ils ont souvent offert des
,, sommes très - considérables pour les ra-
,, cheter. On peut les convaincre de n'a-
,, voir

,, voir jamais ignoré que le Duché de Jae-
,, gerdorff appartenoit en propre à la Maison
,, Electorale de Brandebourg, & on laisse à
,, juger après cela, si les Rois de Bohême,
,, qui en ont joüi depuis si longtems, ont
,, toujours été dans la bonne-foi.

XXI.

,, Il est enfin tems de revendiquer ce qu'on
,, a été obligé de laisser depuis tant d'années
,, en des mains étrangéres ; & puisque l'oc-
,, casion est favorable, il est naturel d'em-
,, ployer les moyens que l'on a de faire va-
,, loir ses Droits. La Maison d'Autriche n'en
,, doit point être surprise, elle peut être sa-
,, tisfaite de la patience avec laquelle les
,, Electeurs de Brandebourg l'ont vu joüir
,, du Duché qui lui appartient, & dont elle
,, a tiré les revenus pendant près d'un siécle.
,, A compter les intérêts de ces revenus,
,, qu'elle a tirés durant tant d'années, ils
,, excéderoient infiniment le capital ; & per-
,, sonne apparemment ne trouvera étrange que
,, le Roi de Prusse, comme Electeur de Bran-
,, debourg, pense enfin sérieusement à répa-
,, rer les pertes que sa Maison a faites.

CHAPITRE II.

Des Droits de la Maison Royale de Prusse &
Electorale de Brandebourg sur les Duchés
de Lignitz, de Brieg & de Woblau.

I.

„ Il est bon de remarquer d'abord, que
„ les anciens Ducs de Lignitz, issus des
„ Piastes, ont été Souverains dans leur Etat,
„ qu'ils l'ont gouverné comme un Païs li-
„ bre & héréditaire dans leur Famille, sans
„ être assujettis aux Rois de Pologne ou de
„ Bohême, & sans avoir jamais voulu dé-
„ pendre de personne.

II.

„ Mais en 1329 ils offrirent en Fief à Jean
„ de Luxembourg, Roi de Bohême, tant
„ leurs Duchés & Principautés, que leurs
„ autres Biens, déclarant, comme il est por-
„ té dans les premiéres Lettres d'investitu-
„ re, que ladite *oblation* étoit *volontaire*, &
„ qu'ils prétendoient encore *les tenir à l'a-*
„ *venir comme Fiefs héréditaires, & en con-*
„ *servant tous leurs Droits & tous leurs Pri-*
„ *viléges.*

III.

„ Il est évident après cela que ces Fiefs,
„ en qualité de Biens offerts, sont fort dif-
„ fé-

,, férens de cette autre efpéce de Fiefs,
,, qu'un Seigneur confére à un Vaffal par
,, grace & comme un bénéfice. Ici le Sei-
,, gneur Direct n'a rien donné du fien, &
,, c'eft plutôt lui qui a reçu de fes Vaffaux
,, les Fiefs qu'il rendit enfuite, à condition
,, qu'on lui en fît hommage.

IV.

,, Il ne faut donc pas juger de la condition
,, des Fiefs fusdits, fuivant les Loix ordinai-
,, res qui concernent les Fiefs donnés par pu-
,, re grace. Car felon des Lettres du Roi
,, Uldiflas, en date de l'année 1511, les Fiefs
,, de Lignitz, & des Etats qui en dépendent,
,, devoient être *héréditaires & aliénables*; tel-
,, lement que les Ducs de Lignitz confer-
,, voient l'avantage dont ils avoient ci-devant
,, joüi, qui étoient de pouvoir, de leur vi-
,, vant, vendre, engager & aliéner tous leurs
,, Etats & toutes leurs Poffeffions.

,, Mais comme il ne paroît pas d'abord d'u-
,, ne conféquence néceffaire, que l'on puif-
,, fe toujours difpofer de fon bien par Tefta-
,, ment, dès qu'on a la faculté d'en difpofer
,, entre vifs, ou, pour parler le langage du
,, Droit Féodal, que l'on puiffe toujours tes-
,, ter de tout Fief aliénable, les Princes de
,, Lignitz, qui ne vouloient avoir les mains
,, liées en aucune maniére, obtinrent la Dé-
,, claration fuivante, qui fe trouve auffi
,, dans les Lettres données au Roi Uladis-
,, las en 1511.

Que les Princes auroient la faculté de ven-
dre,

dre, d'engager, de troquer & d'aliéner leurs
Etats & leurs Seigneuries, felon qu'ils le ju-
geroient à propos, foit en tout, foit en par-
tie, par voye teftamentaire ou de donation à
çaufe de mort.

V.

,, Après cela toutes les objections que l'on
,, pourroit faire tombent d'elles - mêmes.
,, On auroit beau dire que le Privilége ac-
,, cordé en 1511 aux Ducs de Lignitz, par
,, le Roi Uladiflas, eft exorbitant; que les
,, Succeffeurs de ce Prince ont pu regarder
,, ce Privilége comme non valable, & qu'il
,, eft très - préjudiciable à la Couronne de
,, Bohême, tout cela ne fauroit porter coup.
,, On a fait voir que les Ducs de Lignitz, de
,, Brieg & de Wolhau, avoient le droit d'a-
,, liéner leurs Biens, même avant la date de
,, leurs Lettres d'inveftiture; & ce que les
,, Lettres expriment de particulier, c'eft qu'ils
,, avoient auffi la liberté d'aliéner leurs Fiefs,
,, par forme de Teftament & de derniére dif-
,, pofition.

VI.

,, Cette faculté entiére, qu'ils avoient d'a-
,, liéner, paroît évidemment par les nouvel-
,, les Lettres que le Roi Louis leur donna
,, en 1522. Elles portent expreffément, *que*
,, *comme les Ducs de Lignitz ont toujours eu le*
,, *pouvoir d'aliéner leurs Biens, & d'en difpo-*
,, *fer entre vifs, ils pourront auffi le faire à*
,, *l'avenir par voye de Teftament & de décla-*
,, *ration de derniére volonté.*

VII.

„ Il n'y a rien en ceci dont on ne puiſſe
„ rendre raiſon. Les anciens Allemands, auſſi-
„ bien que les autres Nations qui ne connoiſ-
„ ſoient pas le Droit Romain, n'entendoient
„ guére la matiére des Teſtamens, & ne re-
„ gardoient pas comme une conſéquence né-
„ ceſſaire, qu'on doit pouvoir teſter de ſes
„ Biens, dès-là qu'on ne peut diſpoſer entre
„ vifs. Le Roi Louis jugea donc à propos de
„ lever les doutes qu'on pouvoit avoir ſur ce
„ ſujet, par les Lettres qu'il donna en 1522;
„ & c'eſt ce qu'il fit encore en 1524, par de
„ nouvelles Lettres confirmatives données le
„ premier Lundi après le 2 de Juillet.

VIII.

„ Il ſeroit inutile de parler ici de la con-
„ firmation générale qu'obtinrent les Ducs
„ de Lignitz, par rapport à tous les Priviléges
„ dont ils étoient en poſſeſſion. Mais indé-
„ pendamment de cette Confirmation, il eſt
„ clair que les Biens des Ducs de Lignitz
„ devoient conſerver la prérogative qui leur
„ étoit déjà attachée, quand on les offrit en
„ Fief; c'eſt-à-dire qu'ils devoient être
„ aliénables; & que les Ducs de Lignitz
„ auroient toujours eu la faculté d'en diſpo-
„ ſer par Teſtament, en vertu du pouvoir
„ que le Roi Louis leur en donna en 1524
„ avec connoiſſance de cauſe, & eu égard
„ à leur mérite, & aux bons offices qu'ils
„ lui avoient rendus.

IX.

IX.

„ Ces Princes ayant donc eu l'entiére fa-
„ culté d'aliéner leurs Terres & leurs Poſſes-
„ ſions, & de les faire paſſer à qui ils juge-
„ roient à propos, ſoit *par Teſtament*, ſoit
„ *par diſpoſition entre vifs*, il eſt inconteſta-
„ ble que le Duc Frédéric de Lignitz, de
„ Brieg & de Wohlau, a été en droit de
„ faire un Traité d'Union & de Confraterni-
„ té héréditaire avec Joachim II. Electeur de
„ Brandebourg, comme il fit en 1537.
„ l'ayant conclu à Lignitz le Vendredi d'a-
„ près la Fête de St. Gall, ſigné & con-
„ firmé par ſerment.

X.

„ Outre les formalités ordinaires que l'on
„ obſerve dans ces ſortes de Traités de Con-
„ fraternité héréditaire, celui-ci contient plu-
„ ſieurs particularités remarquables. En voi-
„ ci la ſubſtance. 1. On rapporte d'abord les
„ raiſons qui ont porté à le conclure, ſa-
„ voir l'ancienne & conſtante amitié des deux
„ Maiſons. 2. Les doubles Mariages qui les
„ ont unies pendant deux fois. On déclare
„ enſuite 3. que l'on n'a rien fait, qu'après
„ une mûre délibération; & 4 que du con-
„ ſentement tant des Eccléſiaſtiques que des
„ Etats du Païs. 5. Que les deux Parties
„ contractantes ont confirmé le préſent Trai-
„ té par un ſerment ſolemnel. 6. Que tous
„ les Etats & les Sujets du Duché de Lignitz
„ & de ſes dépendances, ont rendu un hom-

D 2

„ ma-

,, mage éventuel, & avec ferment, à l'Elec-
,, teur de Brandebourg. 7. Que ce Traité
,, de Confraternité devant être réciproque
,, & d'une double efficacité, on assure à l'E-
,, lecteur de Brandebourg le Droit d'expec-
,, tance sur tous les Païs de Lignitz, de Brieg,
,, de Wohlau, & de leurs dépendances, &
,, aux Ducs de Lignitz un pareil Droit sur
,, tous les Fiefs que l'Electeur de Brande-
,, bourg posséde en Bohême. 8. Pour assu-
,, rer d'autant mieux cette Confraternité,
,, les deux Parties prennent entre elles le
,, nom de Frére, & veulent s'en servir à l'a-
,, venir dans les Actes de leur Chancellerie,
,, désirant de confirmer leur union par toute
,, sorte de moyens. Leur intention n'étant
,, pas de se borner à une amitié personnelle,
,, mais de se tranférer l'un à l'autre réelle-
,, ment, & à tout événement, le *Dominium*
,, des Biens susmentionnés pour en jouïr de
,, droit, quand le cas y écherra ; suivant
,, quoi, 10. il sera alors permis à l'Electeur
,, de Brandebourg de se mettre actuellement
,, en possession des Duchés de Lignitz, Brieg,
,, Wohlau, & de toutes leurs appartenances,
,, sa Maison en ayant déjà reçu l'hommage.

XI.

,, Croiroit-on que la validité d'un Trai-
,, té si bien établi, & confirmé par le serment
,, des Parties contractantes, ait jamais pu être
,, révoquée en doute ? Cela arriva pourtant. Le
,, Conseil de Bohême, que des motifs d'inté-
,, rêt faisoient agir, porta les Etats de ce
,, Royau-

„ Royaume à chicaner sur cette Convention,
„ & à faire au Roi Ferdinand des plaintes qui
„ ne méritoient pas d'être écoutées. Ils lui
„ représentérent que les Principautés & les
„ Seigneuries de la Siléfie étant incorporées
„ au Royaume de Bohême, le Droit de suc-
„ ceffion que la Maifon de Brandebourg ve-
„ noit d'acquérir par le Traité de Confrater-
„ nité, portoit néceffairement du préjudice
„ aux Etats de Bohême, & qu'il faloit annul-
„ ler cette Convention, & la déclarer de nulle
„ valeur par un Arrêt autentique.

XII.

„ Mais qu'il eft aifé de détruire ce raifon-
„ nement! Car en premier lieu, le Traité
„ dont il s'agit n'enléve pas au Royaume de
„ Bohême la Principauté de Lignitz ni ses dé-
„ pendances. Au-contraire 2. il porte en
„ termes exprès, *que si jamais l'Electeur de*
„ *Brandebourg venoit à recueillir les Etats de*
„ *Lignitz & tous les Biens sur lesquels on a transi-*
„ *gé, ce Prince demeureroit à leur égard dans les*
„ *mêmes engagemens qu'ils ont avec la Bohême.*
„ Et l'on découvre ici 3. le peu de folidité
„ des raifons qu'alléguoient les Etats de ce
„ Royaume, & combien ils entendoient peu
„ leurs propres avantages. Car enfin ne de-
„ voient-ils pas fouhaiter de voir un nouveau
„ Prince recevoir l'Inveftiture de Lignitz &
„ de fes dépendances; & ignoroient-ils que
„ ces Biens devoient toujours être tenus en
„ Fief, fans quoi la Chambre des Domaines
„ pourroit les retirer, comme elle le fit dans la

D 3 „ fuite

„ fuite au grand dommage desdits Etats de
„ Bohême, qui virent leur nombre diminuer
„ par cette réduction ? D'ailleurs 4. il faut con-
„ fidérer, que le fusdit Traité de Confrater-
„ nité héréditaire n'a pas été paffé entre des
„ Puiffances étrangéres. L'Electeur de Bran-
„ debourg, qui eft une des Parties contractan-
„ tes, eft fortement engagé avec le Royaume
„ de Bohême, où il pofféde plufieurs Fiefs
„ très-confidérables. Et enfin il faut fe fouve-
„ nir que quand les Ducs de Lignitz offrirent
„ leurs Biens en Fiefs au Roi de Bohême en
„ 1329 (comme il a été dit plus haut Chap. II.
„ §. 2.) ils confervérent, en vertu des Lettres
„ d'inveftiture, la faculté de difpofer librement
„ de leurs Biens, enforte qu'on n'a pu la leur
„ ôter par de nouvelles Ordonnances.

XIII.

„ La force l'emporta pourtant fur le Droit
„ & fur la Raifon. On publia à Prague en
„ 1546, une Sentence évidemment injufte.
„ Elle eft conçue à-peu-près en ces termes.
„ Comme le Duc Frédéric de Lignitz n'eft
„ pas en droit de paffer de pareils Contracts,
„ ni de faire des Traités de Confraternité hé-
„ réditaire, il eft clair que ceux qu'il a faits
„ font de nulle valeur, devant être caffés &
„ entiérement abolis. C'eft pourquoi de notre
„ Autorité Royale & comme Seigneur Sufe-
„ rain des Fiefs de la Siléfie, Nous déclarons
„ nul, caffons & mettons à néant ledit Trai-
„ té de Confraternité, & tout ce qui y eft
„ contenu, ou qui s'eft enfuivi, &c. Don-
„ né

,, né dans notre Ville de Breslau le 18 de
,, Mai 1546.

XIV.

,, Cet Arrêt du Roi de Bohême ne peut
,, porter aucun préjudice aux Droits de la
,, Maison de Brandebourg. Il a été rendu
,, sans que l'Electeur alors régnant ait été cité
,, pour défendre sa cause. Et quand il fut pro-
,, noncé, les Conseillers de Brandebourg qui
,, se trouvérent à la publication, ne manqué-
,, rent pas à cause de cela de protester contre
,, son contenu, & par devant Notaire & plu-
,, sieurs Témoins, réservant à l'Electeur leur
,, Maître tous les Droits qu'il pouvoit pré-
,, tendre. Cela se passa en présence même du
,, Roi Ferdinand I. qui ne leur contredit en
,, rien. Mais on ne fut pas longtems sans dé-
,, velopper les raisons qui avoient porté ce
,, Monarque à en agir avec tant de hauteur.
,, Il avoit ses intérêts en vue ; & comme il étoit
,, puissant, il obligea Frédéric Duc de Lig-
,, nitz & les Princes Frédéric & George ses
,, Fils, à renoncer au Traité de Confraternité
,, héréditaire qu'ils avoient avec la Maison de
,, Brandebourg, quoiqu'ils l'eussent confirmé
,, par un serment solemnel. Il les contraignit
,, même à reconnoître qu'après la mort du
,, dernier Mâle de leur Famille, les Duchés
,, & les Principautés de Lignitz, de Brieg
,, & de Wohlau, devoient retourner de droit
,, immédiatement au Roi de Bohême, au-
,, quel cas on pourvoiroit les Filles, & les
,, Héritiers Allodiaux de leur Maison, en
,, leur faisant toucher de certaines sommes

D 4

,, d'ar-

,, d'argent, qui feroient déterminées en tems
,, & lieu. Procédé étrange ! qui fait voir com-
,, bien le Roi de Bohême agiffoit partiale-
,, ment dans cette affaire. On peut dire qu'il
,, étoit alors le Juge de fa propre caufe, &
,, que les plaintes que firent les Etats de
,, Bohême étoient un jeu qu'il avoit concerté
,, avec eux. Certainement, pour peu qu'on
,, veuille confulter le Bon-fens & la Juftice,
,, on reconnoîtra que Ferdinand I. n'a jamais
,, dû ni pu contraindre les Princes de Lignitz
,, à s'engager, comme ils firent, d'une manié-
,, re fi contraire à la difpofition des Loix.

X V.

,, Il eft fûr au - moins que l'Arrêt publié à
,, Prague, dont on vient de faire mention,
,, ne peut nuire aux Droits de l'Electeur de
,, Brandebourg. C'eft par rapport à lui ce
,, qu'on appelle *res inter alios acta*, & elle ne le
,, touche nullement. Les Ducs de Lignitz, de
,, Brieg & de Wolhau en jugérent de - même,
,, & cela paroît par ce qu'ils écrivirent à l'E-
,, lecteur de Brandebourg. *Quoiqu'une force fu-*
,, *périeure*, difent - ils, *prétende vous priver de*
,, *vos Droits, ils font trop certains pour qu'on puif-*
,, *fe les ébranler.... L'héritage n'eft pas encore*
,, *échu.... Le tems change toute chofe. Ce qui pa-*
,, *roît impoffible préfentement, Votre Poftérité*
,, *trouvera peut-être un jour les moyens de l'exé-*
,, *cuter"*.

X V I.

,, Auffi, quand le Roi de Bohême ordonna
,, aux

,, aux Ducs de Lignitz de redemander à la
,, Maison de Brandebourg les Actes & les
,, Documens qu'ils lui avoient remis, & qui
,, concernoient le Traité de Confraternité,
,, l'Electeur eut de bonnes raisons pour ne les
,, pas rendre, & il répondit aux Ducs de
,, Lignitz, *Que le Traité de Confraternité héré-*
,, *ditaire dont il s'agissoit, n'avoit rien de con-*
,, *traire à la Constitution des Etats de Lignitz:*
,, *Que l'on avoit été autorisé à le faire, après*
,, *en avoir obtenu par trois fois la permission des*
,, *Rois de Bohême: Qu'il avoit été conclu du*
,, *consentement formel & par le Conseil des Etats*
,, *du Pays: Et enfin, qu'il avoit été confirmé par*
,, *serment.* L'Electeur ajoûtoit encore, *Que le-*
,, *dit Traité n'étoit point préjudiciable à la*
,, *Couronne de Bohême, ne contenant rien qui*
,, *dérogeât à l'inféodation du Pays de Lignitz*
,, *& à ses appartenances: Qu'il étoit fondé sur*
,, *les Priviléges accordés par trois différens Rois*
,, *de Bohême, & qu'ainsi personne ne pouvoit*
,, *trouver étrange que l'Electeur maintînt la*
,, *validité de ce Traité, & qu'il défendît des*
,, *Doits acquis d'une maniére si légitime. Enfin*
,, *qu'il ne pouvoit se les laisser ravir par force,*
,, *par menaces, ou par des voyes indirectes, sans*
,, *se rendre responsable à toute sa postérité. Qu'il*
,, *étoit donc résolu de conserver ce qu'il avoit ac-*
,, *quis de bon droit pour lui & pour les siens,*
,, *& qu'il ne se départiroit jamais de cette réso-*
,, *lution.* Il finissoit en disant *qu'il prétendoit*
,, *garder les Actes originaux qui étoient entre*
,, *ses mains, comme des preuves autentiques de*
,, *la validité de ses Droits, jusques à ce que la*
,, *Providence permît d'en faire l'usage auquel ils*

D 5

,, *étoient*

,, *étoient destinés*. Les choses en demeurérent-
,, là pendant longtems, c'est-à-dire, jusques
,, à ce que la Ligne Masculine des Ducs de
,, Lignitz fût entiérement éteinte.

XVII.

,, Enfin George-Guillaume, dernier Duc
,, de cette Maison, mourut en 1675. & par
,, sa mort les Duchés de Lignitz, de Brieg
,, & de Wohlau échurent à la Maison Elec-
,, torale de Brandebourg. L'Electeur Frédé-
,, ric-Guillaume, surnommé *le Grand*, ne
,, manqua pas alors de représenter à la Cour
,, Impériale le Droit qu'il avoit à la Suc-
,, cession de Lignitz, & l'Empereur en re-
,, connut toute la validité. Mais comme il
,, étoit alors en guerre avec la France, il
,, ne se hâta point de faire examiner les
,, Droits de l'Electeur, & promit seulement
,, que quand la Paix seroit faite, on lui ren-
,, droit justice sur ses prétentions.

XVIII.

,, Cependant l'Empereur fit secrettement
,, sonder l'Electeur, pour le porter à se dé-
,, sister de ses Droits, & à accepter en dé-
,, dommagement une somme d'argent très-
,, considérable. A quoi Frédéric-Guillaume
,, répondit, que comme le Pays de Lignitz
,, lui appartenoit incontestablement, il souhai-
,, toit de le garder, qu'il ne pouvoit se résoudre
,, à le vendre, & qu'à cet égard rien ne le
,, feroit changer de sentiment.

XIX.

XIX.

„ En effet ce Prince y perſiſta conſtam-
„ ment, & ne diſcontinua point ſes ſollicita-
„ tions à la Cour Impériale, demandant
„ qu'on lui remît les Pays de Lignitz, de
„ Brieg & de Wohlau, dont la Succeſſion lui
„ étoit échue; & ſur ſes repréſentations réi-
„ térées, l'Empereur Léopold ordonna ex-
„ preſſément à Frédéric de Roth, Chancelier
„ de Lignitz, d'examiner l'affaire, & d'en-
„ voyer ſon ſentiment par écrit à la Cour
„ Impériale. Cet ordre eſt du 2. de Jan-
„ vier 1684.

„ Le Chancelier fut dix mois à faire ſon
„ rapport, mais il ne ſe trouva pas au goût
„ de la Cour Impériale; auſſi n'en fit-elle
„ point part à celle de Brandebourg, & elle
„ ne le voulut communiquer à perſonne.
„ On trouva pourtant ſecrettement le moyen
„ d'en avoir une Copie, & l'on connut a-
„ lors ce qui avoit rendu la Cour Impériale
„ ſi circonſpecte. C'eſt que le rapport du
„ Chancelier de Lignitz établiſſoit un peu
„ trop fortement les Droits de la Maiſon
„ de Brandebourg ſur la Succeſſion de Li-
„ gnitz & des Principautés qui en dépendent.
„ D'ailleurs il découvroit pluſieurs particu-
„ larités qui étoient favorables à ladite Mai-
„ ſon, & dont elle n'avoit pu être parfaite-
„ ment inſtruite, vu la longueur du tems é-
„ coulé depuis le Traité de Confraternité.

XX.

X X.

,, La Cour Impériale pouvoit d'autant
,, moins douter des Droits de l'Electeur de
,, Brandebourg à la Succeſſion de Lignitz,
,, qu'elle en étoit inſtruite par un de ſes
,, propres Miniſtres, ſavoir par le Chance-
,, lier de Roth : auſſi travailla-t-on pendant
,, les années 1685. & 1686. à un Accommo-
,, dement ; & la Cour Impériale, qui en a-
,, voit facilité les moyens, conſentit enfin à
,, remettre de certains Etats à l'Electeur de
,, Brandebourg.

Voilà en abrégé l'Hiſtoire des prétentions
du Roi de Pruſſe. La Déduction que je viens
de rapporter, contient un troiſiéme Chapitre
preſqu'auſſi long que les deux précédens. Je
dirai en peu de mots ce qu'il renferme d'es-
ſentiel. Il faut remarquer d'abord que l'E-
lecteur Frédéric-Guillaume, ſurnommé *le
Grand*, déſeſpérant de pouvoir obtenir de l'Empereur Léopold la reſtitution des Duchés en
queſtion, prit le parti de s'accommoder, & il
le fit aſſez avantageuſement, puiſque l'Empereur lui céda le Cercle de *Schwibus* ; mais ce
Monarque eut ſoin d'engager le Prince
Electoral, depuis premier Roi de Pruſſe, à
ſigner un Acte ſecret, par lequel il promettoit
de reſtituer ce Cercle de *Schwibus* auſſitôt
qu'il ſeroit parvenu à la Régence, ce qu'il fit
auſſi en 1695. moyenant une ſomme d'argent. C'eſt ſur cela que roule ce troiſiéme
Chapitre de la Déduction. L'Auteur s'efforce
de démontrer la nullité du premier Traité.

c'eſt

c'eſt celui de 1686. & de la renonciation de l'Electeur Frédéric - Guillaume. Il allégue pour raiſon principale les Conventions de Famille paſſées dans la Maiſon de Brandebourg, en vertu deſquelles, *Il n'eſt permis à aucun Electeur ou Margrave de Brandebourg, ayant des Etats en propre, d'aliéner pour toujours lesdits Etats, leurs Sujets, ni même les nouvelles Acquiſitions qu'ils pourroient avoir faites; & en cas de contravention l'Electeur ou le Prince ſon Succeſſeur eſt en droit de revendiquer ce qui a été ainſi aliéné, & de s'en remettre en poſſeſſion.*

De-là il paſſe à l'engagement où le Prince Electoral étoit entré ſecrettement de reſtituer le Cercle de *Schwibus*, & à la renonciation de ce Prince devenu Electeur ſous le nom de Frédéric III. Il fait voir que cet engagement eſt obreptice, c'eſt-à-dire, qu'il a été arraché par fineſſe & par menaces à un jeune Prince qui ignoroit les Droits de ſa Maiſon : d'où il conclut qu'il eſt nul & ſans effet. Il prétend que ce Prince devenu Electeur ne renonçoit point à ſes Droits, en reſtituant ce que l'Empereur avoit cédé à Frédéric - Guillaume, & que la Cour Impériale n'oſa même lui propoſer cette renonciation, de peur de le pouſſer à bout. Il rapporte la réponſe qu'il fit à ſes Miniſtres, qui s'étonnoient qu'il eût pu ſe réſoudre à reſtituer le Pays de *Schwibus*. *J'ai donné ma parole*, dit- il, *& je veux la tenir. Je laiſſe à mes Deſcendans de faire valoir mes Droits ſur la Siléſie, puiſque dans les circonſtances où je me trouve je ne puis le*

faire

faire moi-même. Tant que les tems ne font pas favorables, il faut s'armer de patience. Mais s'il plaît quelque jour à la Providence de mettre les affaires fur un autre pied, mes Descendans en profiteront, & fauront bien prendre le parti qui leur conviendra le mieux.

Il ajoûte à tout cela une derniére confidération, à laquelle il croit que la Cour de Vienne doit faire attention. C'eft que les Principautés en queftion étant des Fiefs masculins, qui ne fauroient tomber en quenouillé, comme l'ont reconnu les Rois de Bohême de la Maifon d'Autriche, ils ne fauroient plus être poffédés par cette Maifon, dont la Ligne Mafculine vient de s'éteindre.

Cette Déduction fut réfutée par un Ecrit que la Cour de Vienne publia fous le titre de *Contre-Information*, &c. Après un affez long préambule rempli de plaintes contre le Roi de Pruffe, l'Auteur répond à la Déduction, Article par Article. Il fuit le plan de fon Adverfaire, & divife fon Ouvrage en Chapitres & en Paragraphes. Dans le premier Chapitre, il accufe l'Auteur Pruffien d'avoir tronqué les paffages des Piéces qu'il cite, & d'avoir fupprimé des circonftances qui changent entiérement l'état de la queftion.

Il employe bien du papier à prouver que la Principauté de Jaegerdorff eft un Fief mafculin, ce qui me paroît fort inutile, attendu que c'eft l'opinion de l'Auteur Brandebourgeois, & que d'ailleurs la chofe parle d'elle-même. Il établit pour principe que tout Fief mafculin, au défaut de Defcendans mâles, revient au Seigneur Suzerain dont il

re-

reléve: c'eſt ce que perſonne, je penſe, ne s'aviſera de lui diſputer. Il prouve que la permiſſion donnée au Duc de Jaegerdorff par le Roi de Bohême, de diſpoſer de ce Duché comme d'un Fief héréditaire, ne s'entend que de ſes Enfans, ou autres Deſcendans de l'Acquérant en Ligne directe: d'où il conclut que cela ne regarde que la Branche Franconique de Brandebourg, & non point celle de la Marche, qui eſt celle des Electeurs aujourd'hui Rois de Pruſſe. „ Le Margrave George-Fré
„ déric, dit-il, ſe trouvant ſans eſpoir de
„ Poſtérité mâle, & reconnoiſſant que ſans
„ le conſentement du Seigneur Suzerain il
„ ne pouvoit diſpoſer ſelon ſon bon-plaiſir
„ de la Principauté de Jaegerdorff, & que
„ ſelon les Loix Féodales ſes Couſins de la
„ Branche de la Marche n'y étoient pas ap
„ pellés, parce qu'ils ne deſcendoient pas du
„ premier Acquérant, & n'avoient jamais
„ été compris dans les Inveſtitures, il dé
„ manda ſouvent à l'Empereur & Roi Rudol
„ phe la permiſſion d'en diſpoſer librement
„ par Teſtament ou autrement. Mais com
„ me d'un côté le Roi Louis n'avoit accor
„ dé au Margrave George la faculté d'acqué
„ rir cette Principauté, uniquement que pour
„ ſa perſonne, celle de ſon Frére & leurs
„ Deſcendans, & qu'en conſéquence la Con
„ ceſſion étoit reſtrainte à cette Branche de
„ Franconie, & que de l'autre côté on étoit à
„ la veille de l'ouverture du Fief, le Margrave
„ George-Frédéric n'ayant point de Deſcen
„ dans mâles, la Conſtitution du Royaume,
„ en vertu de laquelle chaque Roi eſt obligé
„ de

,, de réunir à la Couronne les Fiefs ouverts,
,, ne permit pas qu'on accordât au Margave
,, sa demande.

,, Le refus conftant que fit le Roi de Bo-
,, hême d'accorder au Margrave George-Fré-
,, déric la faculté de difpofer de la Principau-
,, té de Jaegerdorff, n'empêcha pas celui-ci
,, de traiter avec le Margrave Joachim-Fré-
,, déric, de la Branche de la Marche, Ad-
,, miniftrateur de Magdebourg, qui fut en-
,, fuite Electeur, & de lui céder même en
,, 1595. la Principauté de Jaegerdorff à titre
,, de Donation à caufe de mort. Mais il
,, n'eft perfonne fi peu équitable, qui ne
,, reconnoiffe que le Margrave George-Fré-
,, déric étoit inhabile par toutes les Loix
,, Féodales à faire une pareille ceffion, &.
,, qu'en conféquence il ne pouvoit porter
,, le moindre préjudice au Droit qu'avoient
,, de recueillir ce Fief le Roi & la Cou-
,, ronne de Bohême ; de-même qu'il eft
,, manifefte qu'une autre Branche éloignée
,, dans le quatorziéme degré, & qui n'a-
,, voit jamais été comprife dans les In-
,, veftitures, ce qui eft pourtant abfolu-
,, ment néceffaire felon les Coutumes Féo-
,, dales de Siléfie, pouvoit encore moins
,, avoir aucun Droit à ce Fief comme lui
,, étant dévolu.

De-là il conclut que la poffeffion que la
Maifon Electorale de Brandebourg a eue de
cette Principauté, a été illégale & deftituée
de l'autorité néceffaire. Or c'eft de cette poffeffion que l'Auteur Brandebourgeois prétend
que les Rois de Pruffe ont acquis un Droit lé-

giti-

gitime de Succeſſion ſur lé Pays en queſtion,
en forme de *Fideïcommis.*

„ Si cependant, ajoûte l'Ecrivain Autri-
„ chien contre toute attente, on ne vouloit
„ pas encore ſe rendre à des preuves ſi évi-
„ dentes, il ſeroit très-aiſé de convaincre le
„ Public par le commerce de Lettres qu'on
„ a eu avec la Maiſon de Brandebourg, leſ-
„ quelles ſubſiſtent encore, ainſi que les Ré-
„ ponſes qui ont été données, tant aux Mi-
„ niſtres de cette Maiſon, à l'occaſion des
„ diverſes ſollicitations qu'elle a faites pour
„ obtenir la confirmation de la poſſeſſion de
„ Jaegerdorff, qu'aux interceſſions que le
„ Collége Electoral & le Cercle de la Baſſe-
„ Saxe ont faites au même ſujet; que l'Elec-
„ teur Joachim - Frédéric, & le Margrave
„ Jean - George ſon Fils, n'ont jamais été
„ reconnus pour Poſſeſſeurs légitimes de la
„ Principauté de Jaegerdorff, mais qu'au-con-
„ traire on les a toujours regardés comme
„ des Détenteurs injuſtes ; deſorte que la
„ Maiſon Electorale de Brandebourg a été
„ obligée à la fin d'en convenir elle - même,
„ & d'avoir recours à la voye de grace. : :
„ : : : : : : : : : : : : : : : :

„ Tel étant le véritable état de cette af-
„ faire, il s'enſuit 1. que la Principauté de
„ Jaegerdorff n'a jamais éte poſſédée comme
„ un Aleu, mais toujours comme un véri-
„ table Fief. 2. Que le Roi de Bohême a
„ reſtreint ce Fief à la Branche Franconique,
„ & que le Margrave George - Frédéric, der-
„ nier Poſſeſſeur, a ſouvent ſollicité la facul-

,, té d'en pouvoir difpofer, mais ne l'a ja-
,, mais obtenue. 3. Que fans ce confente-
,, ment, il n'a jamais pu en difpofer valide-
,, ment en faveur d'une Branche qui n'avoit
,, jamais été comprife dans l'Inveftiture.
,, 4. Que ce Fief n'a jamais pu écheoir à la
,, Maifon Electorale de Brandebourg dans
,, la perfonne de l'Electeur Joachim-Frédé-
,, ric comme un Fief & Fideïcommis de Fa-
,, mille, tant pour les raifons fusdites, que
,, 5. parce qu'on s'eft toujours oppofé, tant
,, à fa prife de poffeffion qu'à l'immiffion de
,, fon Fils Jean-George; qu'on en a toujours
,, refufé la confirmation & l'inveftiture, &
,, qu'on a toujours reclamé le Fief & les
,, Fruits perçus. 6. Enfin qu'on l'a retrait,
,, moins pour caufe du crime de félonie,
,, qu'à caufe de l'extinction de la Branche
,, Franconique, qui en avoit été feule in-
,, veftie.

,, Ces conféquences étant fures, on n'hé-
,, fite point de s'en rapporter par rapport
,, au mérite & à la valeur des prétentions
,, de la Maifon de Brandebourg fur la Prin-
,, cipauté de Jaegerdorff, à la décifion de
,, tout le monde équitable, fans différence
,, de Religion, Catholiques ou Proteftans.
C'eft à-peu-près tout ce que ce Chapitre contient de plus important. Paffons au
fecond, où l'on répond aux raifons alléguées
par l'Auteur Pruffien pour prouver les Prétentions de la Maifon de Brandebourg fur les
Duchés de Lignitz, de Brieg & de Wohlau.
L'Ecrivain Autrichien convient avec l'Au-

teur Brandebourgeois, que ces Païs ont été
offerts au Roi & à la Couronne de Bohême par
les Ducs de Lignitz de la Maison des Piastes
comme des Fiefs libres & héréditaires; mais
il nie qu'on puisse conclure de-là qu'ils sont
aliénables : premiérement, parce qu'un tel
Fief n'est pas distingué d'un *Fief propre*; en
second lieu, parce qu'en 1362. le Duc Wenceslas à renoncé à la prétention d'aliéner; &
en troisiéme lieu, parce que les Ducs sui-
vans ont prêté leur hommage & leur serment
de fidélité au Roi & à la Couronne de Bohême, comme à leur Seigneur féodal naturel, ordinaire & héréditaire. Desorte qu'a-
près l'extinction de ces Ducs de Lignitz de
la Famille des Piastes, ces Duchés ont dû
écheoir au Seigneur Suzerain.

On tombe d'accord que le Roi Ladislas,
& après lui son Fils le Roi Louis, ont con-
cédé en 1511 & 1524, au Duc Frédéric, le
Droit d'aproprier à l'article de sa mort, ou
par maniére de Testament, & de donner à
qui bon lui sembleroit ses Villes, ses Sujets
& tous ces Pays. Mais on soutient que cette
concession est nulle : premiérement, par les
raisons ci-dessus alléguées; & secondement,
parce que Charles IV. *avoit déjà saintement*
statué plusieurs années auparavant dans une
Constitution particuliére de l'année 1335,
après que le Duché de Silésie eût été incorporé à la Couronne de Bohême, *que ce Duché resteroit indivisiblement incorporé au Royaume de Bohême.* „ Et comme nonobstant ce-
„ la, poursuit l'Auteur, le Duc Frédéric de
E 2   „ Lig-

,, Lignitz & de Brieg, & ſes deux Fils ont
,, conclu avec l'Electeur Joachim de Bran-
,, debourg en 1537, cette prétendue Con-
,, fraternité héréditaire, alléguée par l'Au-
,, teur Brandebourgeois ; & qu'ils ſe ſont
,, engagés réciproquement, que, lorsque
,, les Ducs viendroient à mourir ſans laiſſer
,, de Poſtérité mâle, leurs Païs & leurs Su-
,, jets reviendroient à l'Electeur; & en re-
,, vanche, ſi l'Electeur & ſes Héritiers mâ-
,, les venoient à manquer, les Fiefs de Bran-
,, debourg qui relévent de la Couronne de
,, Bohême, comme *Croſſen*, *Zullickau*, *Som-*
,, *merfeld*, *Cotibuſch*, *Peitz*, &c. revien-
,, droient tout de-même au Duc Frédéric de
,, Lignitz & à ſes Héritiers; & que par-là
,, le droit de reverſion, ſi ſolemnellement
,, conditionné pour le Roi & la Couronne
,, de Bohême, a été interrompu une fois
,, pour toutes.

,, C'eſt pourquoi les Etats du Royaume
,, de Bohême ont eu des raiſons bien fondées
,, de porter là-deſſus leurs plaintes contre le
,, Duc Frédéric & contre ſes Fils à l'Empe-
,, reur Ferdinand I. ; & cet Empereur très-
,, juſte, après avoir correſpondu ſur ce ſujet
,, avec le Duc Frédéric par quatre Ecrits,
,, & fait des réflexions ſuffiſantes ſur cette
,, affaire, n'a pu faire autrement que d'ad-
,, miniſtrer la Juſtice, & de déclarer en mê-
,, me tems nul & invalide, avec pleine con-
,, noiſſance de cauſe dans ſa Sentence défini-
,, tive alléguée par le ſusdit Auteur, le Traité
,, de Confraternité héréditaire fait au préjudice

,, dice du Roi & de la Couronne de Bohême.
,, Enfin les Ducs Siléfiens de Lignitz, ajoû-
,, te l'Ecrivain de la Cour de Vienne, qui
,, ont conclu cette Confraternité héréditaire
,, avec l'Electeur Joachim de Brandebourg,
,, ont reconnu auffitôt eux-mêmes l'infuffi-
,, fance de ce Traité ; c'eft pourquoi non
,, feulement ils fe font foumis à la Sentence
,, de Ferdinand I. ont révoqué cette Confra-
,, ternité héréditaire, ne fe font plus appel-
,, lés Fréres avec les Electeurs, mais ils ont
,, promis réitérativement, en conformité de
,, la premiére oblation du Fief, *Que lorfqu'ils*
,, *viendroient à mourir fans laiffer d'Héritiers*
,, *légitimes mâles, leurs Principautés, leurs Païs*
,, *& leurs Sujets feroient échus au Roi & à la*
,, *Couronne de Bohême, & qu'il ne feroit don-*
,, *né à leurs Filles qu'une certaine fomme en*
,, *argent & en meubles.*

,, Et pour cet effet les deux Fréres, les
,, Ducs Frédéric & George, fe font encore
,, engagés particuliérement par leurs Rever-
,, fales à ne plus obliger leurs Sujets à faire
,, le ferment fur cette Confraternité hérédi-
,, taire ; mais au-lieu de cela, de leur faire
,, rendre foi & hommage à Sa Majefté le
,, Roi ; ce qui a auffi été effectivement exé-
,, cuté, & les Sujets ont été enfuite déga-
,, gés des précédens devoirs & obligations
,, qu'ils avoient prêtés aux Electeurs de
,, Brandebourg.

,, Le Duc Frédéric, Fils du précédent Fré-
,, déric, a donné de-même en 1596 fes Re-
,, verfales, qui contiennent les mêmes expref-
,, fions obligatoires, dans lefquelles il a re-

E 3

,, con-

,, connu la Confraternité pour nulle & d'aucu-
,, ne valeur, & a adopté la Sentence définitive
,, de l'Empereur & Roi Ferdinand I. & enfin il
,, s'eft engagé de faire rendre les Documens
,, qu'il avoit remis entre les mains de la Mai-
,, fon Electorale de Brandebourg.

De-là il tire des conféquences que chacun peut facilement deviner, & c'eft par-là que finit ce fecond Chapitre. Le troifiéme contient diverfes Anecdotes fur des affaires qui étant plus proches de notre tems que les précédentes, le rendent plus intéreffant. L'Auteur tâche d'abord de répondre aux conféquences que l'Ecrivain Brandebourgeois femble tirer des Tranfactions paffées entre l'Empereur Léopold & l'Electeur Frédéric-Guillaume de Brandebourg. Il dit que ce Prince, après avoir laiffé écouler huit ans, fans parler de fes prétentions, prit le moment favorable que les Turcs ayant eu divers avantages en Hongrie avoient pénétré dans l'Autriche, & preffa l'Empereur de lui reftituer les Païs en queftion. Sa Majefté Impériale obligée dans ce tems de ménager les Princes de l'Empire, & particuliérement ceux qui étoient les plus puiffans, promit à l'Electeur de faire examiner fes droits, & lui tint parole, ayant chargé le Seigneur de Roth de cette commiffion; mais les informations de ce Chancelier n'ayant pas été favorables à l'Electeur, la Cour Impériale refufa de le fatisfaire. Enfin la France ayant attaqué fur ces entrefaites l'Empereur, Frédéric-Guillaume renouvella fes prétentions avec plus de force qu'auparavant. Sur quoi l'Empereur, touché des maux où l'Empire feroit expofé par la mes-

in-

intelligence des deux Cours, voulut bien entrer en négociation, quoiqu'il fût, auſſi-
bien que ſon Miniſtére, *que cela étoit diamé-
tralement oppoſé aux Droits & aux Priviléges
du Royaume de Bohême.* „ Le Prince Electo-
„ ral, dit notre Auteur, depuis premier
„ Roi de Pruſſe, qui dans ce tems-là avoit
„ atteint ſa vingt & neuviéme année, con-
„ ſidéra, en Prince prudent, d'un côté l'im-
„ portance de cette négociation & la proſpéri-
„ té de tout le St. Empire, qui y étoit intéreſ-
„ ſé; mais d'autre côté il étoit ſuffiſamment in-
„ formé de l'inſuffiſance des prétentions de
„ ſa Maiſon Electorale; & pour ne pas voir
„ aller en fumée une négociation auſſi ſalu-
„ taire pour tout l'Empire Romain, il ſe mit
„ à la brèche. Il délibéra ſur cette affaire avec
„ quelques-uns de ſes plus confidens, & con-
„ ſulta particuliérement l'un de ſes plus pro-
„ ches Parens, le Prince Jean George d'An-
„ halt; & reconnoiſſant mieux que perſonne
„ la dureté de l'Electeur ſon Pére, & les
„ deſſeins dangereux du Miniſtére de Bran-
„ debourg, il fit prier & conjurer même le
„ Baron de Freytag, Ambaſſadeur de l'Em-
„ pereur à la Cour de Berlin (ce ſont les pro-
„ pres termes du Baron de Freytag, dans les
„ relations qu'il a envoyées à ce ſujet à la
„ Cour Impériale) de vouloir bien rompre la
„ glace, & de remontrer avec efficace à l'E-
„ lecteur ſon Pére le danger évident dont la
„ Maiſon Electorale de Brandebourg & tou-
„ te ſa Poſtérité étoit menacée; & d'autre
„ côté de diſpoſer l'Empereur de céder à

E 4

„ ſon

,, fon Pére, fa vie durant, le Cercle de Schwie-
,, bus, promettant (c'eft-à-dire le Prince Elec-
,, toral) en grand fecret au même Miniftre de
,, l'Empereur, de reftituer après le décès de
,, fon Pére le Diftrict qu'il plaîroit à Sa Ma-
,, jefté Impériale de céder à l'Electeur.   Ce
,, Prince figna auffi des Lettres reverfales très-
,, folemnelles en date du 28 Février 1686 ; par
,, conféquent quelques mois avant l'accom-
,, pliffement du Traité d'indemnifation, dans
,, lefquelles Lettres il reconnoît & déclare
,, lui-même que c'étoit en particulier *à fa prié-
,, re & à fon inftante requifition* que Sa Majefté
,, Impériale avoit bien voulu céder à l'Electeur
,, fon Pére le Cercle de Schwiebus ; & que
,, pour cette raifon il s'engageoit & promet-
,, toit, & donnoit en même tems à Sa Ma-
,, jefté Impériale un entier pouvoir de fe re-
,, mettre en poffeffion dudit Cercle, immé-
,, diatement après la mort de l'Electeur fon
,, Pére, & de le réunir à fes Domaines, fans
,, aucune oppofition ultérieure de lui Prin-
,, ce Electoral ; à condition néanmoins qu'on
,, lui céderoit, au-lieu de ce Cercle, les
,, Seigneuries de *Schwartzemberg*, de *Neu-
,, ftadt*, de *Gimborn*, ou à leur place dix
,, mille écus en efpéce & argent comptant.
,, Le Prince Electoral finit fes Lettres rever-
,, fales, en affurant qu'au furplus la renoncia-
,, tion abfolue à toutes les prétentions que
,, fon Pére avoit formées, mais que, NB. Sa
,, Majefté Impériale n'avoit point avouées ni
,, reconnues, continueroit de fubfifter, &
,, conferveroit toute fa force.

,, L'Em-

,, L'Empereur Léopold, continue - t - il,
,, plutôt ému par les inftantes priéres du
,, Prince Electoral, & par les Lettres rever-
,, fales qu'il lui avoit librement données, pré-
,, féra enfin le Bien public à fes propres in-
,, térêts, & céda à l'Electeur dans l'Inftru-
,, ment de leur accommodement, qui ne fut
,, expédié que quelques mois après, 1. le
,, Cercle de Schwiebus, & 2. les prétentions
,, des Princes de Lichtenftein fur l'Ooftfrife.

,, L'Electeur de fon côté renonça de la ma-
,, niére la plus efficace, tant pour alors que
,, pour le tems à venir, non feulement pour
,, foi-même, mais auffi pour tous fes Succes-
,, feurs, Héritiers, & pour toute fa Poftérité,
,, à fes prétendus droits fur Jaegerdorff, Li-
,, gnitz, Brieg, Wohlau, Oderberg & Beu-
,, then, & il caffa & déclara nuls & de nulle
,, valeur les Documens qu'il avoit entre les
,, mains fur ce fujet, & les délivra au Baron
,, de Freytag Miniftre de l'Empereur, étant
,, expreffément expliqué & inféré dans cet
,, Inftrument : *Que Son Alteffe Séréniffime Ele-*
,, *torale, fes Héritiers, Succeffeurs & Defcen-*
,, *dans, ne pourroient, ni ne voudroient plus*
,, *former aucunes prétentions ultérieures, fous*
,, *quelque prétexte qu'elles puffent être inven-*
,, *tées de-nouveau, ni à Sa Majefté Impériale*
,, *& à fes Succeffeurs les Rois de Bohême, & les*
,, *Ducs fuprêmes & directs de Siléfie, non plus*
,, *qu'aux Succeffeurs préfens & futurs de la Prin-*
,, *cipauté de Jagerdorff, & au fujet des trois*
,, *fusdites Principautés de Brieg, de Lignitz, &*
,, *de Wohlau, &c.*

E 5

,, Lors-

„ Lorsqu'ensuite l'Electeur Frédéric-Guil-
„ laume mourut en 1688, & que son Fils
„ Frédéric lui succéda & prit les rênes de la
„ Régence, & que par-là le tems étoit venu
„ de réunir le Cercle de Schwiebus au Du-
„ ché de Silésie, Sa Majesté Impériale se
„ trouva entiérement en droit de se remet-
„ tre *ipso facto* en possession de ce Cercle ;
„ mais elle aima mieux, par une estime par-
„ ticuliére pour la Maison Electorale de Bran-
„ debourg, le faire reclamer à Berlin par son
„ Ministre qui y résidoit. Mais le Ministére
„ Electoral de Berlin, par plusieurs vues par-
„ ticuliéres, retarda cette rétrocession jusqu'à
„ l'année 1694, tantôt sous un prétexte, tan-
„ tôt sous un autre. Ce Ministére osa même
„ entreprendre en 1693, de faire faire quel-
„ que mention à Vienne, par le Ministre de
„ la Maison Electorale qui y résidoit, que le
„ Prince Electoral, alors Electeur, avoit été
„ induit à donner les susdites Lettres rever-
„ sales, & osa faire proposer à cette occasion
„ différentes nouvelles conditions : mais,
„ comme le Ministére de Sa Majesté Impé-
„ riale y répondit dans le mois de Juin de
„ la même année 1693, que Son Altesse Sé-
„ rénissime Electorale n'auroit pas sans-doute
„ oublié, qu'étant encore Prince Electoral,
„ & ayant vu que Sa Majesté Impériale ne
„ vouloit pas consentir à aliéner ce Cercle de
„ Schwiebus, n'avoit pas seulement offert de
„ son propre mouvement ces Lettres rever-
„ sales pour faciliter la conclusion du Traité
„ d'Alliance, mais qui même étant ensuite
„ par-

„ parvenu à la Régence , il avoit confirmé
„ tout ce qu'il avoit contracté auparavant
„ comme Prince Electoral , & qu'il s'étoit
„ souvent obligé à la restitution de ce Cercle ;
„ enforte qu'il n'avoit pas été besoin d'avoir
„ recours à la voye d'induction , d'autant que
„ Sa Majesté Impériale avoit très-intelligible-
„ ment remontré au feu Electeur de Brande-
„ bourg , comme déjà auparavant l'Empereur
„ Ferdinand II. l'avoit déclaré à la face de tout
„ l'Empire , qu'il ne connoissoit en aucune
„ maniére les prétendus Droits de la Maison
„ Electorale de Brandebourg sur les Princi-
„ pautés , les Seigneuries & Pays de Siléfie.
„ Qu'en conséquence l'Electeur étoit indispen-
„ sablement obligé à la restitution de ce Cercle
„ par sa négociation particuliére , & par les
„ Lettres reversales fignées de sa propre main.
„ On se rendit enfin à la raison du côté de
„ la Maison Electorale de Brandebourg , & a-
„ près une courte négociation & quelques
„ conférences des Ministres respectifs sur les
„ nouvelles conditions , il fut conclu le 10 de
„ Décembre 1694. une nouvelle Convention,
„ en vertu de laquelle le Cercle de Schwie-
„ bus (à la retroceffion duquel Son Alteffe
„ Electorale s'étoit engagée librement) devoit
„ être retrocédé. L'Empereur de son côté
„ accorda dans cette nouvelle Convention , à
„ la Maison Electorale de Brandebourg , non
„ seulement le Titre de *Duc de Pruffe* ,) fans
„ préjudice pourtant des Droits de l'Ordre
„ Teutonique) mais auffi la survivance de
„ l'Oostfrife (pour autant que cela dépendoit
„ de

,, de la Cour Impériale) & outre cela un Sujet
,, Protestant fut reçu dans le Conseil Aulique.
,, Ensuite dequoi, & après le payement de
,, 250000 florins, la retrocession du Cercle de
,, Schwiebus s'exécuta réellement le 10 Jan-
,, vier 1695, & on rendit les Lettres d'Inves-
,, titure qui avoient été données, avec tous
,, les Documens de ce Cercle qui avoient été
,, remis à la Maison Electorale de Brande-
,, bourg dans le tems de la cession. Enfin le
,, tout fut ratifié librement, & l'Electeur
,, exécuta sans contrainte ce qu'il avoit très-
,, préméditément promis comme Prince Elec-
,, toral par ses Lettres reversales. Depuis ce
,, tems-là, & pendant cinquante ans il n'a
,, été fait aucune Protestation contre cette re-
,, trocession, ni par cet Electeur, ni par son
,, Successeur le dernier Roi, qui pourtant n'é-
,, toit pas accoutumé à laisser moisir ses pré-
,, tentions.
,, L'Empereur Léopold de son côté ne
,, manqua pas d'exécuter le plus exactement
,, qu'il étoit possible les conditions stipulées,
,, dont il revint des avantages inestimables à
,, la Maison Electorale de Brandebourg, puis-
,, que la concession du Titre de Duc de
,, Prusse lui applanit le chemin à la Dignité
,, Royale. Ce même Electeur conclut le 16
,, Novembre 1700, avec Sa Majesté Impériale
,, le Traité formel, intitulé *Cronen-Tractat*,
,, au sujet de la Dignité Royale qu'il obtint;
,, & dans ce Traité il a approuvé & ratifié de-
,, nouveau tout ce qui avoit été stipulé
,, dans l'Alliance conclue en 1686, dans tous
,, ses

„ ſes Points , Clauſes & Articles , & par conſé-
„ quent auſſi la renonciation ſolemnelle de la
„ Maiſon Electorale , tant pour l'Electeur lui-
„ même , que pour ſes Deſcendans & Succeſ-
„ ſeurs , à tous les prétendus Droits ſur quel-
„ ques Principautés de Siléſie.

„ Si donc l'Auguſte Maiſon d'Autriche a
„ mérité par tout ce qu'on a rapporté ci-deſſus,
„ l'odieuſe imputation de ſupercherie , & ſi
„ pour ſa récompenſe elle a dû s'attendre à
„ la préſente invaſion en Siléſie ; enfin ſi cette
„ maniére extraordinaire d'agir ne renverſe
„ pas les Traités les plus ſolemnels, & par con-
„ ſéquent briſe tout ce qui doit ſerrer les liens
„ de la Société Humaine , c'eſt ce qu'on laiſſe
„ à décider aux autres Puiſſances & Etats qui
„ ſont également intéreſſés au maintien & à
„ la ſureté des Traités & des Alliances qu'el-
„ les ont conclues avec d'autres Potentats
„ pour leur intérêt & pour leur ſureté.

Le quinziéme Paragraphe eſt employé à réfuter l'Argument que l'Auteur Brandebourgeois
prétend tirer de la nature des Fiefs en question, qui étant maſculins, ne ſauroient être
poſſédés par la Maiſon d'Autriche , dont la Ligne Maſculine vient de s'éteindre. On lui
répond que ces Fiefs ont été incorporés au
Royaume de Bohême héréditairement & indi-
viſiblement, & que c'eſt en qualité de Reine
de Bohême que l'Héritiére de la Maiſon d'Autriche doit les poſſéder néceſſairement.

Ces Ecrits furent ſuivis de pluſieurs autres
ſur le même ſujet. Mais la guerre de plume
n'eſt pas celle qui intéreſſe le plus. Toute
l'Eu-

l'Europe étoit attentive à ce qui se passoit en Silésie , & l'on craignoit avec raison que le feu allumé dans cette partie de l'Allemagne, ne se répandît dans tous les coins de la Chrétienté , & n'embrasât les Etats voisins. Mais avant que de reprendre le fil des Expéditions Militaires , je me crois obligé d'entrer dans quelque détail par rapport à un démêlé qui fit alors beaucoup de bruit. Je veux parler de la suspension de la Voix Electorale de Bohême. C'est ce que je tâcherai de developper dans le Livre suivant.

HISTOIRE

DE LA

DERNIERE GUERRE

DE BOHEME.

❊•(❀)•(❀)•(❀)•(❀)•(❀)•(❀)•❊

LIVRE SECOND.

ARGUMENT.

Description succincte de la Bohême. Abrégé Historique de ce Royaume. Différend au sujet de la Voix Electorale. Elle est suspendue. Protestations à ce sujet.

AVANT que d'entamer ce sujet, je crois qu'il est nécessaire de faire connoître le Royaume de Bohême, & de montrer en peu de mots de quelle maniére ce beau Pays est tombé aux Princes de la Maison d'Autriche & est passé à leurs Héritiers. Ceux qui ne cherchent qu'à s'amuser, & qui veulent qu'on leur ménage continuellement des surprises, blâmeront peut-être cette digression : mais ceux qui veulent qu'on les instruise en les amusant, me sauront bon gré de la peine que je vai prendre de les mettre au fait d'un Pays qu'ils n'ont vû que sur la Carte, & dont l'Histoire est renfermée dans de vieilles Chro-

ni-

niques, qu'ils n'ont ni le loifir, ni l'occafion,
ni la patience de lire. Au-refte ce que je vai
dire, ne regarde que la Bohême en elle - même, & non les Pays qui lui ont été incorporés, tels que la Siléfie & la Moravie. J'ai
déjà parlé du premier, je parlerai de ce dernier en fon lieu.

La Bohême eft fituée entre le 34. & 38.
degré de Longitude, & le 48. & 51. de La-
titude. Elle a l'Autriche & la Baviére au Midi,
la Siléfie & la Luface au Nord. A l'Orient la
Moravie & une partie de la Siléfie, & à l'Occident la Mifnie & le Haut - Palatinat. Ses
principaux Fleuves font l'Elbe & la Moldau.
Toutes les Riviéres qui l'arrofent, excepté
l'Egre, prennent leurs fources dans le Pays
même, ce qui a fait croire à quelques Géo-
graphes que la Bohême étoit le Pays de l'Europe le plus élevé. Tout le Royaume eft di-
vifé en douze Cercles ou petites Provinces.
Les principaux font ceux de Pilfen, de Rac-
konitz, de Satz, de Czaslau, de Bunzlau,
de Chrudim.

La Bohême a dans fa longueur du Midi au
Nord cinquante lieues Françoifes, & foixante-
trois dans fa largeur du Levant au Couchant.
Le climat y eft affez fain, & le terroir affez
fertile. Mais la plus grande richeffe du Pays
vient des Mines, qui font tout ce qu'on peut
voir de plus beau. Il y en a de Fer, d'Etain,
d'Argent, & même d'Or. On trouve en Bohême plufieurs fortes de Pierreries. Les To-
pazes y font très-communes, & on y trouve
des Diamans qui quelquefois ne le cédent gué-

re à ceux d'Orient. La Nature femble avoir pourvu elle-même à la défenfe de ce Royaume par un cercle de Montagnes dont il eft environné, qui forment un rempart plus formidable que tout ce que l'Art peut inventer. Ces Montagnes font fort hautes & efcarpées du côté de la Baviére & du Vogtland, au-lieu qu'elles le font peu du côté de la Moravie. Les premiéres font partie de ce que les Anciens appelloient *Forêt d'Hercynie.* Celles qui font vers la Siléfie font nommées les *Montagnes des Géans.* Je ferai voir en fon lieu, que vu la nature du Pays & certaines circonftances, il étoit impoffible que Mr. de Maillebois pénétrât jufqu'à Prague, & je le juftifierai amplement des pitoyables raifonnemens des Gazetiers.

La Bohême n'a commencé à connoître le Chriftianifme que vers le IX. Siécle. Ses Souverains ne prenoient encore que le Titre de *Princes* ou de *Ducs.* Borziwog, qui régnoit alors, eft le premier Bohême qui ait embraffé le Chriftianifme. On rapporte un plaifant motif de fa converfion. On dit qu'étant allé voir le Roi de Moravie, celui-ci donna un grand feftin à plufieurs Seigneurs de fa Cour, qui eurent l'honneur de manger avec lui à table, pendant que les mêts deftinés au Duc de Bohême furent fervis à terre. Le Duc ne manqua pas de s'en offenfer, & en ayant demandé la raifon, le Roi de Moravie lui répondit que c'étoit parce qu'il étoit Payen, mais que s'il vouloit embraffer la Religion Chrétienne il l'admettroit auffitôt à fa table. Cet argument fit un effet admirable, & Borziwog fe fit baptifer. A fon retour il trouva fes Peuples fort mécontens de sa conduite. Ils poussérent leur mécontentement jusqu'à le déposséder & à le chasser, & mirent un Seigneur Bavarois. C'a été un Privilége que les Bohêmes ont conservé longtems, de dépouiller leurs Souverains & d'en élire d'autres. Celui qui remplaça Borziwog, ne fut pas plus heureux qu'il l'avoit été. Soupçonné à son tour d'être Chrétien, les Bohêmes lui donnérent cent marcs d'argent, & le priérent de s'en retourner. Ils voulurent alors rétablir son Prédécesseur ; mais celui-ci, moins sensible aux appas de la Souveraineté qu'aux douceurs de la retraite qu'il avoit commencé de goûter, refusa l'offre qu'on lui faisoit, & se contenta de proposer son Fils Wratillas, qui fut accepté. Celui-ci laissa un Fils nommé Wenceslas en bas-âge, & sa Mére fut déclarée Régente pendant sa minorité. Cette Princesse étoit Payenne, par conséquent grande Ennemie des Chrétiens; aussi les persécuta-t-elle à outrance. Elle fit abattre toutes les Eglises que son Mari avoit bâties. Mais Wenceslas ayant pris les rênes du Gouvernement, répara tout le mal qu'elle avoit fait. Sa piété ne fut pas récompensée en ce Monde. Henri dit *l'Oiseleur*, Empereur d'Allemagne, entra à main armée en Bohême, & obligea le Duc à lui payer un tribut annuel de cent bœufs & de cent cinquante marcs d'argent. Ce ne fut pas tout. Boleslas Frére du Duc régnant, profitant du desordre où l'Armée de l'Empereur avoit jetté la Bohême, proposa une entrevue à Wenceslas, sous prétexte de délibérer sur les moyens de se venger des Allemands ; & l'ayant attiré dans une Eglise, il

l'as-

l'affaffina traîtreufement, & fe fit reconnoître Duc de Bohême. L'Eglife a jugé à propos de mettre Wenceflas au rang des Saints,
& elle en célébre l'Office.

Boleflas *le Cruel*, ainfi appellé à caufe du
parricide dont il s'étoit fouillé, eut de gros
démêlés avec l'Empereur Otton, à caufe du
tribut dont j'ai parlé; & après une longue
& fanglante guerre, il fut obligé de fe foumettre.

Il ne fe paffa rien de confidérable en Bohême jufqu'au régne d'Ulric, qui chaffa les
Polonois de la Moravie, & conquit cette
Province. Spitignée Petit-fils d'Ulric régna
fix ans, & laiffa un Fils nommé Wratiflas,
qui lui fuccéda, & fut le premier Duc de
Bohême qui prit le titre de *Roi*, en vertu
d'une Conceffion de l'Empereur Henri IV.
Les Hiftoriens Bohêmes prétendent que ce
fut lui qui fit perdre à la Moravie fon titre
de Royaume, & le tranfporta à la Bohême,
la Moravie n'ayant plus été depuis qu'un
Marquifat. Mais cela eft contefté par d'autres
Ecrivains: ce qu'il y a de certain, c'eft que
les Succeffeurs de Wratiflas ne confervérent
pas la Dignité Royale, ce qui prouve que
cette Dignité ne fut point attachée à la Bohême, mais au Duc: en effet Wratiflas étant
mort, les Etats de Bohême élûrent Conrad
fon Frére pour lui fuccéder en qualité de Duc,
& non pas en qualité de Roi. Après fa mort
Bretiflas II. Fils de Wratiflas, fut reconnu Duc
de Bohême. Borziwog II. lui fuccéda, mais
il fut dépoffédé par fon Oncle Swatopluc, que
Boleflas Roi de Pologne fit tuer en trahifon
par un Efpion. Quelques Seigneurs Bohêmes

F 2

s'és'étant rendus au Camp de l'Empereur après ce triste événement, le priérent de leur donner pour Duc Otton Frére du Défunt, ce qui leur fut accordé. Mais les Bohêmes jaloux de leurs Priviléges se moquérent de l'Election de l'Empereur, & s'étant assemblés ils demandérent & élûrent Uladiflas. Celui-ci avoit un Frére aîné qui voulut faire valoir son droit de primogéniture, & somma Uladiflas de lui céder la Souveraineté. Uladiflas répondit que si la Bohême étoit un Etat héréditaire, il auroit raison d'y prétendre, mais qu'étant électif, c'étoit au Peuple à en disposer, ce qu'il avoit fait en sa faveur. Borziwog, c'est ainsi que s'appelloit ce Frére, ne fut pas content de cette réponse, & se prépara à soutenir ses prétentions par la force. Il eut pour cet effet recours au Roi de Pologne, qui lui promit du secours; mais Uladiflas eut l'adresse de détourner cette tempête. Il avoit un autre Frére nommé Sobieslas, qui se mit aussi sur les rangs, & voulut lui disputer la Souveraineté. Celui-ci étoit appuyé par Otton Marquis de Moravie, & se flatoit aussi du secours des Polonois : mais enfin il s'accommoda. Uladiflas régna jusqu'à sa mort, qui arriva en 1125. Son Frére Sobieslas lui succéda. Il fut d'abord traversé par Otton Marquis de Moravie, mais il trouva le moyen de s'en défaire. L'Empereur Lothaire, qui avoit pris le parti d'Otton, fût obligé de laisser Sobieslas en repos. Il resta donc paisible possesseur de la Bohême. Les Etats du Pays s'étant assemblés dans le Château de Wischerad, firent une Loi fameuse dans l'Histoire de Bohême, qui a été

de-

e puis enfreinte & entirément abolie par la
Maison d'Autriche. Cette Loi portoit en
substance : „ 1. Que tous les Etrangers se-
„ roient exclus des Charges de l'Etat. 2. Que
„ quand il n'y auroit point de Souverain en
„ Bohême, le Bourguemaître de Prague gou-
„ verneroit l'Etat. 3. Que la Ville de Pra-
„ gue dépendroit néanmoins immédiatement
„ du Duc qui régneroit. 4. Que le Bourgue-
„ maître de Prague auroit droit d'assembler les
„ Etats, que l'Election du Prince ne dureroit
„ pas plus de trois jours ; & que celui-là se-
„ roit reconnu Souverain, qui auroit été élu
„ par le Sénat de Prague & les Députés des
„ Communautés, à la pluralité des voix. 5.
„ Qu'avant de se mettre en possession du Pays,
„ le Duc seroit obligé de prêter serment qu'il
„ en garantiroit les Libertés & les Priviléges.
„ 6. Que si le Duc laissoit injustement attaquer
„ la Bohême, alors la Noblesse s'assembleroit
„ à Prague, & prendroit les mesures nécessai-
„ res pour s'opposer à la violence. 7. Que
„ la présente Loi ou Sanction-Pragmatique ne
„ pourroit jamais être abrogée, ni altérée sous
„ quelque prétexte que ce pût être, mais
„ qu'elle seroit plutôt sacrée & perpétuelle.
Les Etats ayant aprouvé & confirmé ces
Réglemens, Sobieslas fut obligé de les rati-
fier. Ce Prince mourut en 1148. laissant
plusieurs Fils, dont aucun ne lui succéda, les
Etats leur ayant donné l'exclusion par la seule
raison qu'ils étoient Fils du feu Duc, & qu'ils
ne vouloient pas qu'on pût soupçonner la Bohême d'être un Pays héréditaire. Ils élûrent
donc Uladislas II. Fils d'Uldislas I. lequel, mal-

F 3

gré

gré les menées des Enfans de Sobieslas, fut maintenu par l'Empereur Conrad III. Uladislas II. lia une étroite amitié avec Fridéric furnommé *Barberouffe*, Neveu de Conrad, lequel fut élu Empereur en 1152. à Francfort fous le nom de *Fridéric* I. Uladislas affifta à l'Election, & comme il vaquoit alors une Dignité Electorale, Fridéric en revêtit Uladislas. Voilà l'époque de l'Electorat de Bohême. Mais pour bien entendre ceci, il faut favoir, qu'auparavant il n'y avoit que fept grandes Charges dans l'Empire, ou, fi l'on veut, fept Electorats, trois Eccléfiaftiques, Mayence, Cologne & Tréves; quatre Séculiers, le Comte Palatin du Rhin, le Duc de Baviére, le Duc de Franconie, & le Duc de Saxe. L'Archevêque de Mayence étoit Archi-Chancelier du Royaume de Germanie, celui de Cologne l'étoit du Royaume d'Italie, & celui de Tréves du Royaume d'Arles. Les Charges des Electeurs Séculiers étoient un *Porte-manger*, un *Grond-Maréchal*, un *Echanfon*, & un *Chambellan* de l'Empire. Sous le régne de Lothaire II. la Baviére ayant été unie à la Saxe en faveur d'Henri *le Lion*, il y eut une de ces Charges de vacante, & un Electeur de moins. Henri V. Duc de Franconie étant parvenu à l'Empire en 1125. & étant mort fans Poftérité, le Duché de Franconie & la Dignité Electorale pafférent au Duc de Suabe Fridéric I. dit *Barberouffe*, étant devenu Empereur, il y eut une nouvelle place vacante dans le Collége Electoral, & elle fut donnée au Duc Uladislas, qui devint peu après Roi de Bohême. Charles IV.

IV. Empereur & Auteur de cette Loi perpétuelle de l'Empire connue sous le nom de *Bulle-d'Or*, confirma non seulement la Dignité Electorale attachée au Royaume de Bohême, mais même il établit que le Roi de ce nom seroit regardé comme le premier des Electeurs Séculiers, & auroit la Charge d'Echanson Héréditaire de l'Empire.

Dix ans après qu'Uladiflas eut recu la Dignité Electorale, c'est-à-dire en 1162. l'Empereur touché du zèle qu'il faisoit paroître pour son service, le déclara Roi de Bohême; mais les Etats du Pays, craignant que cette nouvelle Dignité ne donnât quelqu'atteinte à leurs priviléges, en parurent très-mécontens. La crainte de l'Empereur les contint, mais ils ne permirent pas à ses Successeurs de prendre le même titre.

La Bohême fut donc de-nouveau gouvernée par des Ducs, après la mort d'Uladiflas. Ce qui prouve que la Dignité Royale avoit été personnelle à ceux qui l'avoient reçue, & n'avoit point été attachée à la Souveraineté de la Bohême.

Primiflas II. troisiéme Duc de Bohême depuis Uladiflas, eut l'ambition de devenir Roi & de faire ériger son Duché en Royaume, afin que la Dignité Royale ne pût plus être disputée à ses Successeurs.

L'occasion ne pouvoit être plus belle. L'Allemagne avoit alors trois Empereurs; Philippe Fils de Fridéric I. Otton IV. Fils de Henri *le Lion* Duc de Saxe, & Fridéric Fils de Henri VI. Successeur de Fridéric I. *Barberousse*. Ces trois Princes se portoient

 tous

tous pour Empereurs, & se faisoient mutuellement la guerre. Primislas se déclara
pour Philippe, à condition qu'il érigeroit
la Bohême en Royaume, & qu'il l'en couronne-
roit Roi, ce qui fut exécuté ; mais le Pape,
grand ennemi de Philippe, allarmé de cette
alliance, fit accroire à Primislas qu'il n'étoit
pas véritablement Roi, puisqu'il avoit reçu
la Couronne Royale de la main du Prince qui
n'étoit ni Roi ni Empereur. La persuasion
suivit de près le scrupule. Primislas eut
bientôt pris son parti. Il abandonna Philippe
& se déclara pour Otton, que le Pape soute-
noit de tout son pouvoir. Otton confirma
la Royauté de Primislas, & celui-ci le servit
avec tant de zèle & de reconnoissance, qu'il
en acquit le surnom d'*Ottocar* (1). La fin
de ces démêlés appartient à l'Histoire de l'Empire ; il me suffit à moi d'avoir fixé l'époque
de l'Erection de la Bohême en Royaume. Primislas fut couronné pour la seconde fois à
Mersebourg en 1203. & mourut en 1230.
Wenceslas son Fils lui succéda. & à celui-ci
Primislas III. Fils de ce dernier & Petit-fils
du précédent. Il faut remarquer que quoique ces Princes se succédassent ainsi de Pére
en Fils, ce n'étoit néanmois qu'en vertu d'u-
ne libre élection des Etats.

Primislas III. Roi de Bohême fut surnommé *Ottocar*, comme son Ayeul, & rendit ce
fur-

____

(1) Les Allemands disent *Otto* au-lieu d'*Otton*, comme nous disons en François : *Gar* signifie en Allemand
tout-à-fait : *Ottocar*, ou *Ottogar*, veut donc dire *tout*
Otton.

furnom extrêmement célébre. La Bohême monta fous fon régne au plus haut point de gloire & de puiffance. Il acquit l'Autriche, la Carinthie, la Stirie & l'Iftrie, & eut de grands démêlés avec Rudolfe ou Rodolfe de Habsbourg, qu'il ne voulut jamais reconnoître pour Empereur. Ce Monarque formoit de grandes prétentions fur les Duchés d'Autriche, de Stirie & de Carinthie, qu'Ottocar vouloit retenir du Chef de fa Femme Marguerite. Ce dernier fut cité à la Diéte de l'Empire. Il comparut par des Députés, qui déclarérent en fon nom que le Duché d'Autriche & les autres dont j'ai parlé, lui appartenoient de droit; qu'il ne reconnoiffoit point les prétentions de l'Empereur, & qu'il le regardoit lui-même comme un intrus au Trône Impérial. Rodolfe eut affez de crédit pour faire déclarer Ottocar ennemi de l'Empire. Auffitôt la Bohême fut attaquée de tous côtés par les Princes d'Allemagne. L'Empereur conquit l'Autriche. Le Roi de Bohême preffé de tous côtés fut obligé de fe foumettre aux conditions qu'on voulut lui impofer. Il céda l'Autriche, la Stirie & la Carinthie; & ce qu'il y eut de plus affligeant pour lui, c'eft qu'il fe vit contraint de rendre publiquement hommage & à genoux à un Prince qui avoit été peu de tems auparavant Domeftique de fon Ayeul, & qui originairement n'étoit qu'un petit Comte Suiffe affez mal partagé des biens de la fortune. Le chagrin qu'il en eut, lui fit bientôt reprendre les armes. Il marcha avec fon Armée en Autriche. Rodolfe y accourut pour la dé-

fen-

fendre. On se battit près de Vienne. La bataille fut longue & sanglante, mais enfin les Bohêmes furent défaits, & leur Roi fut tué sur la place.

Un si funeste événement jetta la consternation dans toute la Bohême. Les Etats craignoient que l'Empereur ne poussât plus loin ses avantages. Ils se trouvoient sans Chef & sans troupes. Ottocar laissoit un Fils âgé de huit ans seulement. Heureusement l'Empereur, content de sa victoire, leur offrit la Paix, qui fut bientôt conclue. Otton Marquis de Brandebourg fut fait Tuteur du jeune Wenceslas, Fils du Roi défunt. Wenceslas étant devenu Majeur, gouverna la Bohême avec tant de sagesse, que les Polonois l'eurent pour leur Roi; & les Hongrois en firent de - même quelque tems après. Il envoya son Fils aîné à ces derniers; mais l'ayant rappellé quelque tems après, il eut le malheur d'aprendre qu'il s'étoit noyé en chemin. L'Empereur Albert, jaloux de la puissance de Wenceslas, lui fit la guerre; mais ce différend fut appaisé, & Wenceslas mourut paisiblement, laissant un Fils qui fut élu Roi, mais qui mourut avant d'être couronné, ayant été assassiné. Et avec lui finit la Race de Primislas I. qui pendant 584. ans avoit fleuri en Bohême. Il restoit encore deux Princesses, dont la plus jeune, nommée Elisabeth, Fille de Wenceslas Roi de Bohême & de Pologne, & Sœur du dernier Roi, âgée seulement de dix-huit ans, étoit encore en Bohême. Les Etats élûrent Jean de Luxembourg Fils de l'Empereur

Henri

Henri VII. à condition qu'il épouferoit cette Princeffe.

On demande à préfent fi Elifabeth a tranfporté la Couronne de Bohême & la Dignité Electorale à Jean de Luxembourg. La Reine de Hongrie dit qu'oui, mais l'Empire dit que non. En effet, Jean de Luxembourg n'eft monté fur le Trône de Bohême qu'en vertu des Suffrages des Etats, & non en vertu de fon Mariage avec Elifabeth ; & ce Mariage n'a été exigé de lui, que par un refte de reconnoiffance que les Peuples de Bohême avoient pour la Maifon de Primiflas. Si le Droit d'héritage avoit eu lieu en cette occafion, ce n'auroit pas été Elifabeth qui l'auroit eu, mais fa Sœur aînée mariée à Boleflas III. Duc de Lignitz. Les raifons que les Etats de Bohême donnérent de l'Election de Jean de Luxembourg, tranche toute la difficulté. Ils lui déclarérent à lui-même, qu'ils l'avoient choifi pour leur Roi préférablement à tant d'autres, parce qu'étant jeune il pourroit d'autant plus aifément s'accoutumer aux ufages du Pays & aux mœurs de fes Peuples, & qu'ils avoient lieu de croire qu'ils en feroient d'autant mieux gouvernés.

Au-refte Jean de Luxembourg eft ce même Roi de Bohême, qui tout aveugle qu'il étoit mena lui-même un fecours de troupes à Philippe de Valois Roi de France dans la guerre contre les Anglois, & fe trouva à la Bataille de Creci, fe faifant conduire par fes Ecuyers. Il y fut tué fur la place. Son Fils Charles lui fuccéda. Il avoit été élu Empereur fous le nom de Charles IV. en 1346. & en 1347. il

fut

fut élu Roi de Bohême. Il étoit né à Prague le 14. de Mai 1316. Il reçut le nom de Wenceflas au Baptême; mais étant venu en France fous le régne de Charles IV. il prit le nom de Charles pour faire fa cour à ce Monarque. Il reçut dans ce Royaume une fort belle éducation; & comme il avoit du goût pour les Sciences, il s'y apliqua avec fuccès. Il parloit parfaitement les Langues Latine, Françoife & Italienne, fans compter l'Allemand & le Bohême qu'il avoit apris en naiffant. En un mot c'étoit un prodige d'efprit pour ce tems-là. Ce fut lui qui fonda l'Univerfité de Prague. Mais il fe rendit fur-tout célébre par la fameufe Bulle-d'Or, qui eft encore aujourd'hui la Loi fondamentale de l'Empire. Il n'oublia rien pour établir le Droit d'hérédité dans le Royaume de Bohême, & les Etats le laifférent faire, bien réfolus après fa mort d'en ufer comme auparavant. Il acheta le Marquifat de Brandebourg d'Otton de Baviére, qui n'ayant point de Poftérité, vendit ce Pays pour deux cens mille ducats, en 1375. Sigismond, le plus jeune des Fils de Charles, le revendit en 1415. au Burgrave de Nuremberg de la Maifon de Zollern pour quatre cens mille ducats. C'eft de ce Burgrave que defcend le Roi de Pruffe en ligne directe.

Charles mourut en 1378. le 29. de Novembre, après avoir fait élire Wenceflas fon Fils aîné Roi des Romains, & fon Succeffeur à la Couronne de Bohême.

Wenceflas prit les rênes de l'Empire la même année que commença le grand Schisme d'Ocd'Occident, c'eſt-à-dire, l'année de la mort de ſon Pére. Ce fut un Prince ſavant pour ce tems-là, mais rempli de vices & de défauts qui lui attirérent de fâcheuſes affaires. Il étoit ſur-tout violent & cruel, ſoit qu'on attribue ce mauvais caractére au vin auquel il étoit fort ſujet, ſoit qu'on l'attribue à une humeur ſombre & noire, qui étoit l'effet du poiſon qu'on lui avoit donné dans ſa jeuneſſe. Voici deux exemples de ſa cruauté, que je choiſis entre pluſieurs autres. Il avoit épouſé Jeanne Fille d'Albert Duc de Baviére & Comte de Hollande. On avoit donné à cette Princeſſe Jean de Népomuc Docteur de l'Univerſité de Prague, & Chanoine de l'Egliſe Cathédrale de cette Capitale. Pénétrée d'une vive douleur de voir le Roi ſon Epoux mener une vie déréglée, elle tâchoit de le ramener, & en concertoit les moyens avec ſon Confeſſeur. Wenceſlas, naturellement ſoupçonneux, employoit les promeſſes & les menaces pour obliger Népomuc à lui révéler les confeſſions de la Reine: mais celui-ci, fidéle à ſon Miniſtére & à la Reine, étoit inébranlable. Le Roi irrité contre lui le fit jetter inhumainement dans la Moldau, riviére qui paſſe au milieu de Prague. L'Archevêque de cette Ville ayant apris une action ſi barbare, envoya deux Chanoines pour reprocher au Roi d'avoir fait mourir ce ſaint homme. *Puiſque vous appellez Saint un homme mort*, répondit Wenceſlas, *je ne vous envierai pas cette gloire, vaus ſerez Saints auſſi après votre mort.* Il ordonna en même tems qu'on les fît mourir. Mais quelques Grands-Seigneurs

gneurs qui étoient préfens ayant intercédé pour eux, il leur fit grace.

Les Bohêmes commencérent à fe dégoûter de Wenceflas. Sigifmond fon Frére, Roi de Hongrie, fomentoit fous main leur mécontentement. Les chofes allérent fi loin, que Wenceflas fut arrêté & mis en prifon dans la Maifon de ville de Prague. Sigifmond s'avança alors avec une Armée de Hongrois, & s'empara d'une Fortereffe en Bohême; mais ayant eu avis que Wenceflas s'étoit échappé, il regagna promtement la Hongrie. L'évafion du Roi de Bohême fut extraordinaire. Il y avoit deux mois qu'il étoit en prifon fans avoir changé d'habits, il demanda qu'on lui permît de fe baigner pour fe nettoyer. Ce qui lui fut accordé, & ayant été mené dans une chambre où l'on avoit préparé un bain, ceux qui le gardoient en fermérent la porte. Le Roi fe dépouilla tout nud, ne gardant qu'un fimple caleçon pour n'être pas reconnu. Il trouva une iffue pour fortir de la chambre: étant defcendu, il fe trouva fur le bord de la Moldau, où il rencontra une fervante nommée Sufanne, à qui il demanda fi elle favoit ramer. La fille ayant répondu qu'oui, le Roi fe fit connoître à elle; & détachant un bateau qui étoit à portée, il s'y jetta avec la fervante, qui le paffa à l'autre bord. Là il mit quelques vieux haillons fur fon corps pour fe déguifer, & fe retira dans un Bois jufqu'à l'entrée de la nuit. Enfin il fe rendit avec fa libératrice dans le Château de *Curatice*, qu'il avoit fait bâtir quelques années auparavant, & dont le Concierge étoit

un

un de ses plus fidéles Serviteurs. Quelques Historiens disent qu'il coucha le même soir avec Susanne, d'autres prétendent qu'il alla même jusqu'à l'épouser ; car la Reine son Epouse étoit déjà morte depuis quelque tems, il se tint caché pendant plusieurs jours, mais il se montra de-nouveau, sans oser néanmoins aller à Prague, où il savoit qu'il avoit beaucoup d'ennemis. Il faisoit sa résidence dans le Château de Ziebrak. Cependant quelque précaution qu'il prît, il ne put éviter d'être une seconde fois enlevé à la chasse par les intrigues de Sigismond son Frére, & de son Cousin Jodoce Marquis de Moravie. Il fut livré à Albert d'Autriche, & conduit à Vienne, où il fut aussitôt enfermé dans une tour, d'où il se sauva encore par finesse. Il se vengea de ceux de sa Cour qui avoient contribué à sa prison, & les fit périr par la main du Bourreau. Il céda à Sigismond son Frére la Dignité Impériale, se contentant pour lui du titre de Roi des Romains, & de la paisible possession du Royaume de Bohême.

Ce fut sous le régne de ce Prince que Jean Huss, Professeur en Théologie dans l'Université de Prague, commença à prêcher des Dogmes fort différens de ceux de l'Eglise Rómaine, à l'occasion du Jubilé indiqué par le Pape Boniface IX. Cette affaire, si fameuse dans l'Histoire Ecclésiastique, causa un incendie qui embrasa toute l'Allemagne, par la lâche condescendance de l'Empereur Sigismond, qui contre le saufconduit par lui accordé à Jean Huss & à Jérôme de Prague, permit au Concile assemblé à Constance de

faire

faire bruler inhumainement ces deux hommes, sans presque aucune forme de procès.

Les Partisans de la Doctrine de Jean Huss, qui étoient en grand nombre à Prague, prirent les armes à la nouvelle de cette exécution, & coururent-sus aux Prêtres & aux Moines. Wenceslas épouvanté au premier avis de ce tumulte, fut frappé d'apoplexie & mourut l'an 1418.

Les Hussites mirent à leur tête Jean de Trosnor, le plus grand Capitaine sans-contredit qu'il y eût alors en Europe. Il avoit été Page de Charles IV. & ensuite Chambellan de Wenceslas. Il étoit né dans le bourg même dont il portoit le nom. Ce bourg, nommé Trosnor ou Trocznow, est situé près d'une ville nommée Borowanni dans le Comté de Bechin. Jean de Trosnor, si fameux sous le nom de *Ziska*, qui en Langue Bohême signifie *borgne*, & qui lui fut donné parce qu'il avoit perdu un œil, s'engagea par un serment solennel de venger la mort de Jean Huss, & l'affront que le Concile avoit fait à la Bohême. En peu de tems tout ce beau Royaume fut en feu. Ziska, comme un torrent, ravagea tous les Biens Ecclésiastiques, pilla & brula les Monastéres, & immola plus de dix mille Moines ou Prêtres aux mânes de Jean Huss & de Jérôme de Prague. Il gagna douze batailles rangées, & emporta une infinité de places. Il défit & mit en fuite, avec une poignée de gens, des Armées Impériales de près de cent mille hommes : la fortune ne l'abandonna jamais, & il vint à

bout

bout de se faire rechercher de l'Empereur peu de tems avant sa mort, qui arriva en 1424. comme il étoit sur le point de s'accommoder avec Sigismond. Tous les Historiens ont dit qu'il ordonna à ses gens de faire un tambour de sa peau, leur promettant que le bruit de cet instrument répandroit la terreur parmi leurs Ennemis: mais si cet ordre fut donné, il ne fut point exécuté, & Ziska fut enterré honorablement à Czaslau avec sa peau toute entiére. Sur quoi je ne puis m'empêcher d'admirer la sottise d'un certain Gazetier qui a écrit dans sa Gazette, que le Roi de Prusse avoit fait tirer du Château de Glatz le tambour fait de la peau de Ziska, & l'avoit fait transporter à Berlin dans le Cabinet de Curiosités.

On rapporte que l'Empereur Ferdinand I. passant un jour par Czaslau, entra dans l'Eglise Cathédrale pour y faire ses dévotions, & ayant vu une grosse massue de fer pendue à la muraille, il demanda si c'étoit celle de quelque Géant, ou de quelque Héros de Bohême. Personne n'osa lui dire à qui elle avoit appartenu, excepté un homme qui n'étant pas courtisan, lui aprit sans détour que c'étoit la massue de Ziska. *Fi, fi,* s'écria l'Empereur, *cette mauvaise Bête, quoique morte depuis cent ans, fait encore peur aux Vivans.* Et sur le champ il partit de Czaslau, quoiqu'il eût résolu d'y passer la nuit.

Ziska eut cela de commun avec deux fameux Capitaines de l'Antiquité, Annibal & Sertorius, qu'il étoit borgne comme eux; mais il les surpassa en valeur & en ca-

pacité.

pacité. Ayant perdu l'œil qui lui reſtoit, dans une attaque, il ne laiſſa pas de continuer à commander tout aveugle qu'il étoit, & de remporter des victoires.

Sigiſmond étoit trop odieux aux Bohêmes, pour qu'ils puſſent ſe réſoudre facilement à l'accepter pour Roi. Cependant il ne laiſſa pas d'être élu dans une eſpéce de Diéte compoſée de ſes partiſans. Mais cela ne ſuffiſoit pas; il faloit une élection légitime, & les cœurs de la Nation. C'eſt néanmoins dequoi il n'avoit pas lieu de ſe flater. Les Bohêmes étoient irrités. Sa conduite envers Jean Huſſ, & quelques actes de cruauté qu'il avoit faits à Breſlau, les avoit extrêmement dégoûtés de lui. Il négligea de les appaiſer, & traita leurs Députés avec une hauteur qui les révolta entiérement. Ils le déclarérent ennemi du Royaume, & ſe mirent en devoir de ſoutenir cette démarche. La guerre dura dix-huit ans. Sigismond fut battu en treize batailles rangées. Mais enfin, après la mort de Ziska, les Huſſites s'étant diviſés devinrent moins redoutables. Cette terreur panique, que leur nom ſeul jettoit dans les Troupes Allemandes, ſe diſſipa peu à peu. Néanmoins jamais ni les Hongrois, ni les Allemands de Sigismond ne ſeroient peut-être venus à bout de ſoumettre les Bohêmes, s'ils ne ſe fuſſent fait la guerre les uns aux autres. L'Empereur le penſoit ainſi, lorſqu'il diſoit ſur la fin, que jamais on ne domteroit les Bohêmes que par les Bohêmes-mêmes; & la prédiction ſe vérifia. La Bohême ſe ſoumit, moyennant un Concordat

que

que Sigismond ratifia à Iglaw, en préfence des Grands de Moravie & de Bohême.

Par ce Concordat, l'Empereur s'engageoit à diverfes chofes à l'égard des Huffites, qu'il ne leur tint point. L'impatience qu'il avoit de régner dans un Pays pour lequel il avoit dépenfé tant d'argent, & fait répandre tant de fang, lui fit tout figner, bien réfolu de ne rien tenir; ce qu'il fit auffi.

Ce Prince plus accablé de travaux que d'années, tomba dans une maladie mortelle peu de tems après fon accommodement avec les Bohêmes. Il avoit époufé Barbe, Fille du Comte de Cilley, Seigneur Hongrois dont le crédit lui avoit été néceffaire pour parvenir à la Couronne de Hongrie. Cette Princeffe eft fameufe dans l'Hiftoire pour fes impudicités, qui ne peuvent guére être égalées que par celles de Meffaline.

Sigismond avoit eu de fon mariage avec Barbe une Fille nonmée Elifabeth, qui étoit mariée à Albert II. Archiduc d'Autriche. Il eut l'adreffe de faire élire, avant fa mort, fon Gendre Roi de Bohême par le Parti Catholique. Lec Huffites voulurent s'y oppofer.

Ils repréfentoient que Sigismond ayant d'abord violé le Concordat, fon Gendre reconnu pour zélé Caholique, en feroit de-même; que l'Election d'un Roi devoit être libre & non vénale ou furprife par des difcours fpécieux, & qu'ils avoient acheté cette Liberté au prix de leur fang & de leurs fortunes. Que le prétendu Traité figné par Ottocar, portant qu'au défaut d'Enfant mâle dans la

G 2

Mai-

Maifon de Bohême on auroit recours à la Maifon d'Autriche, avoit été extorqué à ce Prince, dans un tems où la Bohême étoit opprimée par l'Empereur d'Allemagne. Qu'ils aimoient mieux un Roi Polonois de même langage qu'eux, qu'un Roi Allemand dont ils avoient tant fouffert. Qu'Albert luimême étoit venu dans la Bohême à main armée, & qu'enfin ils ne le vouloient pour Roi que fous de bonnes conditions.

Cependant Sigismond mourut le 8. ou le 9. de Décembre 1437. âgé de 69 ou de 70 ans, après en avoir regné 51. favoir en Hongrie jufqu'à fa mort, dans l'Empire 27 ans, & en Bohême 17.

Après fa mort, Albert fut élu Roi de Hongrie d'une voix unanime. Il n'en fut pas demême en Bohême; car ayant refufé de figner d'autres conditions que celles qui étoient contenues dans le Concordat de Sigismond, qui n'avoient pas même été obfervées par cet Empereur, le Parti Huffite, qui n'étoit certainement pas à méprifer, perfifta dans fon refus, & offrit la Couronne à Cafimir Frére d'Uladiflas Roi de Pologne. Après une affez longue délibération, ce Roi ayant accepté l'offre des Seigneurs Huffites, envoya des Ambaffadeurs en Bohême pour procéder à l'Election de fon Frére, & les fit fuivre d'une bonne Armée, afin de favorifer fon parti & de brider celui d'Albert. Celuici étoit à Bude lorfqu'il aprit cette nouvelle. Il envoya fur le champ des Ambaffadeurs à Uladiflas, pour le détourner de fe mêler des affaires de Bohême; difant que ce
Royau-

Royaume lui étoit dévolu par le Testament de Sigismond, & par sa Femme Elisabeth Fille & Héritiére unique de cet Empereur. Qu'il y avoit un ancien Traité entre la Bohême & l'Autriche, qui rendoit cette succession légitime; que son Election faite par les Grands ne pouvoit être révoquée en doute; que quelque peu d'opposans n'étoient pas en droit de la transférer à un autre; & qu'enfin, s'il persistoit à attaquer le Royaume de Bohême, il prît garde au sien. Le Roi de Pologne ayant là-dessus assemblé son Conseil, on répondit aux Ambassadeurs d'Albert, que c'étoit une chose publique & notoire qu'après la mort de Sigismond, les Barons, les Nobles & les Villes de Bohême avoient appellé son Frére Casimir au Royaume avec de grandes instances de vouloir l'accepter. Qu'en l'acceptant on ne faisoit point injustice à Albert, parce que tout le monde sait que *les Femmes sont exclues de la Succession aux Royaumes*; que s'il y avoit entre la Bohême & l'Autriche quelque Traité particulier qui fût contraire à cet usage, n'ayant jamais été observé, il étoit censé abrogé par prescription; que par ces raisons le Roi avoit envoyé deux Palatins de son Royaume avec une Armée & des Instructions pour pacifier la Bohême, & la purger des erreurs dont elle étoit entachée, l'intention de son Frére n'étant pas de prendre sur un autre pied le gouvernement du Royaume; que d'ailleurs la Pologne & la Bohême avoient la même Langue, qui n'avoit rien de commun avec l'Allemande; & qu'au-reste il étoit assez bien affermi dans

son

son Royaume pour ne craindre point de violence étrangére.

Les esprits s'étant aigris là-dessus de part & d'autre, on se déclara la guerre.

Albert venoit d'être élu Empereur. Il tira du secours de quelques Princes de l'Empire, & marcha avec une belle Armée en Bohême.

Il y fit d'abord des progrès considérables ; mais ayant apris que pour faire diversion le Roi de Pologne étoit entré en Siléfie, il fut obligé d'envoyer au secours de cette Province une bonne partie de son Armée.

La fin de tout ce démêlé fut que Casimir ayant perdu presque toutes ses troupes par la peste & par la famine, & Uladiflas son Frére n'ayant pas été heureux en Siléfie, le parti d'Albert prévalut, & Casimir fut obligé de regagner la Pologne.

L'Empereur se voyant à peu près maître de la Bohême, se rendit à Prague pour travailler à la réunion des esprits. A peine étoit-il arrivé dans cette capitale, qu'il se vit obligé de courir en diligence en Hongrie, déjà attaquée par Amurat Empereur des Turcs.

Albert se donna beaucoup de mouvement pour engager les Etats de Hongrie à faire des efforts convenables à leur situation, & il se fatigua tant pour assembler une Armée, qu'il en tomba malade & mourut, en se faisant transporter à Vienne, dans un village près de Strigonie, n'étant encore qu'à la fleur de son âge, & donnant les plus belles espérances du monde.

L'Em-

L'Empereur Albert avoit eu d'Elifabeth fon Epoufe, Fille de Sigismond, deux Filles, & il la laiffot enceinte dans la plus trifte fituation du monde. La Hongrie attaquée par les Turs au dehors & divifée au dedans; le Royaume de Bohême encore tout fumant de la guerre des Huffites, ravagé par la pefte, & rempli de diffenfions domeftiques.

Dans cette affreufe perplexité, la Reine s'arma de conftance & de fermeté. Elle fe vit trahie par ceux des Hongrois à qui elle fe confioit le plus, & contrainte d'abandonner la Hongrie au Roi de Pologne & de fe retirer à Vienne.

Les Etats de Bohême s'étoient affemblés. La Reine leur écrivit une Lettre fort touchante. Leur difant qu'après Dieu, elle mettoit en eux toute fon efpérance. Qu'ils étoient les maîtres du Pays, & qu'après la perte de fon Epoux elle les regardoit comme fes Péres. Qu'elle les conjuroit au nom de Dieu, & par l'amour qu'ils avoient eu pour les Rois fes Ancêtres, de ne point hâter leur élection, mais d'attendre fes couches pour favoir quel Enfant Dieu lui donneroit. Que fi c'étoit une Fille ils feroient libres de leur Election; mais que fi c'étoit un Prince, ils ne pouvoient ignorer qu'il devoit être l'Héritier de fon Grandpére & de fon Pére.

Enfin elle accoucha d'un Prince, qui fut nommé Ladiflas, & furnommé Pofthume pour être né après la mort de fon Pére.

La Reine le mit fous la protection de l'Empereur Frédéric III. proche Parent du

feu

feu Empereur, & le pria de vouloir être son Tuteur, ce que ce Monarque accepta généreusement.

Les Etats de Bohême envoyérent une Députation à Elifabeth, pour la féliciter d'avoir mis au monde un Prince, & la prier d'envoyer des Ambaffadeurs avec des Inftructions fur les droits de ce Prince nouveau-né au Royaume de Bohême. L'Ambaffade fut reçue avec toute forte de marques de reconnoiffance & d'aplaudiffement. Mais en même tems la Reine prioit inftamment les Députés d'obtenir du délai pour la tenue de la Diéte d'Election, afin de pouvoir rechercher les Documens de fon droit, difperfés en des Pays éloignés les uns des autres & qu'il étoit impoffible de raffembler en fi peu de tems. Pour toucher davantage les Ambaffadeurs, elle leur montra le petit Prince dans le berceau. Ce fpectacle, accompagné des difcours pathétiques de la Reine, excita une tendre émotion dans leur cœur. Ils promirent de faire tout leur poffible, & d'employer tout le crédit de leurs amis pour appuyer l'élection du jeune Ladiflas.

Ils tinrent parole, mais leur zèle ne fit pas grand effet. Le Parti contraire à Ladiflas repréfenta à l'Affemblée, que le délai qu'on vouloit apporter à l'élection d'un Roi, n'étoit ni de l'honneur ni de l'intérêt public : Que s'il s'agiffoit de reconnoiffance, on la devoit auffi-bien aux Marquis de Brandebourg & de Brabant descendans comme Ladiflas de Charles IV. par les Femmes. Que Ladiflas étoit de la Maifon d'Autriche, &

non

non de celle de Luxembourg, & que son
Pére avoit fait mille maux à la Bohême.
Qu'on ne pouvoit accuser d'injustice l'exclusion de Ladislas, puisque l'élection des Rois
de Bohême étoit libre, & que c'étoit l'usage
parmi eux d'élire des Princes faits & non des
Enfans. Qu'au fond quand ils éliroient Ladislas, ils n'en seroient pas plus avancés, puisqu'on ne pouvoit guére compter sur la vie
d'un Enfant au berceau. Que quant à ce Traité
dont on parloit tant entre les Maisons de
Bohême & d'Autriche, il faloit bien qu'on
n'y eût pas eu beaucoup d'égard, puisque ce
Royaume avoit été donné à Jean Fils de l'Empereur Henri VII. de la Maison de Luxembourg, à l'exclusion du Duc de Carinthie de
la Maison d'Autriche. Que personne n'i-
gnoroit que non seulement ils n'avoient point
donné leur consentement à l'Election & au
Couronnement d'Albert, & qu'au-contraire ils s'y étoient opposés de vive voix,
par écrit, & même par la voie des armes,
& qu'ainsi la Reine ne pouvoit sonder le
droit à la succession sans la consentement général du Royaume. Ils ajoûtérent plusieurs
autres raisons de la même force ; mais le
Lecteur fera bien de se souvenir de celles-
là, quand il lira les Piéces de la Cour de
Vienne sur l'activité de la Voix Electorale
de Bohême, & de l'habileté du Grand-Duc
à l'exercer.

Les Etats offrirent la Couronne à Albert
Duc de Baviére, & même à l'Empereur ; mais
pour des raisons qui ne sont pas de mon sujet,
ces deux Princes la refusérent.

G 5

L'Im-

L'Impératrice Elifabeth, ennuyée de tant de contradictions & de traverfes, tomba dans une maladie de langueur, dont elle mourut en 1441. laiffant Ladiflas âgé feulement d'un an.

La perte que ce jeune Prince fit d'une Mére de ce mérite, fut bien réparée par la conduite du Tuteur qu'elle lui avoit donné. L'Empereur Frédéric foutint fes droits au péril de fes armées & de fa perfonne ; & après bien des démarches contraires aux intérêts du Pupille de la part des Bohêmes, ils l'élurent enfin pour leur Roi ; & nommérent, en attendant fa majorité, Mainhard & George de Podiebrath pour gouverner le Royaume. Ce dernier trouva le moyen de fe débaraffer de fon Collégue, & le fit mettre en prifon.

Cependant le jeune Roi étoit élevé avec beaucoup de foin à la Cour de l'Empereur Frédéric. Les Hongrois, les Autrichiens & les Bohêmes, impatiens d'avoir leur Souverain à leur tête, le redemandérent à l'Empereur, qui les amufa par de belles paroles, jufqu'à ce qu'enfin les premiers fecondés des Autrichiens prirent les armes, & obligérent ce Monarque en 1453. à leur envoyer Ladiflas. Ce jeune Prince étant venu en Bohême, après avoir figné les Articles qui lui furent préfentés par les Ambaffadeurs des Etats pour la confirmation des Libertés, Priviléges & Immunités du Royaume tant à l'égard du Temporel qu'à l'égard du Spirituel, fit fon entrée dans Prague, & y fut couronné Roi avec les folennités requifes. Il confirma

la

la Régence à Podiebrath, aprouva tout ce qu'il avoit fait, & témoigna ne vouloir se conduire que par ses conseils : mais étant devenu majeur, trop imbu des maximes de la Cour de Rome, & livré aux conseils des Ministres du Souverain Pontife, il commit plusieurs fautes qui lui aliénérent les esprits. Il n'eut pas le tems de voir les suites du mécontentement de ses Sujets, étant mort de la peste en 1458. âgé d'environ dix-sept ans, lorsqu'il étoit sur le point d'épouser la Fille de Charles VII. Roi de France.

Après sa mort, George de Podiebrath fut déclaré Roi de Bohême. Ce Seigneur étoit de l'illustre Maison des anciens Comtes de Berneck & de Nidda dans le Pays de Hesse, établie depuis longtems en Bohême, où elle avois acquis la Seigneurie de Podiebrath dans le Cercle de Königratz.

George fut reconnu Roi de toutes les Puissances de l'Europe, & même du Pape ; il faillit même dans la suite à devenir Empereur ; mais comme il n'avoit pas tenu au Pontife ce qu'il lui avoit promis à l'égard des Hussites de Bohême, il manqua cette Dignité.

Il gouverna sagement, & fut assez heureux pour se maintenir contre les ennemis que la Cour de Rome lui suscita. Sentant aprocher la fin, il manda les principaux du Royaume, & leur conseilla d'élire après sa mort Uladislas Frére de Casimir III. Roi de Pologne. Il mourut le 22. Mars 1471.

Après sa mort il se forma un parti en Bohême en faveur de Mathias Roi de Hongrie,

Fils

Fils d'Hunniade Waivode de Transilvanie, lequel Mathias avoit été élu Roi de Hongrie après la mort de Ladiſlas, à peu près dans le tems que Podiebrath étoit élu Roi de Bohême. Son parti n'étoit pas conſidérable, & la pluralité des voix fut pour Uladiſlas. Celui-ci ſe mit auſſitôt en chemin à la tête de neuf mille Polonois.

Mathias, bien informé qu'il avoit un parti en Bohême, fit tout ce qu'il put conjointement avec le Pape pour faire déclarer nulle l'élection d'Uladiſlas, mais il n'y put réuſſir. La guerre s'alluma entre ces deux Princes. Mais enfin ils firent la paix, à condition qu'Uladiſlas reſteroit Roi & Electeur de Bohême, pendant que Mathias n'en auroit ſimplement que le titre de Roi; mais qu'en revanche on lui céderoit les trois Provinces incorporées au Royaume de Bohême, la Siléſie, la Moravie & la Luſace, qui ſeroient reſtituées au Roi & à la Couronne de Bohême, ſi Mathias venoit à mourir avant Uladiſlas; auquel cas ce dernier payeroit à la Couronne de Hongrie 400000 Ducats.

Mathias mourut en effet le premier, & ces Pays retournérent, ſelon le Traité, à la Bohême.

Outre cet avantage, Uladiſlas eut encore celui de ſuccéder à ſon Rival dans la Couronne de Hongrie, dont il jouït vingt-ſix ans, ayant été élu en 1490. & étant mort le 13. de Mars 1516. à Bude, après avoir fait élire ſon Fils Louis, âgé ſeulement de quatre ans, Roi de Bohême en 1508. Il laiſſa outre ce Fils, une Fille nommée Anne, qui fut la cauſe

in-

innocente de tous les maux qui font arrivés depuis à la Bohême.

L'Hiftoire a remarqué plufieurs chofes particuliéres au Roi Louis : la premiére, c'eft qu'il nâquit avant que d'avoir de la peau fur fon corps : la feconde, qu'il fut élu Roi à quatre ans & couronné à huit : la troifiéme , qu'il eut de la barbe à quatorze : la quatriéme, qu'il fe maria à quinze : la cinquiéme, qu'il grifonna à dix-huit ans , & qu'il mourut à vingt.

Ayant été élevé au Trône de Hongrie, & les Turcs ayant attaqué ce Royaume, Louis fe mit à la tête de l'Armeé Chrétienne, & hazarda près de Mohatz une bataille qui fut fatale à toute la Chrétienté. Il la perdit. Plus de trente mille Chrétiens y périrent, & il fut de ce nombre ; car fuyant à bride abattue fur fon cheval, il tomba dans un bourbier ; & ayant donné des éperons pour en fortir, fon cheval fit un effort & fe renverfa fur fon Maître qu'il étouffa dans la fange. Ainfi finit ce Prince infortuné, & avec lui la Maifon de Jagellon en Bohême, laquelle avoit fuccédé à celle d'Autriche, après la mort de Ladiflas , n'y ayant entre deux que le régne de Podiebrath. Louis n'ayant point laiffé d'Enfant, Ferdinand Archiduc d'Autriche , qui avoit époufé Anne Fille d'Uladiflas & Sœur de Louis, fe porta pour fon Succeffeur. Ce Prince étoit Fils de Philippe d'Autriche & de Jeanne de Caftille. Son Frére, fi célébre fous le nom de Charles-Quint , étoit Empereur & Roi d'Efpagne.

Soit

Soit que les Bohêmes eussent conçu une opinion avantageuse de sa personne, soit qu'ils redoutassent la puissance de son Frére, ou qu'ils fussent bien-aises de s'en faire un appui, ils ne balancérent point à le choisir pour leur Roi. Il fut, en conséquence de cette élection, couronné à Prague le 24. Février 1527. après avoir préalablement donné ce que les Jurisconsultes appellent un *Revers*, c'est-à-dire une Déclaration (2) par écrit, où il reconnoît ne tenir le Royaume que par le choix libre des Etats, & non par aucune autre considération.

Les progrès de Charles-Quint en Allemagne contre les Protestans, donnérent à Ferdinand une telle confiance, qu'il ne se souvint plus de

(2) Cette Déclaration est si importante à l'intelligence des affaires dont il est ici question, que je me crois obligé de la mettre ici mot pour mot. *Nos* FERDINANDUS *Dei gratiâ Bohemiæ Rex, Infans Hispaniarum, Archidux Austriæ, Marchio Moraviæ, Dux Lucemburgiæ, Silesia, & Marchio Lusaciæ, &c. notum facimus tenore præsentium universis :* Quemadmodum BARONES, NOBILES *& etiam* CIVITATES *ac tota* COMMUNITAS REGNI BOHEMIÆ EX SUA LIBERA & BONA VOLUNTATE, JUXTA LIBERTATES REGNI ELEGERUNT *nos in* Regem Bohemiæ. Quapropter RECOGNOSCIMUS, *quod hoc ipsum ab Oratori Ius ipsorum abunde intelleximus & re ipsâ cognovimus & comperimus, quod præfati* STATUS & COMMUNITAS *illius Regni,* NON EX ALIQUO DEBITO, *sed ita prout supra scriptum est, cam* ELECTONEM, ELIGENTES *nos in* Regem Bohemiæ, ex LIBERA ET BONA VOLUNTATE *hoc secerunt.* Harum TESTIMONIO Litterarum *sigilli nostri, quo hactenus tanquam Archidux Austriæ usi sumus, appensione roboratûm. Datum in Civitate nostrâ Viennâ, die tertiâ decimâ Mensis Decembris, Anno Domini Millesimo* Quingentesimo Vicesimo Sexto, Regni verò nostri Anno Primo.

de ſes engagemens , & commença à régner auſſi deſpotiquement que s'il n'avoit dû ſon Royaume qu'à ſa naiſſance. Il introduiſit les Jéſuites en Bohême, & nomma un Archevêque de Prague, dont l'Archevêché n'avoit eu que des Adminiſtrateurs depuis l'établiſſement du Huſſitiſme. Il avoit formé le deſſein de réunir les Huſſites avec les Catholiques, & on ne ſait quels moyens il auroit employé pour cela, ſi la mort ne l'avoit enlevé le 24. de Juillet 1564.

Son Fils Maximilien II. lui ſuccéda, ayant été déjà reconnu & couronné Roi de Bohême de ſon vivant. Il fut auſſi élevé à l'Empire & au Trône de Hongrie. Il mourut le 12. d'Octodre 1576. laiſſant pluſieurs Enfans. L'Aîné, nommé Rodolf ou Rudolfe, lui ſuccéda à l'Empire, au Royaume de Hongrie & à celui de Bohême, du conſentement des Etats.

Le Roi d'Eſpagne (c'étoit Philippe III.) mécontent de Rodolfe favoriſa autant qu'il put le deſſein que Mathias ſon Frére avoit formé de lui enlever la Couronne de Bohême.

Mathias n'eut pas de peine à réuſſir; ſon Frére Rodolfe s'étoit rendu ſi mépriſable aux yeux des Bohêmes par ſa maniére de vivre, qu'il fut abandonné de ſes Sujets, & obligé de s'accommoder avec ſon Frére, à qui il céda le Royaume de Bohême moyennant une penſion modique. Rodolphe mourut ſans poſtérité, ne s'étant point marié pour éviter les ſuites d'une prédiction du fameux Tycho Brahé.

Mathias, devenu Empereur & Roi de Hongrie,

grie, se trouva en état de prescrire des loix aux Bohêmes. Il engagea, à l'instigation des Espagnols, les Etats à élire pour lui succéder son Cousin-germain le Prince Ferdinand, Fils de Charles d'Autriche Duc de Stirie, de Carinthie & de Carniole, & Petit-fils de Ferdinand I. à condition toutefois que d'abord après la mort de Mathias il confirmeroit les Priviléges du Royaume, & signeroit le Concordat fait au sujet de la Religion.

Les Bohêmes étoient cependant fort irrités contre l'Empereur, à cause d'une Convention qu'il avoit faite avec la Cour de Madrit, moyennant laquelle, au cas que les Archiducs d'Autriche vinssent à mourir sans Enfans mâles, leurs Etats, & en particulier la Bohême, seroient dévolus au Roi d'Espagne.

Ce Traité renversoit manifestement tous les Priviléges de la Bohême. Ajoûtez à cela qu'en vertu du Concordat, les Hussites avoient droit de bâtir des Eglises, & que néanmoins on renversa toutes celles qu'ils avoient osé élever. Cela mit toute la Nation en fureur. On courut aux armes, & l'on commença à attaquer les troupes de l'Empereur. Ce Monarque voulut d'adord pacifier les choses, mais il n'y put réussir ; & il en eut une telle mortification qu'il tomba malade, & mourut le 10. de Mars 1619.

Comme les Etats étoient persuadés que c'étoit à l'instigation de Ferdinand qu'on avoit violé leurs Priviléges, ils déclarérent son élection nulle & non avenue, comme ayant été extorquée par la force ; outre que Ferdinand ayant le premier manqué à ses

en-

engagemens envers eux, ils étoient quites des
leurs à son égard.

Ce fut alors que commença dans les formes
cette fameuse Guerre *de trente ans*, si funeste
à l'Allemagne. Ferdinand étoit peu en état
de la soutenir, & les Bohêmes poussérent
leurs avantages jusqu'à l'obliger à s'enfermer
dans Vienne. Ils vivoient à discrétion dans
ses Etats d'Autriche. Mais ayant eu du des-
sous dans une rencontre, ils furent obligés
de se retirer bien avant dans la Moravie.

Ils ne purent empêcher qu'il ne se rendît
à Francfort, & qu'il n'y fût reçu en qualité
d'Electeur, quoique les Etats prétendissent
devoir seuls exercer les Fonctions Electorales
de Bohême. Enfin il y fut élu Empereur,
& retourna dans ses Etats héréditaires, malgré les embuches qu'on lui tendit sur sa route.

Sur ces entrefaites, les Etats ayant déclaré le Royaume vacant, élurent unanimement
le 27. d'Août 1619. Frédéric V. Comte Palatin du Rhin Electeur de l'Empire de la
Religion Protestante.

Ce Prince ayant accepté la Couronne, se
rendit en Bohême pour y recevoir l'hommage
des Peuples. Cependant Ferdinand devenu
Empereur, déjà Roi de Hongrie, & rece-
vant des secours d'Espagne en troupes &
en argent, assembla aisément une puissante
Armée, qui entra en Bohême de tous les
côtés. Frédéric n'avoit qu'environ dix-huit
mille hommes d'assez mauvaises troupes. Il
étoit posté sur une colline près de Prague
nommée Weissemberg, attendant ce qu'il

plaîroit à la fortune de décider. Le 8. de Novembre 1620. l'Armée Impériale attaqua celle de ce Prince dans ce poste, & la battit à platte couture. Frédéric fut obligé lui-même de fuir, & d'aller traîner par le monde les débris d'une Royauté imaginaire, peu capable de le dédommager des pertes réelles qu'il fit.

Prague ouvrit ses portes au Vainqueur, qui fut bientôt maître de tout le Royaume & des Pays incorporés, je veux dire, la Silésie, la Moravie & la Lusace; ensuite il châtia les Grands qui avoient suivi le parti de son Concurrent. Il confisqua la Principauté de Jaegerdorff, dont le Souverain avoit été de ce parti; cassa & annulla le Concordat fait en faveur des Hussites, & obligea tous ceux qui ne voudroient pas se conformer au Culte des Catholiques-Romains à sortir du Royaume; ce qui jetta une quantité considérable de Gentilshommes dans la derniére misére, vu qu'on ne leur permettoit pas de vendre leurs biens fonds. Il fit plus, il fit condamner à mort comme rebelles tous les prisonniers Bohêmes qui avoient été pris à la bataille, & les fit tous exécuter, avec cette différence que les Nobles avoient la tête tranchée, & les autres étoient pendus ou roués.

Ebloui de tant de prospérités, Ferdinand ne voyoit rien qu'il n'osât entreprendre avec quelque espérance de succès. Il avoit les secours d'Espagne à sa disposition; il possédoit de vastes & puissans Etats; il avoit des Armées nombreuses & victorieuses. Flatté de tous ces avantages, il entreprit d'abolir les principaux priviléges de la Bohême, & il en vint facilement à bout. Il fit couronner à Prague son Epouse & son Fils Ferdinand III. le 18. Novembre 1627. sans consulter personne, & sans que personne osât branler. Enfin il conçut un dessein, qui tout hardi qu'il étoit ne paroissoit néanmoins pas au-dessus de sa puissance. Il résolut d'exterminer tous les Protestans; & sous prétexte d'établir la Religion Catholique, de dépouiller les Princes de l'Empire les plus puissans qui étoient de cette Religion, de tomber ensuite sur les Provinces de Pays-Bas qui avoient secoué le joug de l'Espagne, & enfin de châtier la France qui favorisoit ouvertement la révolte de ces mêmes Provinces.

Les commencemens de l'exécution de ce projet furent heureux, mais la fin n'y répondit pas. L'Europe entiére se ligua contre des desseins si dangereux, dès qu'on commença à les pénétrer. La France s'unit avec les Protestans de l'Empire & des Pays-Bas. Elle tira du fond du Nord un Héros, dont la mémoire vivra tant que le Monde visible existera. Gustave-Adolphe débarqua dans l'Allemagne avec une poignée de Suédois. D'abord la Maison d'Autriche se moqua d'un si foible Ennemi. Mais Gustave ayant grossi ses troupes, passa comme un torrent au travers de l'Empire, battit les Généraux de l'Empereur, & vint périr glorieusement au milieu de l'Electorat de Saxe. Son Armée triomphante tint longtems la victoire en

 chaî-

chaînée sous la conduite des Généraux Suédois. Ferdinand II. allarmé de tant de malheurs, ne pensoit qu'aux moyens d'y rémédier lorsque la mort le surprit le 25. de Février 1637. Il eut la consolation avant de mourir de détacher l'Electeur de Saxe de la Ligue, en lui cédant à perpétuité la Haute & Basse-Lusace. Son Fils Ferdinand III. lui succéda à l'Empire, & dans tous ses Etats.

Les armes des Suédois continuérent à prospérer contre le nouvel Empereur. La Bohême fut ravagée par les troupes de l'un & de l'autre parti ; & cette guerre ne fut terminée que par la fameuse Paix de Westphalie.

Ferdinand III. mourut le 2. d'Avril 1657. son Fils Léopold lui succéda. Sous le régne de cet Empereur la Bohême acheva de perdre le peu de priviléges qui lui restoient, en punition d'une émeute causée par les Païsans.

Après son décès arrivé le 5. Mai 1705. Joseph son Fils aîné lui succéda, & celui-ci étant mort en 1711. Charles VI. son Frére second Fils de Léopold fut couronné Roi de Bohême. Il est mort sans Postérité mâle, & l'Archiduchesse Marie-Thérése sa Fille lui a succédé dans tous ses Etats en vertu de la Pragmatique-Sanction. Si l'Histoire de Bohême étoit un peu plus connue, je me serois aisément dispensé d'en donner cet abrégé ; mais comme elle l'est fort peu, & qu'il faut néanmoins en avoir une teinture pour être mis au fait des affaires présentes, j'ai cru qu'on me sauroit gré du peu que je viens d'en dire.

La

La Reine de Hongrie, en succédant à Charles VI. dans la possession du Royaume de Bohême, avoit deux intérêts importans à ménager: d'un côté elle sentoit la difficulté d'exercer en son nom la Voix Electorale de Bohême, étant inouï dans l'Empire, & contre ses Loix fondamentales, que des Princesses concourent à l'Election d'un Empereur; car on peut voir par l'Histoire de Bohême, que les Princes qui ont épousé des Princesses héritiéres de ce Royaume, n'ont été admis au Collége Electoral qu'en vertu de leur Election libre au Trône Royal, le Suffrage Electoral étant attaché au Royaume, & non à la Famille Royale. D'un autre côté, la Reine ne pouvoit céder la Couronne de Bohême au Grand-Duc de Toscane son Epoux, sans renverser la Pragmatique - Sanction, & sans l'enfreindre la premiére. Elle prit un tempérament; ce fut de partager la Souveraineté avec le Grand-Duc sous le nom de *Corrégent*, espérant de supléer par-là à l'inconvénient où son Sexe l'exposoit de ne pouvoir exercer le Suffrage Electoral de Bohême. Nous verrons tantôt de quelle maniére ce moyen, si ingénieux d'ailleurs, fut reçu des principaux Membres de l'Empire. Rapportons trois Actes importans & nécessairement liés à cette grande affaire.

Déclaration de la Reine de Hongrie & de Bohême, pour associer le Grand - Duc de Toscane au Gouvernement de tous les Royaumes & Etats Héréditaires de la Maison d'Autriche.

Nous

,, Nous Marie-Therese, Reine de
,, Hongrie, de Bohême, &c. certifions & dé-
,, clarons par la préfente, pour Nous, nos
,, Héritiers & Defcendans, & faifons en mê-
,, me tems favoir à tous ceux qu'il appar-
,, tiendra :

,, Que comme il a plû au Tout-puiffant,
,, felon fa volonté impénétrable, d'appeller
,, à lui de cette vie mortelle, & de transférer
,, dans la bienheureufe éternité feue Sa Majef-
,, té Impériale, les Etats qu'elle poffédoit
,, Nous font immédiatement dévolus, comme
,, à la Fille aînée du dernier Hoir mâle, &
,, par conféquent l'unique Héritiére en vertu
,, du Droit naturel, fuivant l'ancien ufage é-
,, tabli dans notre Maifon Archiducale, &
,, conformément à la Pragmatique-Sanction
,, du 19. Avril 1713. qui a été acceptée avec
,, une dûe reconnoiffance par tous fes Royau-
,, mes héréditaires, & garantie par l'Empire
,, Germanique, auffi-bien que par la plupart
,, des Puiffances de l'Europe.

,, C'eft fur-tout notre volonté & notre in-
,, tention, que non feulement il ne foit pas
,, fait le moindre préjudice audit ufage éta-
,, bli dans notre Maifon, à l'ordre de Succef-
,, fion qui a été réglé le 19. Avril 1713. ou
,, à la Pragmatique-Sanction ; mais que ces
,, difpofitions fervent plutôt de fondement à
,, toute la teneur de la préfente Déclaration,
,, & que par conféquent tout ce que Nous
,, y ferons connoître & réglerons, ne doit ê-
,, tre entendu ni pris dans aucun autre fens
,, qu'autant qu'il pourra être concilié avec la-
,, dite Pragmatique-Sanction, puifque Nous
,, re-

,, reconnoiſſons parfaitement qu'il n'eſt pas
,, en notre pouvoir de rien permettre qui
,, puiſſe y donner atteinte, & que notre très-
,, cher Epoux le Duc de Lorraine & de Bar,
,, Grand - Duc de Toſcane, n'eſt pas moins é-
,, loigné par lui - même de rien entreprendre
,, qui ne ſoit pas entiérement conforme, ou
,, qui pourroit être directement ou indirec-
,, tement contraire à l'Acte qui a été juré de
,, l'acceptation de notre renonciation.

,, Nous avons pareillement jugé, que l'on
,, ne pourroit point regarder ou expliquer
,, comme une choſe préjudiciable à ladite
,, Pragmatique - Sanction, ſi, réſervant ex-
,, preſſément tous les Droits qui à l'avenir,
,, & ſelon les événemens futurs, pourroient
,, appartenir, en vertu de cette diſpoſition,
,, aux autres *Expectans* ou *Expectantes*, Nous
,, nous déterminions, ſeulement pour le tems
,, que leſdits autres *Expectans* ou *Expectantes*,
,, conformément à l'ordre de Succeſſion qui y
,, eſt déclaré & établi, n'ont pas encore la moin-
,, dre prétention ſur les Royaumes & Etats hé-
,, réditaires qui nous ſont dévolus, comme il
,, eſt dit ci-deſſus, à en diſpoſer en faveur
,, de quelqu'un, quel qu'il ſoit, afin d'en jouïr,
,, les adminiſtrer & les gouverner conjointe-
,, ment avec Nous; & que Nous lui trans-
,, portaſſions, de cette maniére, une partie
,, des Droits qui Nous appartiennent unique-
,, ment, & à l'excluſion de tous autres.

,, En conſéquence de cette maxime fondée
,, ſur le Droit, & ayant conſidéré ultérieure-
,, ment, par rapport à notre Sexe, que la
,, proſpérité, le repos & la ſûreté de nos très-

H 4

,, fidé-

,, fidéles Royaumes & Etats héréditaires,
,, pourroient exiger, en plus d'une occasion,
,, que Nous fussions soulagée, par l'aide & les
,, soins d'une Personne affidée, du pesant far-
,, deau inséparable de tout Gouvernement;
,, Nous avons aussi fait attention qu'il est in-
,, dispensablement nécessaire pour l'avantage
,, général, non seulement de toute la Chré-
,, tienté, mais particuliérement pour le bien
,, de l'Empire Germanique, que les forces
,, unies de notre Maison Archiducale, telles
,, qu'elles ont été reconnues par les Traités
,, les plus solennels de paix & autres, soient
,, toujours en état de pouvoir être employées
,, à l'avenir à quelque fin salutaire. Ainsi
,, Nous avons trouvé que l'objet ci-dessus
,, ne pouvoit être ni mieux ni plus sûre-
,, ment rempli, qu'en Nous déterminant, pour
,, le tems ci-dessus mentionné, & sans Nous
,, dessaisir en quoi que ce soit de la pro-
,, priété de nos Royaumes & Etats héréditai-
,, res, qui doivent demeurer indissolublement
,, unis ensemble, & par conséquent sans le
,, moindre préjudice des autres *Expectans* ou
,, *Expectantes*, qui, par la susdite Pragma-
,, tique-Sanction, sont appellés à la Succes-
,, sion, dans les cas y exprimés; à conférer
,, & à transporter la Corrégence de tous
,, nos Royaumes & Etats héréditaires à no-
,, tre très-cher Epoux le Duc de Lorraine
,, & de Bar, Grand-Duc de Toscane, en fa-
,, veur duquel concourent d'ailleurs sa haute
,, naissance, son grand mérite, & le mariage
,, qu'il a si heureusement contracté avec Nous.
,, C'est pourquoi, après une mûre déli-
,, bé-

„ bération & de notre plein gré , Nous le
„ faifons par la préfente & en vertu de cet
„ Acte, non feulement pour Nous, mais auffi
„ pour tous nos Enfans & Héritiers légiti-
„ mes, tant préfens que futurs, à qui pour-
„ roit écheoir après Nous, fuivant le Droit
„ de primogéniture, la Succeffion des Royau-
„ mes & Etats héréditaires que Nous poffé-
„ dons, & cela de la maniére la plus forte
„ & la plus efficace qu'il fe puiffe , fans por-
„ ter préjudice à la Pragmatique-Sanction,
„ & en la ferme attente, que fi, dans le cas
„ où notre décès arrivera, celui ou celle de
„ nosdits Enfans ou Héritiers légitimes qui
„ devra fuccéder, n'eût pas encore accompli
„ fa dix-huitiéme année, la Régenee de tous
„ nos Pays héréditaires appartiendra à notre
„ très-cher Epoux, en qualité de Pére &
„ de Tuteur; & au furplus dans le cas où
„ celui ou celle qui doit nous fuccéder eût
„ alors déjà dix-huit ans accomplis , aucun de
„ nosdits Enfans ou Héritiers n'oubliera le
„ refpect filial qu'il lui doit, au point d'in-
„ quiéter leur Pére notre très-cher Epoux,
„ dans la part que Nous lui avons donnée
„ dans le Gouvernement, comme il eft dit
„ ci - deffus.

„ Mais afin que ce tranfport, & cette dé-
„ claration que Nous venons de faire de no-
„ tre volonté & de notre intention, ne puif-
„ fent être interprétés en mal, & que qui que
„ ce foit n'en puiffe abufer, pour caufer le
„ moindre préjudice à la fufdite Pragmati-
„ que-Sanction, ni aux autres Actes jurés de
„ renonciation , & refpectivement d'accep-

H 5

„ ta-

,, tation & d'acquiescement qui font fondés là-
,, deffus ; Nous répétons non feulement tout
,, ce qui fe trouve déjà exprimé très-clai-
,, rement ci-deffus par rapport à leur exécution
,, inviolable ; mais de-plus notre très-cher E-
,, poux, pour plus grande fûreté, a donné
,, une Déclaration reverfale, particuliére à
,, cet égard, & conçue dans les termes les
,, plus forts qu'il fe puiffe.
,, En foi dequoi, &c.

Le Grand-Duc accepta la Corrégence par
l'Acte fuivant.

,, NOUS FRANÇOIS, &c. Certifions &
,, déclarons par la préfente, pour Nous, nos
,, Héritiers & Defcendans, & faifons favoir
,, en même tems à tous ceux à qui il appar-
,, tient. Que comme Sa Majefté notre très-
,, chére Epoufe Marie - Théréfe, Reine de
,, Hongrie & de Bohême, a réfolu de fon
,, plein gré de nous admettre à la Corrégen-
,, ce de tous fes Royaumes & Etats hérédi-
,, taires, qui lui font immédiatement dévo-
,, lus par le décès de Sa Majefté Impériale fon
,, défunt Seigneur & Pére, ainfi & de la
,, maniére qu'il eft plus amplement fpécifié
,, dans l'Acte fuivant.

(*Ici étoit inféréę la Déclaration rapportée ci-deffus.*)

,, Nous acceptons non feulement avec re-
,, connoiffance, la *Conjouiffance, Coadminiftra-*
,, *tion & Corrégence* de tous lesdits Royaumes
,, & Etats héréditaires, qui Nous a été con-
,, fé-

,, férée pour le tems qui y eft clairement
,, exprimé, en y ajoûtant expreffément, que
,, Nous n'en prendrons point occafion d'exi-
,, ger la préférence avant Sa Majefté notre
,, Epoufe, qui n'en demeurera pas moins
,, toujours la feule & unique Héritiére ; mais
,, de-plus Nous nous engageons, de la ma-
,, niere la plus forte que faire fe peut, & la
,, plus efficace en Droit, par les préfentes for-
,, melles Lettres reverfales, d'obferver exac-
,, tement & d'accomplir fidélement toutes les
,, claufes qui y font contenues, fans excep-
,, tion, tellement qu'aucune raifon ou pré-
,, texte que l'on pourroit imaginer ne pourra
,, ni ne devra Nous en difpenfer. Nous pro-
,, mettons particuliérement de-nouveau, de la
,, maniére la plus efficace, de nous conformer
,, à tout ce qui eft contenu & réglé dans
,, l'Acte ci-deffus, par rapport au maintien de
,, la Pragmatique-Sanction du 19. Avril
,, 1713. & à l'obfervation fidéle de notre
,, Acte juré d'acceptation, ainfi que de la
,, renonciation pareillement jurée de notre E-
,, poufe, comme auffi enfin à l'égard de la
,, réfervation expreffe des Droits, qui en ver-
,, tu de ladite Pragmatique-Sanction com-
,, pétent à tout autre *Expectant* ou *Expectan-*
,, *te.* A l'encontre de quoi la Corrégence
,, qui Nous a été conférée de la maniére qu'il
,, eft dit ci-deffus, ne pourra Nous fervir
,, d'aucun prétexte : outre que d'ailleurs Nous
,, fommes extrêmement éloigné d'avoir la vo-
,, lonté ou l'intention de Nous y porter ja-
,, mais.

,, *Donné,* &ç.

L'Acte

L'Acte de la Reine pour conférer au Grand-Duc le Suffrage de Bohême étoit conçu en ces termes.

„ MARIE-THERESE, &c. la Dignité „ d'Electeur du Saint Empire Romain étant „ attachée à notre Royaume de Bohême, fui- „ vant la Bulle d'or de l'Empereur Charles „ IV. & les Princeffes du Sang Royal devant „ fuccéder à la Couronne au défaut des Def- „ cendans mâles, & jouïr, fans aucune excep- „ tion ni reftriction, de toutes les prérogati- „ ves qui lui font attachées, fuivant les Cou- „ tumes, Libertés & Priviléges, lefquels font „ confirmés par la même Bulle d'or, il eft „ manifefte & inconteftable, que bien que „ notre Maifon Archiducale fe trouve fans „ Defcendans mâles, la Dignité Electorale ne „ ceffe point d'y réfider, conformément aux- „ dits Priviléges & Libertés. Il eft de plus „ notoire que, tant avant la Bulle d'or que „ depuis, le Royaume de Bohême a été pof- „ fédé en différens tems par trois Princeffes „ au défaut de Princes de la Maifon Royale, „ fans que perfonne fe foit jamais avifé de „ leur difputer la Dignité Electorale, ou „ fe foit oppofé au fuffrage qu'elles a- „ voient droit de donner à l'Election d'un „ Empereur. C'eft pourquoi ne pouvant non „ plus être privée du même Droit, non plus „ que de celui de le laiffer aux Etats du „ Royaume, ou de le conférer au Duc de „ Lorraine & de Bar notre très-cher Epoux, „ Nous conférons & donnons tant pour Nous „ que pour nos Defcendans, nés & à naître,

„ Prin-

,, Princes ou Princeſſes, en vertu des préſen-
,, tes Lettres, audit Duc de Lorraine
,, & de Bar Grand-Duc de Toſcane, notre
,, cher Epoux, le Droit que Nous avons,
,, conformément aux Libertés & aux Privilé-
,, ges de notre Royaume de Bohême, d'aſſiſter
,, en Perſonne ou par ſes Envoyés à la Diéte
,, de l'Election d'un Empereur, pour y don-
,, ner ſa voix, & excercer toutes les autres
,, fonctions de cette Dignité avec toutes
,, les prérogatives qui y ſont attachées : Etant
,, perſuadée qu'aucun de nos Deſcendans
,, préſens & futurs ne manquera jamais de
,, reſpect envers le Duc leur Pére au point
,, de vouloir lui diſputer le contenu de la
,, préſente diſpoſition, que Nous entendons
,, ne devoir porter aucun préjudice à
,, ceux ou à celles qui par la Pragmatique-
,, Sanction ſont appellés à ladite Succeſſion.
,, En foi dequoi nous avons ſigné la pré-
,, ſente.

La Reine de Hongrie envoya auſſitôt a-
près le Comte de Collorédo en diverſes
Cours de l'Empire, pour y préparer les eſ-
prits ſur une affaire qui devoit leur paroître
nouvelle, & lui donna des inſtructions conformes à ſes vues.

L'Electeur de Mayence, à qui il appartient
d'inviter les Electeurs à ſe rendre au lieu
accoutumé pour procéder à l'Election d'un
nouvel Empereur, ne manqua pas d'y inviter le Prince que la Reine de Hongrie avoit
revêtu du ſuffrage de Bohême.

Le Prélat étoit bon Autrichien, & il
n'auroit

n'auroit pas été fâché que le Grand-Duc eût été élu Empereur : mais à la réserve de l'Electeur d'Hanovre, les autres Electeurs n'étoient pas dans des dispositions si favorables.

Cependant la Reine de Hongrie souhaitoit passionnément de voir la Couronne Impériale sur la tête de son Epoux, & Elle n'oublia rien pour gagner des voix ; & comme il étoit pour cet effet important au Grand-Duc d'être admis dans le Collége Electoral, il ne balança pas de demander qu'on assignât à Francfort, selon la coutume, un Logis pour son Ambassadeur. Mais le Roi de Pologne, à qui il convient de régler ces sortes de choses en qualité d'Electeur de Saxe & de Grand-Maréchal Héréditaire de l'Empire, ne répondit pas favorablement à cette prétention ; & même il protesta contre l'exercice du Suffrage de Bohême, en quoi il fut imité par le Roi de Prusse, les Electeurs de Baviére, de Cologne & Palatin.

L'Electeur de Saxe publia en même tems les raisons de sa protestation. Je ne les rapporterai point ici, vu qu'on les retrouve dans la Lettre circulaire de la Reine de Hongrie, que je donne ci-dessous.

La Reine de Hongrie, informée de ces difficultés, tâcha de justifier ses prétentions dans la Lettre suivante.

„ Marie-Therese, &c. Nous avons apris
„ avec surprise qu'on forme des difficultés
„ contre l'administration de la Voix & de la
„ Dignité Electorale que Nous avons trans-
„ por-

„ portée au Duc, notre très-cher Epoux,
„ en vertu de l'inftrument rapporté ci - def-
„ fous.

„ On foutient d'un côté que le Droit d'é-
„ lire un Roi des Romains eft affecté à la
„ Perfonne des Electeurs, & uniquement at-
„ taché à leurs Charges héréditaires, & que
„ pour cette raifon il ne fauroit être exercé
„ ni par un Chapitre pendant la vacance du
„ Siége, ni par les Etats de Bohême au
„ défaut du Roi & Electeur de ce Royau-
„ me ; & qu'on ne fauroit produire aucun
„ exemple où cela foit arrivé.

„ D'un autre côté on convient, que dans
„ le fond la Dignité Electorale eft attachée
„ au Pays, & que notre Succeffion au Royau-
„ me de Bohême eft inconteftable, mais que
„ l'exercice de la Dignité Electorale requiert
„ une *Perfonne habile*, & que cette qualité
„ ne fe trouve point dans notre Sexe ; qu'il
„ eft dit fans limitation dans la Bulle d'or,
„ que les Dignités Electorales doivent être
„ exercées par des Mâles, & qu'au cas que
„ le Poffeffeur n'ait point l'habileté requi-
„ fe, ce fera au plus proche Agnat à l'exer-
„ cer, d'autant que la Dignité d'Electeur eft
„ établie dans la Defcendance mâle, confor-
„ mément à la nature des Fiefs d'Allemagne,
„ & en particulier des Electorats & des Char-
„ ges héréditaires ; qu'on ne pouvoit avoir
„ recours à l'expédient de faire donner fon
„ Suffrage & adminiftrer la Charge héréditaire
„ par des Ambaffadeurs ; parce qu'il faudroit
„ accorder la même prérogative à une Tu-
„ trice, contre la Bulle d'or, qui exclut les
„ pro-

,, propre Mére d'un Electeur de la Tutéle de
,, fon Fils, & l'attribue en termes exprès au
,, plus proche Agnat; qu'on ne pouvoit tranf-
,, porter à un autre l'exercice d'un droit
,, qu'on n'avoit pas foi-même; que lors de
,, la réadmiffion de la Couronne de Bohême à
,, le Diéte, il n'avoit été rien ftipulé en fa-
,, veur des Princeffes; que la Pragmatique-
,, Sanction n'en demeuroit pourtant pas moins
,, en fon entier, & que la Couronne de Bo-
,, hême n'encouroit aucun danger de perdre
,, fa Dignité Electorale, attendu que ceux
,, qui ont pris à tâche la défenfe de cette
,, Sanction, difoient eux-mêmes, qu'en tout
,, cas la Dignité Electorale pourroit être ce-
,, dée au Mari, comme on en avoit des exem-
,, ples; mais qui ne font pas aplicables ici,
,, d'autant qu'on ne fauroit imaginer aucune
,, efpéce de ceffion, qui ne fût directement
,, oppofée à l'efprit & à la lettre de la Prag-
,, matique-Sanction.

,, C'eft fans-doute fur ce dernier point que
,, roule toute la difficulté; car fi la ceffion
,, peut fe faire fans porter atteinte à la Pragma-
,, tique-Sanction, tout le fondement des dernié-
,, res objections que l'on vient de faire croûle
,, de lui-même. Les *Expectans* & *Expectantes*,
,, qui font appellés à la Succeffion, au défaut
,, de tous les Defcendans de l'Empereur Char-
,, les VI. ont un intérêt particulier à croire
,, & à foutenir, que la Dignité Electorale de
,, Bohême, en vertu de fa nature, confirmée
,, par la Bulle d'or, n'eft aucunement éteinte
,, par les Femmes, mais qu'au-contraire elles
,, peuvent en faire le transport. Ceci eft
,, mani-

,, manifeste, puisque les perfonnes, qui après
,, l'extinction de la Ligne mâle *Caroline* font
,, appellées à la Succeffion de quelque fexe
,, qu'elles foient, ne fauroient avoir aucun
,, droit que du chef des Femmes, &, comme
,, le remarque lui-même avec raifon l'Au-
,, teur des objections rapportées ci-deffus, per-
,, fonne ne fauroit transmettre ou communi-
,, quer un Droit qu'il n'a pas lui-même.
,, Auffitôt que toute la Defcendance mâle de
,, la Maifon d'Autriche a été éteinte, il eft
,, impoffible qu'il exifte plus aucun Agnat,
,, & en conféquence il eft auffi impoffible,
,, felon les propres principes de l'Auteur, qui
,, veut qu'aucune atteinte ne foit portée à
,, la Pragmatique-Sanction, qu'on faffe ici
,, l'aplication de ce qui eft ftatué dans la
,, Bulle d'Or par rapport aux Agnats, n'y
,, ayant aucun qui exifte dans le cas préfent.
,, Comment donc concilier ces deux propo-
,, fitions, l'une que, comme on en convient,
,, la Dignité Electorale n'eft pas éteinte,
,, & l'autre que les Femmes ne fauroient
,, la transporter? La chofe eft fi évidente,
,, qu'on ne feroit que l'obfurcir en vou-
,, lant l'éclaircir; car on ne fauroit épou-
,, fer le fyftême de la Partie adverfe, fans
,, s'engager dans une contradiction manifefte;
,, au-lieu qu'on n'a qu'à jetter les yeux fur
,, le contenu des Actes d'affociation à la Ré-
,, gence & du transport du Suffrage & de la
,, Dignité Electorale, pour être convaincu
,, qu'aucun de ces deux Actes ne porte le
,, moindre préjudice au *Expectans* & *Expectan-*
,, *tes* (de même que le Duc notre Epoux eft

,, infiniment éloigné d'en avoir la moindre
,, penſée) d'autant que par ces Inſtrumens
,, on ne fait aucun tranſport en propriété,
,, mais ſeulement celui d'une adminiſtration
,, à faire au nom d'autrui, & reſtrainte ex-
,, preſſément au tems que le Droit éventuel
,, des *Expectans* & *Expectantes* n'a pas encore
,, lieu, en vertu de la Pragmatique-Sanction,
,, que la Partie adverſe prend elle-même pour
,, régle dans cette affaire. On peut même
,, dire que les *Expectans* & *Expectantes* ne
,, ſauroient attaquer l'un ou l'autre de ces Ac-
,, tes, ſans ſe porter préjudice à eux-mêmes,
,, vu que tous les Deſcendans des autres Ar-
,, chiducheſſes ne peuvent avoir aucun droit
,, que du chef des Femmes, & que ſi celles-
,, ci ne ſont point *habiles*, & n'en peuvent a-
,, voir elles-mêmes, comme on le prétend,
,, elles ne ſauroient tranſporter à un autre
,, un droit qui ne leur convient pas, ni mê-
,, me lui en céder l'adminiſtration, quand ce
,, ne ſeroit que pour un tems limité : d'où il
,, s'enſuit que le Droit même peut encore
,, moins écheoir, ou paſſer à un autre de leur
,, chef.

,, Au ſurplus, comme on tombe d'accord
,, que les exemples qu'on a trouvés dans
,, l'Hiſtoire ſont favorables au Mari de l'Héri-
,, tiére, toute la difficulté, par rapport à la
,, derniére objection, ſe réduit à ce qu'en
,, ſuivant les traces des exemples & de l'uſage,
,, on feroit une brèche à la Pragmatique-
,, Sanction. Mais on répond que le Droit
,, que donne cette Sanction, n'eſt qu'éven-
,, tuel, & qu'en conſéquence une admini-
,, ſtra-

,, ſtration reſtrainte au tems que ce Droit
,, n'exiſte pas encore actuellement, ne ſau-
,, roit lui porter préjudice avant ſon exi-
,, ſtence.

,, Les premiéres objections qu'on a rappor-
,, tées au commencement de cette Lettre, ſont
,, encore de moindre poids, que celles qu'on
,, vient de réfuter; car elles ſont fondées
,, ſur des principes contradictoires, preuve
,, certaine qu'on manque de bonnes raiſons.
,, On tombe d'accord qu'il y a des exemples
,, que la Dignité Electorale a été tranſportée
,, au Mari de l'Héritiére, & que cette Digni-
,, té eſt attachée à la Couronne; & dans le
,, tems qu'on rend cette juſtice à la vérité,
,, on cherche cependant dequoi la combattre.
,, Mais on n'a qu'à voir l'extrait des Inſtruc-
,, tions données au Comte de Collorédo, &
,, à quelques-uns de nos Miniſtres, le mois
,, dernier, qui ſera rapporté ci-deſſous, pour
,, ſe convaincre que nous n'avons jamais ſon-
,, ge à alléguer l'exemple des Chapitres,
,, pendant la vacance du Siége; & que c'eſt
,, pareillement contredire ce qui eſt de no-
,, toriété publique, que de ſoutenir *que le*
,, *Droit d'élire un Roi des Romains eſt unique-*
,, *ment attaché à la Charge héréditaire:* car ſi
,, cela étoit vrai, il faudroit raiſonner ſur le
,, même pied du ſuffrage des Electeurs Pala-
,, tins & d'Hanovre, dont on n'a pas encore
,, déterminé la Charge héréditaire, ce que per-
,, ſonne n'entreprendra de ſoutenir.

,, L'extrait dont on a fait mention, con-
,, tient la réfutation des premiéres objections
,, qu'on a rapportées, l'exemple de ce qui

I 2

,, s'eſt

„ s'eft paflé à l'Election de l'Empereur Char-
„ les - Quint, réduifant, pour ainfi dire, en
„ poudre les fondemens fur lesquels elles
„ font appuyées. Après la mort de l'Empe-
„ reur Maximilien I. le Roi Louis de Bohê-
„ me, Fils du Frére du Roi Sigismond de Po-
„ logne, & qui étoit encore mineur, fut ap-
„ pellé par la dénonciation accoutumée à
„ l'Election d'un nouvel Empereur. Comme
„ il ne réfidoit pas à Prague, l'infinuation y
„ fut faite aux Régens & aux Confeillers. Le
„ tems de l'Affemblée Electorale étant arrivé,
„ il y parut deux fortes d'Ambaffadeurs de
„ la part du Royaume de Bohême, dont
„ les uns étoient députés par les Etats mê-
„ mes & le Roi mineur, & les autres par
„ Sigifmond Roi de Pologne, comme le plus
„ proche Agnat. Les premiers plaidant leur
„ caufe contre ceux-ci, firent voir (NB) qu'a-
„ vant la Bulle d'Or le Royaume & la Cou-
„ ronne de Bohême avoient obtenu un Privi-
„ lége, en vertu duquel le Droit de Suffrage
„ devoit appartenir aux Prélats, à la Nobleffe
„ & aux Chevaliers, de façon que fes plus
„ proches Agnats, dont les droits étoient ré-
„ glés par rapport aux autres Electorats,
„ n'en avoient aucun par rapport à celui de
„ Bohême; la liberté de ce Royaume confi-
„ ftant en particulier dans cette prérogative,
„ qui lui affure le Droit de Suffrage d'une
„ maniére fi pofitive, que dans le fusdit Pri-
„ vilége, la Couronne eft même nommée a-
„ vant le Roi. *Ladiflas de Stemberg* expofa
„ ces motifs & quelques autres avec tant d'é-
„ nergie, que l'Ambaffade des Etats de Bo-
„ hême

,, hême fut préférée par les autres Electeurs
,, à celle du Roi de Pologne, comme le prou-
,, vent les Actes de Charles-Quint, & cela
,, avec cette addition, conformément à la *Bul-*
,, *le d'Or.*

,, L'Histoire & les anciens Documens pour-
,, roient fournir plusieurs autres remarques
,, importantes sur cette affaire, mais on se
,, contentera pour le présent de marquer ce
,, qui suit. On voit par la Bulle d'Or, ainsi
,, que par les exemples antérieurs & posté-
,, rieurs, que l'Electorat de Bohême ressem-
,, ble aux autres Electorats, en ce qu'il est at-
,, taché au Pays, comme le dit expressément
,, la Bulle d'Or ; mais quant au reste il en
,, différe du tout au tout, & est d'une nature
,, toute particuliére.

,, La Succession Féminine n'a point lieu
,, dans les autres Electorats, mais elle est
,, reçue & établie dans celui de Bohême. Or
,, comme il est décidé, *quod Regno Bohemiæ*
,, *Dignitas Electoralis perpetuò inhæreat*, que
,, la Dignité Electorale est attachée à perpé-
,, tuïté au Royaume de Bohême, il s'ensuit
,, nécessairement, que lorsqu'une Femme suc-
,, céde dans ce Royaume, il ne perd pas pour
,, cela cette Dignité, qu'elle ne s'éteint pas
,, pour cela, & qu'on ne sauroit apliquer ici
,, ce qui est statué par rapport aux plus proches
,, Agnats, d'autant qu'il n'y en a même point
,, dans ce cas. Il y a plus. La Bulle d'Or
,, déclare en termes exprès, que si le cas ar-
,, rivoit que les Etats de Bohême dussent
,, élire un Roi, la Dignité Electorale lui ap-
,, partiendroit ; mais ce cas ne peut arriver
,, aussi longtems qu'il y aura des Princesses

I 3

,, du

,, du Sang Royal, comme le déclare positive-
,, ment Charles IV. Auteur de la Bulle d'Or,
,, dans le Privilége accordé aux Etats en 1348,
,, qui étant imprimé depuis plusieurs années,
,, est connu de tout le monde ; lequel Privi-
,, lége a été accordé avant la publication de
,, la Bulle d'Or, & c'est à lui que se rapporte
,, cette Bulle en termes exprès dans l'en-
,, droit où il est fait mention de la maniére
,, de succéder dans le Royaume de Bohême,
,, & de l'inséparabilité de la Dignité Electo-
,, rale. Or si, selon la disposition expresse
,, de la Bulle d'Or, le Prince, qui après
,, l'extinction totale des Femmes seroit élu
,, Roi de Bohême, seroit en même tems revê-
,, tu du Suffrage Electoral, comment donc &
,, sous quel prétexte disputer le même avan-
,, tage à une Héritiére, qui par sa naissance
,, y a un droit & plus proche & plus solide ?
,, Dira-t-on que pendant ce tems là la Digni-
,, té Electorale aura été éteinte, & qu'elle a
,, été ressuscitée par l'extinction de la Descen-
,, dance Féminine ? Ce seroit renverser & dé-
,, truire ce qui est ordonné clairement dans la
,, Bulle d'Or, *quod Regno Bohemiæ Dignitas Elec-*
,, *toralis perpetuò inhæreat* ; & l'on ne pourroit
,, d'ailleurs adopter cette alternative d'Ex-
,, tinction & de Réfutation de la Dignité E-
,, lectorale de Bohême, sans s'embarquer dans
,, une absurdité embarrassante. Mais si la
,, Dignité Electorale n'est pas éteinte, de
,, deux choses l'une, ou elle doit être exer-
,, cée par l'Héritiére même, ou bien l'admini-
,, stration en doit être transportée à un au-
,, tre. Car il n'est pas ici question d'un
,, Ag-

,, Agnat, comme on l'a démontré ; & lors-
,, qu'il y avoit un Agnat, la Couronne de
,, Bohême n'a pas observé à son égard, ce qui
,, est ordonné dans la Bulle d'Or par rapport
,, aux Agnats ; puisque pendant la minorité
,, du Propriétaire, les Etats ont géré ordinai-
,, rement l'Administration du Royaume ; &
,, leur Ambassadeur, comme nous l'avons fait
,, voir, a été reconnu & reçu sans difficulté
,, par les Electeurs à l'Election de l'Empe-
,, reur Charles - Quint ; ce qui est une preu-
,, ve bien évidente, que le fondement sur le-
,, quel est établie la Tutéle *Agnatique*, pres-
,, crite par la Bulle d'Or, ne subsistant plus,
,, & que n'étant point non plus possible que
,, la tutéle de chaque Personne mineure ha-
,, bile au Trône, soit toujours confiée a un
,, Agnat, cette disposition ne peut être en-
,, tendue de la Dignité Electorale de Bohême.
,, De façon que, vu que cette Dignité con-
,, tinue à subsister, & qu'il est impossible
,, qu'après l'extinction totale des Mâles elle
,, soit exercée par un Agnat, il est au
,, pouvoir de l'Héritiére de la faire exercer,
,, pour le tems que ce Royaume, & par con-
,, séquent la Dignité Electorale qui lui est
,, attachée, lui appartiennent privativement
,, & à l'exclusion de tout autre, soit par son
,, Mari, soit par les Etats du Royaume, soit
,, même par des Ambassadeurs.

,, La différence qu'il y a à ce sujet entre les
,, autres Electorats & celui de Bohême, est
,, fondée dans la raison qui ne permet pas
,, aux Méres, qui ont la tutéle des autres E-
,, lecteurs pendant leur minorité, d'exercer

I 4

,, leurs

„ leurs fonctions par des Ambassadeurs ou En-
„ voyés, parce que leurs Electorats ne font
„ affectés qu’aux Descendans mâles, & qu’au-
„ contraire l’Electorat de Bohême, comme
„ on en tombe d’accord, n’exclut pas les Fem-
„ mes.

„ A ces caufes fi à la Cour où vous vous
„ trouvez, on a quelque fcrupule par rapport
„ au transport dont il eft fait mention au
„ commencement de cette Lettre, nous per-
„ mettons que vous en donniez copie, ainfi
„ que des extraits qui l’accompagnent, afin
„ de lever le moindre doute qui pourroit
„ fubfifter à ce fujet; & qu’on voye en mê-
„ me tems que l’Electeur de Mayence a pu
„ d’autant moins, dans la conjoncture préfen-
„ te, fe difpenfer d’inviter la Couronne de
„ Bohême à l’Election, que l’Hiftoire nous
„ aprend que le Roi Ladiflas de Hongrie &
„ de Bohême, n’ayant pas été invité à l’Elec-
„ tion de l’Empereur Maximilien I. à caufe
„ qu’il avoit fait une alliance avec les Turcs
„ & envahi les Etats de la Maifon d’Autri-
„ che, ce Prince s’en tint offenfé, & poufla
„ la chofe fi loin, que l’Electeur Bertholde
„ fut obligé de lui donner des Lettres rever-
„ fales, dans lefquelles il déclaroit que ceci
„ ne devoit porter aucun préjudice à la Cou-
„ ronne de Bohême, & que fi on négligeoit
„ une autre fois de faire cette invitation, on
„ feroit tenu de payer l’amende prefcrite
„ dans le Privilége du Royaume de Bohême.
„ *A Vienne le* 20. *Décembre* 1740.
„ Les Cours de Saxe & de Baviére ne goûté-
rent pas les raifons contenues dans cette Lettre.

tre. Le Roi de Pologne Electeur de Saxe prétendit au-contraire que si l'exercice de la Voix de Bohême avoit lieu, il ne pouvoit appartenir qu'à lui seul, étant le plus proche Agnat, ou plutôt au Prince Electoral son Fils, qu'il déclara Majeur dans la vue de lui transporter les fonctions de l'Electorat de Bohême dans la Diéte d'Election. On vit paroître en même tems plusieurs réfutations du Rescrit de la Reine de Hongrie, tant de la part de l'Electeur de Baviére que de celui de Saxe.

„ Pendant que la Couronne de Bohême est
„ sur la tête d'une Princesse (disoit une de
„ ces Réfutations) la Dignité Electorale at-
„ tachée à cette Couronne demeure sans ac-
„ tivité; ce qui est fondé sur deux principes
„ immuables reconnus de tout tems dans
„ l'Empire. & auxquels on n'a jamais entre-
„ pris de donner la plus légére atteinte dans
„ les circonstances mêmes les plus orageu-
„ ses.

„ L'une de ces maximes fondamentales est,
„ que les Dignités Electorales de l'Empire
„ sont absolument inséparables de la posses-
„ sion & du titre des Principautés dont elles
„ dépendent.

„ L'autre, que ces Dignités sont des Offices
„ purement virils, dont les Femmes ne peu-
„ vent être admises à faire les fonctions par
„ elles-mêmes, & encore moins par d'au-
„ tres personnes qui les représentent.

„ C'est donc vouloir détruire tous les
„ fondemens de la partie la plus précieuse de
„ l'Empire, que de soutenir, comme on fait

I 5

„ dans

„ dans le Rescript de Vienne, qu'une Prin-
„ cesse peut aujourd'hui, sans abdiquer le
„ Royaume de Bohême, transporter à un
„ Prince étranger son Epoux la Dignité d'E-
„ lecteur attachée à cette Couronne, ou en
„ faire exercer par lui les augustes fonc-
„ tions.

„ Cette proposition est inouïe dans l'Empi-
„ re. Cette tentative est une nouveauté sans
„ exemple, & qui ouvre la porte à ne plus
„ rien respecter de ce que tous les Siécles ont
„ regardé comme inviolable & sacré.

„ Les exemples cités dans le Rescript prou-
„ vent tout le contraire de ce qu'on y an-
„ nonce.

„ Jean de Luxembourg Fils de l'Empereur
„ Henri VII. fut élevé à la Couronne de
„ Bohême en épousant la Princesse Elisabeth
„ Sœur de Wenceslas Roi de Bohême, mort
„ sans Héritiers mâles. Il fut invité en 1314.
„ à l'Election qui fut faite de l'Empereur
„ Louis de Baviére; mais il n'y assista nul-
„ lement au nom de la Reine son Epouse:
„ il y fut admis de son chef en qualité de
„ Roi, & par conséquent Electeur de Bo-
„ hême.

„ En 1438. Albert II. Gendre du Roi Si-
„ gismond, fut, après la mort de son Beau-
„ pére, reconnu Roi de Bohême par le suf-
„ frage d'une partie des Etats. Une autre par-
„ tie avoit appellé le Prince Casimir Frére du
„ Roi de Pologne; & dans ces circonstances
„ la dénonciation pour l'Election d'un Empe-
„ reur fut faite aux Etats de Bohême, soit à
„ cause de l'absence du Roi Albert II. soit à

„ cause

„ cause de la concurrence des deux Rois.
„ Quoi qu'il en soit, il est très-remarquable
„ que dans cette occasion il ne fut nullement
„ question de la Reine Elisabeth , Fille uni-
„ que du dernier Roi de Bohême , & par
„ conséquent Héritiére de ce Royaume.

„ Enfin le Roi Ferdinand I. qui avoit é-
„ pousé la Princesse Anne Fille de Ladislas
„ IV. & Sœur de Louis II. tous deux Rois
„ de Bohême, n'assista point au nom de la
„ Reine son Épouse à la Diéte Electorale qui
„ fut convoquée à la fin de l'année 1530. Ce
„ Prince avoit été couronné Roi de Bohême;
„ & ce fut en cette qualité qu'il donna son
„ suffrage comme personnellement Roi-Elec-
„ teur de Bohême.

„ Ainsi aucune des trois Héritiéres de Bo-
„ hême dont il est parlé dans le Rescript de
„ Vienne, n'a fait les fonctions de la Dignité
„ Electorale, soit en personne, soit en transf-
„ portant la Dignité d'Electeur au Prince son
„ Epoux, ou en l'associant & le commettant
„ pour elle.

„ Ce transport, cette commission , ou cette
„ association faite par une Héritiére de Bohê-
„ me seule Reine , en faveur d'un Prince étran-
„ ger son Epoux, & qui n'a pas lui-même le
„ caractére de Roi de Bohême, sont absolu-
„ ment incompatibles avec la nature des Di-
„ gnités Electorales de l'Empire.

„ Toute Dignité Electorale est de sa natu-
„ re un Office Seigneurial & Féodal, qui ne
„ sauroit être détaché de la possession du
„ Territoire, ni du titre de la Principauté.
„ C'est une qualité rélative, & que l'on peut
„ aussi peu détacher de l'Etat Electoral, que
„ la

,, la qualité de Souverain peut être séparée
,, de la possession d'une Souveraineté.
: ,, La Bulle d'Or de l'année 1356. est for-
,, melle sur ce point. Cette célébre Consti-
,, tution de l'Empire n'attribue les Fonctions
,, Electorales qu'au Possesseur actuel de l'E-
,, tat Electoral ; & à cet égard elle soumet
,, la Principauté Electorale à la Loi commu-
,, ne.
,, La Bulle déclara d'abord , que le Roi
,, de Bohême, le Comte Palatin du Rhin,
,, le Duc de Saxe, & le Marquis de Bran-
,, debourg ; le premier, *en vertu de son*
,, *Royaume* ; & les autres, *en vertu de leurs*
,, *Principautés*, ont Droit, Voix & Séance en
,, l'Election d'un Roi des Romains, futur Em-
,, pereur, &c.
,, Cette Bulle ajoûte, que comme toutes
,, & chacune des Principautés , en vertu
,, desquelles on sait que les Princes Elec-
,, teurs Séculiers ont Droit & Voix à l'Elec-
,, tion du Roi des Romains, futur Empe-
,, reur, sont tellement attachées & insépa-
,, rablement unies à ce Droit, & aux Fonc-
,, tions, Dignités, & autres Droits y appar-
,, tenans & en dépendans, que le Droit,
,, la Voix, l'Office & la Dignité, & les au-
,, tres Droits qui appartiennent à chacune des-
,, dites Principautés, *ne peuvent écheoir qu'à*
,, *celui qui posséde notoirement la Principauté*
,, *avec la Terre*, les Vasselages, Fiefs, Do-
,, maines & ses appartenances, &c.
,, Il est ordonné , qu'à l'avenir chacune
,, desdites Principautés demeurera, & sera si
,, étroitement & indivisiblement conjointe &
,, unie

,, unie avec la Voix d'Election, que quiconque
,, fera paifible Poffeffeur d'une desdites Prin-
,, cipautés, jouïra auffi de la libre & paifi-
,, ble poffeffion du Droit, de la Voix, de
,, l'Office, de la Dignité, & de toutes les
,, autres appartenances qui la concernent, &
,, fera réputé de tous vrai & légitime E-
,, lecteur, & comme tel on fera tenu à l'in-
,, viter, recevoir & admettre, *& non autres*,
,, avec les autres Princes, en tout tems, &
,, fans aucune contradiction, aux Elections
,, des Rois des Romains, *fans qu'aucune des*
,, *chofes fusdites, attendu qu'elles font ou doi-*
,, *vent être inféparables, puiffe être en aucun*
,, *tems divifée ou féparée de l'autre........ vou-*
,, *lant que toute audience foit refufée à celui*
,, *qui demandera l'une fans l'autre, & que fi*
,, *par fuprife ou autrement il l'obtenoit........*
,, *le tout, & ce qui en pourroit émaner, foit*
,, *de nul effet & actuellement nul.*

,, Si aujourd'hui on vouloit faire une Loi
,, pour décider que l'Exercice actuel du
,, Droit d'élire un Succeffeur au feu Empe-
,, reur Charles VI. ne peut appartenir à ce-
,, lui qui n'eft pas perfonnellement Roi-E-
,, lecteur de Bohême, & que l'Acte con-
,, traire de la Cour de Vienne eft abfolument
,, nul, pourroit-on rédiger cette Loi en des
,, termes plus clairs & plus exprès que ceux
,, de la Bulle d'Or? On ne pourroit y ajoû-
,, ter que les noms.

,, Les Etats de Bohême que l'on cite dans
,, le Refcript de Vienne, & le Roi Ferdi-
,, nand II. depuis Empereur, ont reconnu ces
,, vérités fondamentales, comme on le peut
,, voir

„ voir dans la Lettre des Etats du 3. Juil-
„ let 1619. & dans les autres Piéces rappor-
„ tées par Londorp: mais ces Actes ne fai-
„ fant que citer les termes de la Bulle d'Or
„ que l'on a vus ci-deſſus, il feroit inutile
„ des les tranſcrire.

„ Ainſi le don & la ceſſion de la Dignité
„ Electorale de Bohême, fait en dernier lieu
„ en faveur d'un Prince qui n'eſt pas Roi
„ de Bohême, font évidemment nuls &
„ abuſifs. Quelque nom que l'on donne à
„ cet Acte, quelques couleurs qu'on recher-
„ che pour les foutenir, rien ne peut fupléer
„ à la qualité de Roi de Bohême eſſentiel-
„ lement requiſe pour être auſſi Electeur de
„ Bohême. Ces deux caractéres font inſépa-
„ rables, comme étant attachés par les Con-
„ ſtitutions de l'Empire à la poſſeſſion réel-
„ le & perſonnelle de la même Souveraineté.

„ Il y a dans quelques Pays des Fiefs *en*
„ *l'air*, ainſi nommés, parce qu'ils n'ont point
„ d'aſſiette fixe ſur une Terre: mais ce feroit
„ un prodige inouï dans l'Empire, que d'y
„ voir un Electeur *en l'air*, c'eſt-à-dire, ſans
„ poſſeſſion d'une Principauté Electorale.

„ La ceſſion de la Dignité d'Electeur faite
„ par une Reine de Bohême au Prince ſon
„ Epoux qui n'en eſt pas Roi, ne pourroit
„ pas même valoir par forme de procuration.

„ La raiſon en eſt ſenſible. Un Député ne
„ fait que repréſenter une Perſonne abſente,
„ qui feroit admiſe elle-même ſi elle ſe pré-
„ fentoit. Le Député ne fauroit avoir plus
„ de droit que la Perſonne qui l'a commis.
„ Or il eſt inconteſtable que, quoiqu'une Fem-
„ me

,, me puiſſe ſuccéder au Royaume de Bohê-
,, me, elle eſt incapable par ſon ſexe de faire
,, les fonctions de la Dignité d'Electeur atta-
,, chée à cette Couronne. Cette Dignité
,, eſt un Office purement viril, dont les Fem-
,, mes ſont exclues.

,, Le Royaume de Bohême eſt échu plu-
,, ſieurs fois à des Femmes, mais on n'a ja-
,, mais vu d'Héritiére de Bohême ſiéger dans
,, une Diéte Electorale. Il n'y en eut jamais
,, d'invitée à y aſſiſter; & jamais l'Ambaſſa-
,, deur d'une Héritiére de Bohême n'y fut
,, admis.

,, Qu'on parcoure tous les Faſtes de l'Em-
,, pire, qu'on recherche curieuſement ce qui
,, s'eſt paſſé dans des tems de confuſion, où
,, tant d'autres Loix ont été négligées, on
,, trouvera que celle-ci fut toujours immua-
,, ble. L'Empire n'eut jamais pour Chef une
,, Femme, & jamais Femme n'élut un Empe-
,, reur. Les exemples déjà rapportés ne laiſ-
,, ſent ſur ce point aucun doute.

,, La Cour de Vienne paroît elle-même ſi
,, perſuadée de ces derniéres vérités, qu'on n'y
,, prétend pas que l'Epoux d'une Reine de Bo-
,, hême la repréſente comme Ambaſſadeur,
,, ou comme Député, mais qu'il ſoit admis à
,, la Diéte Electorale de ſon chef, en quali-
,, te d'Electeur; & c'eſt pour arriver à ce
,, but, qu'on a imaginé la voie de la ceſſion
,, & du transport de la Dignité Electorale de
,, Bohême, en la détachant de cette Cou-
,, ronne.

,, Mais on a démontré ci-deſſus, que ce
,, nouveau biais eſt impraticable, parce que
,, c'eſt

„ c'eſt la poſſeſſion de la Terre, en qualité de
„ Prince, qui peut ſeule donner le titre & le
„ caractére d'Electeur. Il y a bien quatre
„ ſiécles, que la Bulle d'Or ayant prévu cet-
„ te ſubtilité, l'a condamnée, même en décla-
„ rant nulle l'Election d'un Empereur qui au-
„ roit été faite en conſéquence d'une telle en-
„ trepriſe.

„ La Bulle d'Or n'admet qu'une ſeule ex-
„ ception à la régle générale.

„ Lorsqu'un Electeur eſt mineur, c'eſt ſon
„ plus proche Parent mâle & ſéculier qui,
„ ſans être propriétaire de l'Electorat, exerce
„ comme Tuteur & Adminiſtrateur du jeune
„ Prince la Dignité Electorale. Mais cette
„ exception confirme encore l'excluſion &
„ l'incapacité des Femmes, puisque c'eſt un
„ Parent mâle, & ſouvent éloigné, qui doit
„ faire les fonctions d'Electeur, préférable-
„ ment à la Mére du jeune Prince, qui ſe-
„ roit ſa Tutrice naturelle.

„ D'ailleurs, puiſqu'il n'y a point aujour-
„ d'hui de Roi de Bohême mineur, ce n'eſt
„ point le cas de l'Adminiſtration.

„ Dès que le Trône eſt occupé par une Per-
„ ſonne que ſon ſexe rend incapable des
„ Fonctions Electorales, il ne peut y avoir
„ lieu à l'adminiſtration d'un Droit de Suffra-
„ ge qu'elle n'a pas. Un Adminiſtrateur ne
„ peut avoir plus de droit que celui dont
„ il occupe la place.

„ Les Etats-mêmes du Royaume de Bo-
„ hême ne pourroient point uſer, en ce cas,
„ du Droit d'Adminiſtration, dont il eſt parlé
„ fort

,, fort inutilement, & sans leur aveu dans
,, le Rescript de Vienne.

,, La situation actuelle des choses ne don-
,, ne pas lieu d'entrer à cet égard dans la
,, discussion du Droit des Etats; mais il est
,, aisé de satisfaire la curiosité de ceux qui
,, voudroient savoir ce qui en pourroit être.

,, Il en est des Etats de Bohême, comme du
,, Chapitre qui a droit d'élire un Archevê-
,, que Electeur de l'Empire. Ce Chapitre
,, dans lequel réside, comme en sa source, la
,, Dignité Electorale, ne sauroit néanmoins,
,, pendant la vacance du Siége, administrer
,, cette Dignité, ni en Corps, ni par un Dé-
,, puté d'entre les Chanoines que le compo-
,, sent. Il ne peut, suivant les Constitu-
,, tions de l'Empire, que nommer un Arche-
,, vêque Electeur.

,, De-même les Etats de Bohême ne peu-
,, vent en aucun cas administrer la Dignité
,, Electorale, soit en Corps, soit par un Dé-
,, puté. Ils ne peuvent qu'élire un Roi lors-
,, que le Trône est vacant : & quand ce Trône
,, est occupé par une Personne incapable des
,, Fonctions Electorales, ils ont à tous égards
,, les mains liées.

,, Ce n'est pas que la Dignité Electorale
,, de Bohême ne subsiste toujours, mais elle
,, demeure suspendue jusqu'à ce qu'il y ait
,, un Sujet capable d'en faire les fonctions.

,, Une Reine de Bohême & un Prince é-
,, tranger son Epoux peuvent donner la nais-
,, sance à un Prince futur Electeur. C'est à
,, cela que se réduit actuellement tout leur
,, pouvoir.

,, La Reine est incapable de faire les
,, Fonctions Electorales, à cause de son sexe;
,, & le Prince son Epoux, parce qu'il n'est
,, pas Roi de Bohême.

,, Enfin le Droit de Suffrage Electoral ne
,, résidant actuellement sur aucune Tête capa-
,, ble, par son sexe & par son Caractére Ro-
,, yal, de l'exercer, personne au monde ne
,, peut en être Administrateur.

,, Telles sont les Constitutions fondamenta-
,, les de l'Empire, que l'intérêt de la Patrie
,, a profondément gravées dans le cœur de
,, ses premiers Princes; & que le Rescript de
,, Vienne tentera vainement d'y effacer.

La Reine ne desespéra pas de faire agréer
à l'Empire l'expédient de la Corrégence, malgré toutes ces contradictions. Elle s'ap-
pliqua sur-tout à gagner ceux des Electeurs
qui pendant l'interrégne sont regardés comme les Chefs de cet auguste Corps. Les liaisons de l'Electeur Palatin, qui exerce le Vicariat sur les Cercles du Bas-Rhin avec l'E-
lecteur de Baviére, ne lui permettoient pas
d'en rien espérer de favorable. Elle crut que
le Roi de Pologne, Vicaire de l'Empire dans
les Cercles de la Haute & Basse Saxe, seroit
moins difficile à persuader, n'ayant pas les
mêmes liaisons avec une Maison qui paroissoit
résolue de rompre avec l'Héritiére de Charles VI. Dans cette idée le Comte de Kévenhuller, aussi adroit Négociateur qu'habile Général, fut envoyé à Dresde.

Il entra en conférence avec les Ministres
de Sa Majesté Polonoise; leur représenta qu'il
étoit

étoit de l'intérêt de l'Empire, & de la Saxe en particulier, de frayer au Grand-Duc de Toscane le chemin au Trône Impérial. Que l'Allemagne avoit besoin d'un Chef puissant, pour repousser les Ennemis du dehors, & contenir ceux du dedans. Qu'ainsi Sa Majesté Polonoise ne devoit point balancer à consentir que le Duc Corrégent exerçât les Fonctions Electorales de Bohême, pour lui faciliter les moyens de parvenir à l'Empire.

La Réponse ne fut pas lente, & on ne fit pas longtems languir le Comte. On lui répondit que le Roi de Pologne avoit déjà examiné mûrement cette affaire. Que l'exercice de la Voix de l'Electorat de Bohême par un Prince étranger qui n'étoit pas Roi de Bohême étoit une chose inouïe, qui heurtoit de front les Loix fondamentales de l'Empire. Que Sa Majesté, en qualité de Vicaire, étoit plus intéressée que personne à ne pas permettre qu'on donnât atteinte aux Constitutions de l'Empire; qu'ainsi elle ne consentiroit jamais à ce transport du Suffrage Electoral.

Le Comte de Kévenhuller voyant que tout étoit inutile, s'en retourna à Vienne avec le chagrin de n'avoir pu réussir. Et cette fermeté de la Cour de Saxe refroidit beaucoup la bonne intelligence qui étoit entre elle & la Cour de Vienne.

La Reine de Hongrie résolut néanmoins d'agir dans cette affaire, tout comme si son droit étoit bien décidé, & donna ordre au Baron de Brandau de passer à Francfort, &

d'y

d'y exercer les Fonctions Electorales au nom du Corrégent.

Le Baron obéit, & se rendit à Francfort, où les Ambassadeurs de quelques Electeurs étoient déjà arrivés. On s'attendoit dans toute l'Europe à voir incessamment le Collége Electoral assemblé pour donner un Chef à l'Allemagne, lorsqu'on apprit que l'Election étoit différée par des raisons qu'on ignoroit, & que nous tâcherons de développer dans le Livre suivant.

Fin du Livre II.

HISTOIRE

DE LA

DERNIERE GUERRE

DE BOHEME.

LIVRE TROISIEME.

ARGUMENT.

Négociations entre le Roi de Pruſſe & la Reine de Hongrie. L'Electeur de Baviére s'empare de Paſſau, de Lintz, &c. Il menace Vienne d'un Siége. Embarras de cette Cour. Caractére des Hongrois. Deſcription de leurs Milices. Pourquoi la Reine a dû en retirer de grands avantages.

APRE'S la Bataille de Molwitz, le Roi de Pruſſe ſe crut en droit d'augmenter ſes prétentions à proportion de ſes avantages, & réſolut de ne plus ſolliciter la ceſſion de quelques Duchés qu'il prétendoit lui appartenir par droit d'Héritage ; mais de travailler plutôt à ſoumettre la Siléſie entiére, & à la garder

par

par Droit de conquête, & par maniére de dédommagement pour les dépenses où la Cour de Vienne l'engageoit en refusant de le satis-faire sur ses droits. Ce Prince habile n'igno-roit pas tout ce qui se tramoit ailleurs con-tre la Cour de Vienne, & il sentoit bien qu'outre que l'Armée Autrichienne ne seroit pas sitôt en état de risquer une seconde ba-taille, elle seroit dans peu obligée de courir à la défense d'un autre Pays, ou du-moins de s'affoiblir beaucoup pour la même raison. Il comprenoit en même tems qu'il ne risqueroit rien à ne plus témoigner de l'empressement pour s'accommoder avec la Reine de Hon-grie, & qu'après avoir fait les plus belles of-fres à cette Princesse, il devoit attendre qu'el-le lui en fît à son tour. Il savoit qu'elle souhaitoit ardemment de voir son Epoux élevé à l'Empire, & c'étoit un nouveau motif de se faire rechercher. Il affecta donc une gran-de indifférence pour un accommodement, & commença à agir comme s'il eût été bien assuré de ne pas perdre le fruit de ses conquêtes & de ses victoires.

Tout ce qu'il avoit prévu arriva. La Cour de Vienne n'eut pas plutôt appris la nouvelle de la perte de la bataille, qu'elle commença à changer de langage. D'ailleurs elle étoit fort inquiéte des mouvemens que l'Electeur de Baviére faisoit faire à ses Troupes ; & quoiqu'elle affectât de croire toujours que la France rempliroit tous les engagemens de sa garantie, néanmoins elle ne s'y fioit pas.

Elle prit donc le parti d'engager ses Alliés

liés à moyenner une paix entre Elle & le Roi de Prusse, espérant réparer par le sacrifice de quelque petit District, ce que sa hauteur lui avoit fait perdre ; & ne doutant pas que ce Prince n'aimât mieux avoir un Pays médiocre, dont la possession lui seroit assûrée par une cession autentique & en vertu d'une paix solide, que d'en prétendre un plus vaste & plus étendu par la continuation d'une guerre, dont le sort pouvoit changer du soir au lendemain, & dont l'issue étoit toujours incertaine.

Sur ce principe la Reine de Hongrie fit agir l'Angleterre & les Etat-Généraux. Mylord Hindford & le Baron de Ginkel, Ministres de ces deux Puissances, offrirent au Roi de Prusse la médiation de leurs Maîtres ; mais ce Prince, qui pénétra d'abord la source & le principe de cette démarche, répondit froidement à leurs offres ; cependant il ne refusa pas d'entrer en conférence. Mais quoique la Cour de Vienne n'exigeât plus, comme au commencement, que pour premier Article préliminaire les Troupes Prussiennes vuidassent la Silésie, elle faisoit néanmoins des propositions si peu conformes aux prétentions du Roi de Prusse, que ce Prince ne put s'empêcher de faire sentir aux Médiateurs que le tems étoit changé aussi-bien que les circonstances, & qu'il vouloit qu'on lui cédât, non seulement ce qu'il avoit prétendu dès le commencement de la guerre, mais encore d'autres Pays pour l'indemniser des frais où l'avoient constitué les délais de la Cour de Vienne.

Pen-

Pendant qu'il traitoit ſes Ennemis avec tant de hauteur, il tâchoit de ſe faire des Amis. Il avoit entamé une négociation avec l'Electeur de Baviére, qui étoit aſſûré de l'appui de la France. Cette négociation aboutit enfin à une alliance offenſive entre ces deux Princes. Le Roi de Pruſſe s'engageoit à employer tout ſon crédit pour procurer la Dignité Impériale à l'Electeur ; à ne point poſer les armes qu'il n'eût eu ſatisfaction ſur les prétentions qu'il formoit à l'égard de la Succeſſion de Charles VI. ; & enſin il renonçoit pour lui & pour ſes Succeſſeurs dans la meilleure forme poſſible, à toutes ſes prétentions ſur les Duchés de Berg & de Juliers, en faveur du Prince de Zultzbach Héritier préſomtif de l'Electeur Palatin.

L'Electeur de Baviére de ſon côté s'engageoit à ne point faire de paix avec la Reine de Hongrie que conjointement avec Sa Majeſté Pruſſienne, en un mot à faire cauſe commune avec Sadite Majeſté. Il y avoit encore d'autres Articles, mais beaucoup moins importans. La Cour de France entra indirectement dans ce Traité. Elle promit d'employer cent mille hommes au ſecours des Alliés ; d'empêcher l'Electeur d'Hannovre, & les Hollandois, de rien entreprendre à leur préjudice ; & pour cet effet de faire entrer un Corps de quarante mille hommes dans la Weſtphalie pour reſſerrer l'un, & donner de l'inquiétude aux autres.

L'Electeur de Baviére étant ainſi preſqu'aſſûré de ſon Election à l'Empire, voulut ſe trouver à Francfort pour aſſiſter à la Diéte.

te. Mais ayant réfolu de frapper auparavant un grand coûp dans la Haute Autriche & en Bohême, fachant bien que dans ces fortes d'affaires le fuccès dépend de la diligence, il demanda que l'Election fût furfife pour fix mois. Le plus grand nombre des Electeurs étant dans fes intérêts y confentit aifément, & entraîna ceux qui auroient voulu s'y op-pofer.

Nous verrons tantôt quel fut le fuccès de fon entreprife. Revenons aux affaires de Si-léfie.

La Cour de Vienne allarmée de l'indiffé-rence avec laquelle le Roi de Pruffe avoit reçu les Propofitions de paix qui lui avoient été faites par le canal de fes Alliés ne trou-va pas de meilleur expédient pour fe tirer de ce mauvais pas, que de fufciter des enne-mis à ce Prince dans l'Empire & hors de l'Empire.

Outre les Alliances qui fufiftoient entre Elle, le Roi d'Angleterre & les Etats-Généraux, l'intérêt de ces deux Puiffances n'étoit pas de fouffrir l'agrandiffement de la Maifon de Brandebourg. Le premier, comme Electeur d'Hannovre, poffède un Pays tout ouvert & fans défenfe, prefqu'environné des Etats du Roi de Pruffe, ce qui l'oblige à des ména-gemens toujours mortifians pour un Souve-rain. Les autres, c'eft-à-dire les Etats-Gé-néraux, font voifins du Monarque Pruffien; & outre le voifinage ils ont de petits inté-rêts à démêler enfemble, qui pourroient quel-que jour occafionner un grand incendie. Sans compter que le Roi de Pruffe a des Terres

&

& des Maisons au milieu de la Hollande même ; & qu'étant déjà maître de quelques paffages sur la Meuse, il peut infiniment incommoder leur Commerce de ce côté-là.

Enfin la politique invariable de l'Angleterre & de la Hollande a toujours été de secourir la Maison de Bourbon contre la Maison d'Autriche, & tour à tour la Maison
d'Autriche contre la Maison de Bourbon, à
mesure que l'une s'est vue en état d'opprimer
l'autre. Or le Roi de Prusse ne pouvoit affoiblir la Reine de Hongrie, sans travailler
en même tems à établir la supériorité de la
France sur la Maison d'Autriche, & par
conséquent sans renverser cet équilibre que
ces Puissances jugent si nécessaire à leur sûreté. Toutes ces considérations ne permettoient pas de douter que la Reine ne fût
puissamment secourue par ces deux Alliés, &
même par quelques autres, non moins inté-
ressés à la conservation de sa grandeur & de
ses forces. Elle étoit presque assurée des secours de la Russie. La Princesse qui gouvernoit alors cet Empire, étoit attachée par des
liens d'intérêt & d'inclination à la Cour de
Vienne.

D'un autre côté, le Roi de Prusse n'ignoroit
pas à quoi il devoit s'attendre de toutes ces
Puissances. Il travailla à détacher les uns, &
à s'attacher les autres. Il fit faire les plus
belles offres à la Cour de Pétersbourg, pour
l'empêcher de se mêler des affaires de Silésie. La Grande-Duchesse Régente assembla
son Conseil, pour délibérer sur les offres du
Roi de Prusse. Ceux qui composoient ce
Con-

Conseil furent d'un avis conforme au panchant de la Régente, excepté le Comte de Munich, qui opina que la Ruffie devoit employer tous les moyens poffibles pour procurer la fatisfaction que demandoit le Roi de Pruffe ; qu'il faloit faire avec ce Prince un Traité fur ce pied-là , non feulement pour pouvoir fe fervir dans l'occafion des fecours qu'il offroit en revanche à la Ruffie , mais auffi pour prévenir les Alliances qu'il pourroit faire au préjudice de la Ruffie. Il repréfentoit que par cette conduite la Régente fe rendoit l'Arbitre des différends entre les Princes de l'Empire , & fe mettoit à couvert des entreprifes de fes Voifins qu'on pourroit fufciter contre elle. Mais ce confeil étoit trop oppofé au panchant de la Régente pour être fuivi. Cette Princeffe fit donner au-contraire les plus fortes affurances à la Reine de Hongrie, qu'elle lui enverroit inceffamment un fecours de trente mille hommes, & qu'elle lui fourniroit d'autres fecours en argent. Voilà ce qui obligea le Comte de Munich à fe démettre de tous fes emplois. Il n'y avoit que quatre jours qu'on l'avoit fait Préfident du Confeil de Guerre. Piqué de voir fes avis fi peu fuivis, & en quelque forte méprifés, il crut qu'il étoit de fon honneur de ne pas exercer plus longtems des Charges dont on ne vouloit lui laiffer que les titres , & il s'en démit volontairement.

La conduite de la Ruffie hâta la conclufion de l'Alliance entre le Roi de Pruffe & l'Electeur de Baviére. La France, attentive à tout ce qui pouvoit traverfer fes deffeins,

pro-

profita de la diſpoſition des Suédois, extrêmement aigris contre la Ruſſie, qui avoit
voulu ſe mêler de leurs affaires domeſtiques.
Elle ſut habilement entretenir ce feu qui cou-
voit ſous la cendre; & tout d'un coup la Régente de Ruſſie ſe vit brouillée avec le Roi
de Pruſſe, & hors d'état de ſecourir la Reine
de Hongrie, par la guerre que les Suédois lui
déclarérent.

La Reine, jugeant bien qu'il ne faloit plus
compter ſur le ſecours des Ruſſes, eut recours
à ſes autres Alliés, & écrivit au Roi de la
Grande-Bretagne & aux autres Princes de
l'Empire, des Lettres capables de les animer
contre ſon Ennemi. ,, Dans le tems, diſoit-
elle au Roi d'Angleterre ,, qu'on croyoit le
,, calme & la tranquillité entiérement affer-
,, mis, & qu'après avoir découvert l'erreur
,, touchant les Teſtamens & le Codicile de Fer-
,, dinand I. tous les Princes Chétiens, qui s'in-
,, téreſſent au repos & à la ſûreté publique, ſe
,, réjouiſſoient de cette heureuſe conjonctu-
,, re; ce même repos & cette ſûreté ſe trou-
,, vent attaqués par celui qu'on en croyoit
,, le plus éloigné.

,, Le Roi de Pruſſe, au mépris des fréquen-
,, tes & fortes aſſurances qu'il m'a données,
,, d'avoir intention de conſerver à mon égard
,, une amitié conſtante, au mépris du Droit
,, qu'il a reconnu me convenir de ſuccéder
,, dans les Royaumes & les Etats paternels,
,, au mépris des Loix de l'Empire, & en parti-
,, culier de la Paix publique, & de ce qui eſt or-
,, donné à ce ſujet dans le premier Chapitre
,, de la Bulle d'Or; au mépris enfin de tou-
,, tes

„ tes les Loix divines & humaines, & par une
„ violation manifeste des liens qui font la base
„ de la Société Humaine, attaque le Duché
„ de Silésie & l'envahit au milieu de l'hiver,
„ à la tête d'une nombreuse Armée, sans
„ avoir préalablement fait aucune repréfen-
„ tation à ce sujet, & sans avoir fait aucune
„ mention distincte, ni à moi, ni à mes Mi-
„ niftres, de ses prétendus droits s'il croit
„ en avoir, quoique dans le fond il n'en
„ puisse avoir qui n'ayent été abolis & éteints
„ par des Conventions folemnelles. Sous le
„ voile de l'amitié on a forgé les desseins
„ les plus pernicieux, & sous le même voi-
„ le ils ont été exécutés avec une célérité
„ surprenante. Les Siécles passés ne fournis-
„ sent aucun exemple d'un événement de cette
„ nature, & ceux qui viendront auront de la
„ peine à y ajoûter foi ; d'autant que pour
„ être convaincu de son injuftice il suffit de
„ lire l'Ecrit qui a été publié pour le colorer.
„ De ma part, il n'eft rien que je n'aye fait
„ pour donner au Roi de Prusse des preuves
„ inconteftables des difpofitions où j'étois de
„ cultiver avec lui une conftante amitié. Le
„ Marquis de Botta d'Adorno lui a été envoyé
„ à cette fin, avec ordre de concerter & arrê-
„ ter en mon nom les moyens les plus propres
„ pour reflerrer les liens d'une parfaite amitié
„ & du bon voifinage. Il n'y avoit dans les
„ Inftructions de cet Envoyé aucune reftric-
„ tion, que de n'entrer dans aucuns engage-
„ mens préjudiciables au droit d'autrui, ou
„ contraires à la Pragmatique-Sanction, que
„ le Pére du Roi régnant a garantie folem-
„ nel-

„ nellement à la Diéte de l'Empire. Mais ces
„ avances n'ont pas fait plus d'impreſſion, que
„ les remontrances ſalutaires de quelques au-
„ tres Princes. L'occaſion paroiſſant favora-
„ ble, l'envie d'envahir le patrimoine d'autrui
„ & de troubler le repos de ſes Voiſins, l'a
„ emporté ſur toutes les autres conſidérations :
„ ce qui fait aſſez voir à quel ſort les autres
„ doivent s'attendre, ſi ceux qui ont le repos
„ & la ſûreté publique à cœur, ne réuniſſent
„ leurs conſeils & leurs forces pour arrêter
„ des attentats de cette nature. Cette pré-
„ diction eſt ſi lumineuſe, qu'elle n'a pas be-
„ ſoin de preuves.

„ Il ne s'agit pas ici de mes ſeuls intérêts,
„ mais de ceux de tout l'Empire, & même de
„ toute la Chrétienté ; car, en mettant toutes
„ autres raiſons à côté, il eſt également de l'in-
„ térêt de tous les Princes Chrétiens, de ne
„ point permettre qu'on déchire impunément
„ les ſacrés liens de la Société Humaine.

„ La maniére de penſer de Votre Majeſté à
„ cet égard n'eſt pas différente de la mienne,
„ je le ſais, & qu'elle n'a rien tant à cœur que
„ de conſerver l'union de l'Empire, laquelle
„ ſe trouve à-préſent dans un danger extrême
„ & éminent. C'eſt pourquoi je n'ai pas balancé
„ un moment d'avoir recours à Votre Majeſté,
„ pour reclamer ſolemnellement l'amitié de
„ Votre Majeſté, que je cultiverai toujours re-
„ ligieuſement les Alliances qui nous uniſſent,
„ & ſa Parole Royale, & ſa ſollicitude inalté-
„ rable pour le repos public, afin qu'eu égard
„ au danger qui ne ſoufre point de délai, elle
„ veuille concerter inceſſamment avec moi les
„ moyens

,, moyens les plus fûrs pour arrêter un fi
,, grand mal, avant qu'il fe fortifie en s'éten-
,, dant.

,, Quant à moi, j'oppoferai à ce danger im-
,, prévu toutes les forces que Dieu m'a accor-
,, dées, n'attendant d'autre récompenfe de
,, mes travaux pour la caufe commune, que
,, ces deux chofes; favoir, une entiére fatis-
,, faction des dommages que j'ai foufferts,
,, ainfi que de ceux qui auront été caufés à
,, mes Sujets & aux Etrangers, qui fe font
,, repofés fur la garantie des Etats de Siléfie;
,, & les fûretés néceffaires pour l'avenir con-
,, tre de pareilles entreprifes.

La Lettre de Sa Majefté Hongroife à la
Diéte de l'Empire étoit conçue en des termes
encore plus forts. ,, Depuis quelque tems,
,, difoit-elle, on parloit beaucoup des prépa-
,, ratifs de guerre que faifoit la Cour de Bran-
,, debourg, & des mouvemens qu'elle faifoit
,, faire à fes Troupes; & nous avons été aver-
,, tie de plus d'un endroit, qu'ils tendoient à
,, une invafion dans notre Duché de Siléfie;
,, mais nous n'avons ni pu ni voulu croire
,, que Sa Majefté Pruffienne fût capable de fe
,, laiffer induire par de mauvais confeils à
,, une démarche fi contraire à la juftice, &
,, dont, fi l'on veut fe donner la peine d'en
,, combiner toutes les circonftances, la plupart
,, publiques, il feroit difficile de trouver un
,, exemple dans l'Hiftoire. Les lumiéres que
,, vous poffédez, nous difpenfent du foin de
,, vous expofer ce qui eft réglé en termes pré-
,, cis dans la premiére Conftitution fondamen-
,, tale de l'Empire, favoir dans le premier
,, Cha-

„ Chapitre de la Bulle d'Or, pour le main-
„ tien de la tranquillité pendant un interré-
„ gne, ainſi que pour la ſûreté des Etats ap-
„ partenant à un Electeur, ce qui eſt ordon-
„ né contre les Perturbateurs du repos public,
„ & par rapport à de beaucoup moindres atten-
„ tats, dans l'Acte ſolemnel de la Paix publi-
„ que, ainſi que dans d'autres Loix de l'Em-
„ pire; enfin ce que les Droits de la Nature
„ & des Gens ordonnent, & ce qui a paſſé
„ juſqu'içi pour ſacré dans la SociétéHumaine.

„ Tout ceci, & par conſéquent non ſeule-
„ ment l'entiére Conſtitution de l'Empire,
„ mais auſſi les liens qui doivent unir la Socié-
„ té „ & ſans lesquels elle ne ſauroit ſubſiſter,
„ ſe trouve ébranlé juſques dans le fondement,
„ ou, pour mieux dire, renverſé & anéanti
„ par la ſuſdite entrepriſe violente du Roi de
„ Pruſſe. Quoique cette ſeule conſidération
„ ſuffiſe pour faire ſentir à un chacun le danger
„ dont il eſt menacé à ſon tour, ſi un procé-
„ dé de cette nature n'eſt pas arrêté comme
„ il le mérite, on ne ſauroit pourtant paſſer
„ ſous ſilence un grand nombre de circonſtan-
„ ces agravantes, qui accompagnent cet évé-
„ nement.

„ Il n'a été rien négligé, ni de notre part,
„ ni de celle du Duc notre Epoux, pour
„ donner au Roi de Pruſſe des marques d'u-
„ ne attention diſtinguée, & nous aſſurer de
„ ſon amitié par tous les moyens compati-
„ bles avec l'honneur & l'équité. On a fait
„ toutes les avances poſſibles pour cimen-
„ ter, au moyen des obligations réciproques
„ que preſcrit la nature, les liaiſons qui
„ doi-

,, doivent subsister entre les Princes voisins.
,, Le Marquis de Botta fut envoyé à la
,, Cour de Berlin préférablement à d'autres
,, Ministres, parce qu'on croyoit avoir lieu
,, de penser que sa personne étoit agréable
,, au Roi. Ses Instructions se réduisoient en
,, substance à offrir amitié pour amitié ; &
,, pour atteindre ce but, il étoit autorisé en
,, particulier à entrer dans tous les engage-
,, mens qui ne seroient contraires, ni à
,, la Pragmatique-Sanction garantie par tout
,, l'Empire & particuliérement par la Mai-
,, son de Brandebourg, ni aux Droits d'un
,, Tiers.
,, Nous avons même fait plus ; car ayant
,, été informée, que sous le prétexte d'un
,, secours qu'on vouloit nous forcer de rece-
,, voir contre notre gré, & qui ne nous é-
,, toit alors aucunement nécessaire, on cher-
,, choit à former des prétentions sur une par-
,, tie de nos Etats, nous avons permis au
,, Marquis de Botta de déclarer, que si,
,, contre notre attente, nous avions besoin
,, tôt ou tard du secours du Roi de Prusse,
,, nous ne nous éloignerions pas de donner
,, des sûretés raisonnables, mais avec la pro-
,, testation expresse, que nous n'entendions
,, pas du tout qu'on nous portât, ni au Duc
,, notre Epoux, un coup mortel, en se cou-
,, vrant du voile spécieux de vouloir assurer
,, la tranquillité publique, pour violer réelle-
,, ment notre repos, celui de notre Maison
,, Archiducale & de la Chrétienté, & enva-
,, hir le premier les Royaumes & Etats qui
,, nous sont échus héréditairement. Il n'au-

,, roit pas été poſſible de s'expliquer d'une
,, maniére plus cordiale ; & ſi nous avons
,, quelque reproche à nous faire à ce ſujet, ce
,, ne peut être que d'en avoir agi avec trop
,, de ſincérité avec le Roi de Pruſſe. Ce Prince
,, de ſon côté n'a été rien moins que chiche en
,, proteſtations & en promeſſes obligeantes;
,, il n'a point tardé un moment de nous recon-
,, noître en qualité d'unique Héritiére de feue
,, Sa Majeſté Impériale notre très-cher Pére;
,, ſes politeſſes & ſes proteſtations n'avoient
,, point de bornes, non plus que l'amitié &
,, le zéle qu'il témoignoit au Duc notre Epoux
,, & à ſes intérês.

,, Nous pourrions prouver ce que nous di-
,, ſons, par un grand nombre de Lettres de
,, la propre main de Sa Majeſté Pruſſienne, &
,, ſans remonter plus haut qu'au 14. Décem-
,, bre, ſon Miniſtre de Bork en remit une
,, du 5. du même mois, dans laquelle ce
,, Prince prônoit extrêmement ſa droiture &
,, la pureté de ſes intentions pour l'avantage
,, de notre Epoux. Mais hélas ! que nous
,, n'avons guére tardé d'aprendre, que ſous le
,, prétexte que nous allions être abîmés par
,, d'autres on nous demandoit la ceſſion du
,, Duché de Siléſie, avec menace de s'en em-
,, parer par la force au cas de refus, & de
,, n'en point demeurer-là alors, mais de ſe
,, joindre à ceux qu'on prétendoit avoir for-
,, mé le deſſein de partager nos Etats entre
,, eux, & qui devoient avoir déjà offert au
,, Roi de Pruſſe des conditions bien plus a-
,, vantageuſes.

,, Dans le tems qu'on s'expliquoit ainſi en-
,, vers

„ vers nous & envers nos Ministres, on faisoit
„ ailleurs des déclarations aussi peu combina-
„ bles, & même contradictoires. On insinuoit
„ chez quelques Puissances, que nous avions
„ donné les mains à des engagemens qui ten-
„ doient à leur ruine; chez d'autres on débitoit
„ que nous étions de concert avec le Roi de
„ Prusse par rapport à l'entreprise sur la Silésie,
„ & pour le prouver on ne balançoit pas d'allé-
„ guer l'envoi du Grand-Maréchal du Roi de
„ Prusse à notre Cour. En un mot, il n'est
„ rien qu'on n'ait mis en œuvre pour nous en-
„ dormir, & pour desorienter & amuser les
„ autres, pendant qu'on redoubloit de vivaci-
„ té pour commencer les hostilités contre
„ nous. La Lettre susdite du 6. ne nous a-
„ voit pas encore été remise, qu'il étoit en-
„ tré des Troupes dans les villages de la
„ frontiére de Silésie, qu'on avoit ordonné
„ des vivres dans les Pays de notre domination,
„ & que nos Sujets avoient été mandés à *Crof-*
„ *fen*, afin d'y faire leurs dépositions par rap-
„ port à la livraison des provisions pour l'Ar-
„ mée qui devoit entrer en Silésie, & qui
„ en effet y entra immédiatement après, en
„ violation des assurances solemnelles qu'on
„ nous avoit données, ainsi que de toutes les
„ Loix divines & humaines.

„ On ne s'est plaint amiablement, comme
„ le demandent les Loix établies entre bons
„ Voisins, d'aucun grief à notre charge ou à
„ celle de nos Gens & de nos Sujets. Lors-
„ que le bruit de ce dessein inconcevable s'est
„ répandu, les Ministres Prussiens résidens
„ dans les Cours étrangéres, non seulement

„ ont

,, ont feint de l'ignorer, mais ils l'ont même
,, contredit formellement ; & quoiqu'à la fin
,, on ait paru vouloir faire mention de quel-
,, ques prétendus droits, cela ne s'est fait néan-
,, moins que fort légérement & en passant,
,, & dans le fond on ne sauroit produire au-
,, cune prétention qui n'ait été abolie par des
,, Contracts solemnels.

,, Les choses se trouvant en cet état, &
,, l'Ecrit que le Roi de Prusse a fait publier
,, pour colorer son procédé, étant plus que
,, suffisant pour le mettre dans tout son jour,
,, nous ne croyons pas qu'il soit nécessaire
,, d'exposer plus amplement le grand & émi-
,, nent danger dont tout l'Empire est menacé.
,, Chacun de ses Membres, sans distinction de
,, Religion, doit s'attendre au même traite-
,, ment que nous. On ne sauroit prendre le
,, change là-dessus, sans renoncer de propos
,, délibéré à l'évidence même. Car au moyen
,, dequoi prétendra-t-on se mettre à couvert
,, d'une invasion subite, lorsqu'on voit, pour
,, ainsi dire, toutes les Constitutions de l'Em-
,, pire foulées aux pieds, les engagemens les
,, plus sacrés méprisés, & les liens naturels
,, de la Société déchirés & anéantis ?

,, Si l'on en agit à notre égard d'une ma-
,, niére si inouïe, uniquement parce qu'on
,, croit l'occasion favorable pour envahir le
,, bien d'autrui & s'en emparer, à quoi doi-
,, vent s'attendre ceux à qui le Ciel n'a pas
,, accordé les mêmes forces. C'est ici u-
,, ne cause commune ; il ne s'agit pas seule-
,, ment de notre salut & de celui de no-
,, tre Maison Archiducale, mais du salut
,, pu-

,, public & de la fûreté d'un chacun en particu-
,, lier. Il faut mettre toutes les autres con-
,, fidérations à quartier, lorsqu'on porte at-
,, teinte aux facrés liens de la Société, dont
,, la confervation intéreffé également toutes
,, les Nations. En conféquence, plus le danger
,, eft grand & éminent, plus on doit témoi-
,, gner d'empreffement & de zèle pour fe réu-
,, nir & fe liguer contre un procédé de cette
,, nature.

,, Nous allons avec fermeté au devant du
,, danger, & ne faifons point difficulté de
,, déclarer, que pour toutes les immenfes dé-
,, penfes que nous ferons obligée de faire plus
,, qu'aucun autre pour la fûreté publique,
,, nous n'attendons aucune autre récompenfe,
,, que d'indemnifer entiérement nos Sujets &
,, les Etrangers qui ont prêté des fommes
,, confidérables fur la garantie des Etats de Si-
,, léfie, & de nous procurer, ainfi qu'aux au-
,, tres, des fûretés fuffifantes contre des en-
,, treprifes de cette nature. Au furplus, com-
,, me c'eft ici une affaire qui concerne toutes
,, les Puiffances qui font intéreffées à la con-
,, fervation du Droit de la Nature & des
,, Gens, nous nous adreffons dans les mêmes
,, vues à la plupart des Cours Chrétiennes, &
,, en particulier à celles qui comme nous confi-
,, nent avec le Roi de Pruffe, ou qui font
,, d'ailleurs obligées de nous feconder. Mais
,, nous avons cru qu'avant toutes chofes, nous
,, ne devons pas différer un moment de faire
,, part aux Ambaffadeurs, Miniftres & Con-
,, feillers des Electeurs, Princes & Etats de
,, l'Empire, affemblés à Ratisbonne, d'un é-

L 3 ,, véne-

,, vénement si peu attendu, & en même tems
,, si incroyable, qu'on paroît en douter enco-
,, re après l'avoir vu arriver, & de les requé-
,, rir en même tems d'en faire sans délai leur
,, rapport à leurs Maîtres, & de demander leurs
,, ordres pour dissiper le plutôt possible ce
,, grand & commun danger ; attendu que si
,, jamais le zèle des vrais Compatriotes a dû se
,, réveiller, pour empêcher que le Systême
,, de l'Empire ne fût renversé sans dessus des-
,, sous, il faut que ce soit dans la conjonctu-
,, re présente.

,, Aussi nous flattons-nous d'en recevoir des
,, preuves réelles, & nous nous engageons
,, d'un autre côté à donner dans l'occasion, à
,, la chére Patrie en général & à chacun en
,, particulier, des marques de notre sincére
,, reconnoissance.

Donné à Vienne, &c.

Il étoit de l'intérêt du Roi de Prusse d'effacer les impressions que cette Lettre pouvoit
faire sur l'esprit des Princes de l'Empire, &
de dissiper les craintes que cet illustre Corps
pouvoit avoir de ses entreprises. Il le fit par
une Réponse qu'il envoya à son Ministre à
la Diéte, & dans laquelle il justifioit sa prise
d'armes contre une Puissance qui ne connoissoit aucun Juge dans l'Empire. Mais afin de
donner plus de poids à ses raisons, il assembla
aux environs de Magdebourg une Armée de
quarante mille hommes toute prête à tomber
sur le premier qui oseroit se remuer pour secourir la Reine de Hongrie. Il n'en faloit pas
davantage pour contenir un Corps à-la-vérité

très-

très-formidable s'il étoit uni, mais dans le fond très-foible par les divisions de ses parties ; divisions qui s'étoient fort accrues depuis la mort du Chef de l'Empire, dont la puissance les avoit jusqu'alors comme absorbées, mais non pas détruites.

Cependant, comme on ignoroit ce qui se traitoit entre le Roi de Prusse & la France, on étoit impatient de voir pour qui cette Couronne se déclareroit. Ses forces, sa puissance, & son voisinage, lui donnent une influence naturelle dans les affaires particuliéres de l'Empire ; & il faut être bien ignorant & bien peuple pour dire, comme font aujourd'hui certaines gens ; *pourquoi se mêloit-elle de ces affaires ? que ne laissoit-elle les Allemands se battre entre eux, & vuider eux-mêmes leurs querelles ?* Les Gens sensés n'avoient garde de douter que la France pût ne pas prendre part à des événemens qui la touchoient de si près, & qu'elle pût voir tranquillement le feu de la guerre s'allumer en Allemagne, sans travailler à l'étouffer, ou à l'entretenir pour en retirer quelque avantage. Il n'est pas douteux que le premier n'eût été plus Chrétien ; mais depuis quand les Maximes d'Etat se règlent-elles sur les Maximes de l'Evangile ? Quels sont les Souverains, sans même en excepter ceux qui se disent les Chefs de la Religion, qui négligent l'occasion de s'agrandir, pour faire un Acte de piété ? En est-il un seul dans l'Histoire ? & n'est-ce pas pour sauver le scandale que des entreprises beaucoup plus criminelles ont causé dans l'Eglise, qu'on a inventé la distinction du Pontife, & de son Siége ? Avouons-le ; de

L 4

tout

tout tems & dans tous les fiécles les Souverains n'ont connu d'autre règle de leur conduite, que l'intérêt de leur gloire mondaine,
& la fûreté de leur Trône. Affecter ces maximes à une feule Puiffance, comme font les Au-
teurs périodiques en certains Pays, où ils abu-
fent de la fimplicité du Peuple pour intimider
le Gouvernement, & l'obliger à faire des démarches favorables au parti qu'ils défendent
ou par dépit, ou par intérêt, c'eft renoncer à
la Raifon, au Bon-fens, à l'Equité. On pourroit démontrer par une hypothéfe fort fimple,
que les Puiffances qui font de fi grands efforts
pour la Pragmatique-Sanction, y font pouffées
par leurs intérêts particuliers ; & qu'elles auroient été les premiéres à l'attaquer, fi ces
mêmes intérêts en avoient dû fouffrir. La prémiére propofition n'a pas befoin de preuve.
Il faudroit avoir toujours vécu parmi les Sau-
vages pour n'être pas convaincu de cette vérité. La feconde n'eft pas d'elle - même fi évidente, mais elle le devient en fuppofant une
chofe très-poffible : Savoir, fi le feu Empereur avoit marié fon unique Héritiére au Dau-
phin de France, ou à un Infant d'Efpagne,
c'eft alors qu'on auroit vu les généreux Dé-
fenfeurs de la Pragmatique - Sanction en devenir les plus mortels ennemis. Je ne pouffe-
rai pas plus loin un raifonnement que tout
homme fenfé & équitable peut pouffer lui-
même ; je dirai feulement qu'avant que la France fe fût déclarée, perfonne n'étoit incertain du
parti qu'elle prendroit. En effet quelle apparence qu'elle laiffât échapper une occafion fi
favorable d'affoiblir une Puiffance qui l'avoit
tant

tant de fois mise fur le panchant de fa ruine? Auroit-elle pu oublier la perte du Milanez, la longue & cruelle prifon de Fran-
cois I. le Siége de Marfeille, celui de
Metz, la honteufe Paix de Cateau-Cambre-
fis, & en dernier lieu pendant le Siége de
Landrecies, les menaces d'aller jufqu'à Paris
y dicter les conditions de la Paix? Des traits
de cette nature font trop profondément gravés
dans le cœur des Souverains pour en pouvoir
jamais être effacés. D'ailleurs, fuppofé que
la France eût maintenu la Pragmatique - Sanction, & que le Grand-Duc de Tofcane fût
parvenu à l'Empire, comme cela n'auroit
pas manqué d'arriver, croit-on que ce Prince eût ratifié la Ceffion de la Lorraine?
Croit-on qu'il n'eût pas defavoué un Traité,
qui avoit terminé la guerre à fes dépens,
quoiqu'il n'eût point eu de part à la querelle? En-vérité il auroit donné un exemple,
qui malheureufement n'auroit jamais été imité, & qui n'a jamais eu fon pareil depuis
qu'il y a des Souverains dans le Monde.
Mais fans rien diminuer de la haute opinion que j'ai de la vertu de ce grand Prince, qu'il me foit permis de fuppofer qu'il
auroit fuivi les maximes d'une faine Politique, n'eft-il pas évident qu'il lui auroit été
aifé de reconquérir la Lorraine, fans pourtant que la Tofcane courût aucun rifque, &
qu'il fût obligé de reftituer celle-ci en re-
prenant celle-là. Il faut bien peu connoître
les forces de la Maifon d'Autriche appuyées
de la Dignité Impériale, & ignorer entiére-

L 5

ment

ment la situation de la Lorraine, pour ne pas entrevoir cette facilité. Je ne suis point François, je suis né sur les Terres de la Domination Autrichienne; mais la vérité m'oblige à reconnoître que la France auroit mal entendu ses intérêts, si elle eût pris un autre parti: & l'Histoire qui alléguera pour preuve de la sagesse & de l'habileté du Cardinal de Fleuri l'acquisition de la Lorraine, n'auroit pas manqué de le blâmer, si, plus dévot que politique, il avoit préparé au Grand-Duc les moyens de la recouvrer, poussé à cela par une rare délicatesse de conscience.

Malgré toutes ces raisons qui faisoient assez juger d'avance quelles seroient les démarches de la France, la Cour de Vienne feignit de n'en rien soupçonner, & demanda l'exécution de la garantie. La Reine écrivit au Cardinal une Lettre fort touchante, pour lui exposer la situation où elle étoit par l'attaque imprévue du Roi de Prusse, & le pressant besoin qu'elle avoit d'un secours efficace. On prétend que ce Ministre répondit à Sa Majesté Hongroise qu'elle venoit trop tard. Expression bien basse, & bien peu digne d'un si grand-homme. Car enfin qu'est-ce que cela signifie, *Vous venez trop tard?* Est-ce que la France avoit destiné ses Troupes & ses Trésors à celui qui les demanderoit le premier? Ses vues étoient-elles si peu liées, & ses desseins si peu compassés, qu'elle eût résolu de prendre le parti du premier-venu? En-vérité cela me paroît bien étrange; & cependant il n'est plus permis d'en douter, puisque c'est de la Cour de Vienne même que le Public a su cette partiticularité, répétée par tous les Ecrivains de nouvelles. Il est à-la-vérité assez indifférent à l'Histoire de savoir précisément quelles ont été les expressions & les termes du Cardinal de Fleuri, puisqu'ils ne changent rien à la vérité du fait, qui est que ce Ministre déclara dans sa Réponse à la Reine, que le Roi son Maître ne pouvoit se dispenser de remplir ses anciens engagemens avec la Maison de Baviére, & qu'il réservoit ses secours à l'Electeur de ce nom, au cas qu'il se trouvât dans la nécessité de les reclamer: Que Sa Majesté Hongroise avoit contribué elle-même à cette résolution par sa froideur & par ses défiances envers la France: Qu'elle avoit été mal conseillée, en ne lui faisant aucune ouverture propre à prévenir tout ce qu'elle apréhendoit, & en négligeant un Allié dont elle croyoit ne pouvoir se passer.

Cette Réponse jetta la Cour de Vienne dans de nouveaux embarras. Elle crut devoir se précautionner contre la Baviére; & elle envoya ordre à diverses troupes d'y marcher, lorsqu'elle apprit que l'Espagne faisoit de grands préparatifs pour porter la guerre en Italie, que le Roi de Sardaigne se disposoit à envahir le Milanez, & que la France assembloit deux Armées, l'une en Flandre & l'autre sur le Rhin. Ce fut alors qu'on vit briller cette fermeté héroïque que l'Histoire marquera avec plaisir dans la Vie de l'illustre Reine de Hongrie. Depuis bien des siécles l'Héritiére d'un grand Etat ne s'étoit vue attaquée par tant d'Ennemis à la fois, & n'avoit montré un courage si au-dessus de son
Sexe.

fexe. Mais ni leur nombre, ni le mauvais fuccès de fes armes, ni l'épuifement de fes finances, ne l'épouvantérent. Tout cela ne fervoit que de jour à fon courage. Elle ne fe troubla point, & réfolut de tout rifquer plutôt que de rien céder; elle ne penfa qu'à faire retomber l'orage fur ceux qui l'avoient formé.

Nous verrons dans la fuite de cet Ouvrage, de quelle maniére elle recouvra le Royaume de Bohême qui lui avoit été enlevé, & s'empara de l'Electorat de Baviére, pour fe dédommager de la ceffion de la Siléfie.

Le Roi de Pruffe fe difpofoit à faire le Siége de Brieg, lorfqu'il apprit que le Maréchal de Bellifle aprochoit. Le Roi lui envoya un détachement de cent cinquante Maîtres pour lui fervir d'efcorte, & le reçut avec tous les honneurs poffibles. Ce Seigneur venoit pour mettre la derniére main au Traité dont j'ai déjà parlé, entre Sa Majefté Pruffienne & l'Electeur de Baviére, fous la médiation de la France qui n'y entroit qu'indirectement, & comme Alliée de l'Electeur de Baviére. Mr. le Maréchal avoit été choifi par le Roi fon Maître pour être Ambaffadeur Plénipotentiaire auprès du Corps Germanique. Il avoit été dans les principales Cours de l'Empire, où il avoit trouvé des difpofitions différentes. Les uns, par une inclination naturelle pour la Maifon d'Autriche, n'avoient garde d'entrer dans des engagemens contraires à fes intérêts; les autres étoient retenus par la crainte ou par leur défiance.

Au

Au reste le Maréchal de Bellisle doit jouer un si grand rôle dans l'Histoire de la Guerre de Bohême, que je ne puis me dispenser de le faire connoître ici. Il est fils de Louis Fouquet Marquis de Bellisle, & petit-fils du célébre Nicolas Fouquet Surintendant des Finances mort en 1680. au château de Pigne-rol. Du côté de sa mére, il descend de l'illustre Maison de Ventadour. Son grand-pére ne dut son élevation qu'à son propre génie. Il parvint à la Charge de Surintendant des Finances, & rendit des services importans (1) à l'Etat. C'étoit un homme

me

(1) Il n'a manqué qu'une chose à ces derniers (*les Historiens*); c'est que parlant de la paix & de la guerre, ils n'ont jamais aprofondi ce qu'on appelle l'Epargne, & les Finances. Tous nos Historiens, quand l'occasion s'en est présentée, se sont recriés sur les abus qui s'y commettent, mais pas un n'a fait connoître en quoi consistoit cet abus : semblables à la populace qui crie au Voleur, quand il se commet une violence dans les rues, sans savoir en quoi consiste cette violence, & jusqu'où s'étend le crime. Mais Mr. Fouquet dans ces Défenses, qu'on peut regarder comme de fort bons Mémoires d'Etat, nous a délivrés de l'ignorance où nous étions à cet égard. Il a dit sur ce sujet tout ce qui se peut dire, & a laissé deviner encore bien des choses qui se peuvent supposer, après les principes qu'il a établis. Tout cela est écrit avec une netteté admirable. Il y a des secrets révélés, qui valent aujourd'hui des Mines d'Or au Roi, & des miracles de billets morts & de billets ressuscités, de billets que l'on fait revivre & à qui l'on donne un nouvel être, qui ne se trouvent pas dans la Vie des Saints. . . . . . .
On y voit la différence presqu'incroyable entre le génie de Plutus & celui de Thémis ; c'est-à-dire, entre l'usage reçu dans les Finances & la pratique & les procédures reçues au Palais. En un mot on y trouve tout ce qui peut éclairer un grand Prince touchant son épargne; tout ce qui peut former un habile Financier; & tout ce qui peut nous instruire, pour parler avec science d'un secret, dont nous ne parlions auparavant que comme les aveugles des
cou-

me généreux, le patron des Savans & des Gens de Lettres (1). Ses malheurs l'ont rendu célébre, & on admire la fermeté avec laquelle il supporta sa prison. Le Maréchal de Bellisle est né le 22. Septembre 1684. Etant Colonel de Dragons, & n'ayant guére plus de vingt ans, il se distingua beaucoup en Italie. Il aime la guerre, & n'en déplaise à quelques mauvais Libelles, il a

couleurs. *Vigneul Marville Mélang. d'Hist. & de Litt. Tom. II. p. 459.*

(1) *Ecoutons encore Vigneul Marville T. III. p. 309.* Mr. Fouquet dans son malheur a été le plus heureux homme du monde en amis. Il en a eu de fidéles jusqu'à la mort, ce qui n'a guére d'exemples. La raison qu'on en peut donner, c'est qu'il les choisissoit bien, & qu'il les rendoit bons en les obligeant de bonne grace. Les Gens de Lettres, qui ont eu plus de part que les autres à ses bienfaits, lui en ont temoigné des reconnoissances qui ne doivent point mourir dans la mémoire des Hommes. Loret, dès le lendemain de la détention de Mr. Fouquet, fit connoître dans sa Gazette les obligations qu'il avoit à ce Mécéne. Mr. Pélisson souffrit la prison pour l'amour de lui, & employa toute son éloquence à le justifier. Mademoiselle de Scuderi mit tout son esprit & tout ce grand crédit qu'elle avoit parmi les honnêtes-gens à soutenir la réputation abattue de son bienfaiteur, & de son ami. Mr. de Brebeuf, ne pouvant rien faire davantage pour témoigner sa reconnoissance envers un Ministre si généreux & si libéral, mourut de déplaisir de le voir arrêté. Mr. Pecquet son Médecin ne s'est jamais pu consoler de la perte d'un si bon Maître, & disoit que Pecquet avoit toujours rimé & rimeroit toujours à Fouquet. Les Jésuites mêmes sollicitérent pour Mr. Fouquet, & ne l'oubliérent pas dans un tems où de nouveaux intérêts font oublier de vieilles obligations.

Les Lettres de Madame de Sévigné sont remplies des éloges de ce Surintendant- & l'on sait avec quelle fermeté Mr. de Roquesane, Président au Parlement d'Aix, soûtint qu'il étoit innocent, & opina en sa faveur.

Il n'y avoit pas jusqu'au Poéte Scarron qui n'eût une pension de ce généreux Ministre. Voyez la Vie de ce fameux Poéte Burlesque.

a tout ce qu'il faut pour faire un bon Général.
Il eſt brave d'une bravoure reconnue & ſigna-
lée. Il eſt vigilant, actif. Jamais perſonne
ne l'a trouvé au lit ſoit en campagne, ſoit
en quartier, à quelque heure qu'on ſoit venu
le voir. Il eſt ſobre naturellement, ſimple
dans ſes habits; il mépriſe les commodités
les plus permiſes. En un mot, c'eſt de lui
qu'on peut dire à juſte titre: *fatigato humus
cubile eſt: cibus quem occupat ſatiat: tempora
ſomni arctiora quàm noctis.*

Mais comme il n'eſt point d'homme parfait,
on accuſe Mr. le Maréchal d'être peu ſévére
envers le ſoldat, & de l'être beaucoup envers
le peuple. On le taxe auſſi de trop d'éco-
nomie; reproche qu'on peut facilement s'attirer chez une Nation auſſi généreuſe que la
Françoiſe. Néanmoins il eſt de l'équité de
n'y pas ſouſcrire aiſément, & de ſe reſſouve-
nir de la figure que ce Seigneur a faite à
Francfort, qui n'eſt certainement pas celle
d'un avaricieux.

Toutes les nouvelles de ce tems-là ſont
pleines de ſa magnificence extraordinaire, ſes
ennemis-mêmes en ont été dans l'admiration;
& quoiqu'il ſoit certain que le Roi ſon Maître lui fourniſſoit des ſommes conſidérables
pour ſoutenir cette dépenſe immenſe, je ſai
néanmoins de bonne part qu'il lui en a couté plus de cent mille écus du ſien; ſans
compter que ce n'eſt pas mal confondre un
reproche d'avarice, que d'employer ſi bien
les ſommes deſtinées par un Monarque, &
qu'il n'eſt pas rare de voir des Miniſtres
en

en faire un tout autre ufage , plus avides de s'enrichir aux dépens de la gloire de leur Maître , qu'inquiets fur ce qu'on en pourra penfer.

Il eft très-probable que le zèle & la fidélité du Maréchal à fervir fon Maître lui ont attiré tous ces traits infipides répandus dans cent mauvaifes Brochures. Mais quoi qu'il en foit, il nous fuffit de favoir que le Maréchal Duc de Bellifle eft non feulement bon Général, mais grand Politique & habile Négociateur. C'eft lui qui conçut le projet de mettre l'Electeur de Baviére fur le Trône Impérial, & qui fut chargé de l'exécution : car pour ce qui eft de feconder puiffamment les prétentions de ce Prince fur l'Héritage du feu Empereur, c'étoit une réfolution prife depuis longtems , comme il feroit aifé de le prouver par toutes les circonftances des Négociations qui précédérent la mort de ce Monarque.

Le Maréchal ne demanda , pour venir à bout de fon deffein , qu'une Armée de trente-cinq à quarante mille hommes, outre le fecours promis à l'Electeur ; & exigea que cette Armée vint fe pofter en Weftphalie, pour tenir en échec les Electeurs d'Hannovre, de Tréves & de Mayence, & donner en même tems de l'inquiétude aux Hollandois pour les empêcher de penfer à autre chofe qu'à leur propre fûreté.

On lui promit que l'Armée s'affembleroit , & fe mettroit en marche inceffamment pour aller donner à fes Négociations le poids néceffaire. Sur cela le Maréchal partit , & arriva

riva, comme je l'ai dit, au Camp du Roi de Prusse. Il trouva que le Marquis de Vallory avoit beaucoup avancé la négociation avec ce Monarque. Le Maréchal acheva ce grand ouvrage, & n'ayant plus rien à faire, il prit congé de Sa Majesté Prussienne, & retourna à Francfort par la Saxe. Il s'arrêta quelques jours à Dresde & y négocia si bien qu'il disposa le Roi de Pologne à entrer dans le projet du partage des Etats de la Maison d'Autriche, desorte que peu après ce Monarque conclut une Alliance offensive avec le Roi de Prusse & l'Electeur de Baviére.

Les expéditions militaires alloient toujours leur train en Siléfie. Le Feld-Maréchal de Neiperg, après sa retraite, s'étoit venu poster derriére la Neiss, d'où il entendoit le bruit du Siége de Brieg, sans pouvoir, ou sans oser rien entreprendre pour délivrer cette Place. Il entretenoit quelques intelligences dans Breslau, Ville puissante & la Capitale de la Siléfie ; mais le Roi de Prusse en ayant eu avis le prévint, & fit un détachement de son Armée, qui s'empara de la Place & desarma la Garnison, après avoir fait prêter aux principaux Habitans le serment de fidélité à Sa Majesté Prussienne. Il ne se passoit guére de jour qu'il n'y eût quelque escarmouche entre les troupes légéres des deux Armées, où tantôt l'un avoit l'avantáge, tantôt l'autre, comme cela arrive d'ordinaire dans ce qu'on appelle la petite guerre.

Le Comte Picolomini Gouverneur de Brieg, qui s'étoit tant distingué dans la derniére guerre des Turs, en défendant *Méadia*, ne tint que quatre jours de tranchée ouverte, & se rendit au Roi de Prusse, manque de vivres & d'autres choses nécessaires.

Pendant ce tems-là, les Ministres d'Angleterre n'avoient rien oublié pour procurer un accommodement entre la Reine de Hongrie & le Roi de Prusse. Mr. Robinson étoit venu exprès de Vienne pour faire des propositions à ce Prince; mais tout cela n'avoit rien produit. Enfin le Comte Neiperg eut lui-même une Conférence particuliére avec Sa Majesté Prussienne. Il ne lui cacha pas que les mouvemens de l'Electeur de Baviére donnoient de l'inquiétude à la Reine, & qu'Elle achetteroit volontiers, par une cession raisonnable, l'amitié de Sa Majesté Prussienne. Mais quand il vint à expliquer la nature du sacrifice, le Roi ne le trouva pas proportionné à ses prétentions. La négociation traîna encore quelque tems, & le bruit se répandit que Leurs Majestés Hongroise & Prussienne étoient d'accord; mais ce bruit se trouva faux.

Cependant l'Electeur de Baviére ayant eu des avis certains que deux Armées Françoises étoient en marche pour entrer en Allemagne, assembla ses troupes près de Scharding. Son Armée étoit forte d'environ vingt mille hommes.

Il fit un détachement de Grenadiers, qui s'approchérent de Passau, & se posta vis-à-vis la porte par où l'on entre du côté du Château. En même tems un Bailli se présenta sur les cinq heures du matin à une autre porte

té nommée de *St. Swerin*, qui lui fut ouverte.
Il paſſa par la Ville comme s'il eût voulu la
traverſer, & ſe fit ouvrir la porte près de laquelle étoit le Détachement Bavarois. Le
Caporal de la Garde l'y ayant conduit, le
Bailli le ſaiſit tout d'un coup par la main, &
cria au Détachement d'avancer; ſur quoi les
Grenadiers Bavarois étant accourus, s'aſſuré-
rent du Caporal. Le reſte du Détachement
entra dans la Ville, deſarma la Garde du Prin-
ce-Evêque, & ſe répandit de tous côtés. La
choſe fut exécutée avec tant de promtitude &
de célérité, que les Bavarois ſe virent en un
moment maîtres de la Place, à l'exception du
Château où l'Evêque fait ſa réſidence. Le
Général Minuzzi, qui commandoit les Bavarois, envoya un Officier à ce Prélat pour lui
remettre une Lettre de l'Electeur, portant en
ſubſtance „ Que la conjonéture critique dans
„ laquelle on ſe trouvoit, obligeant Son Al-
„ teſſe Electorale de veiller à la ſûreté de
„ ſon Electorat, Elle prioit Son Alteſſe Emi-
„ nentiſſime de vouloir bien évacuer le Châ-
„ teau de Paſſau, & de trouver bon que les
„ Troupes Bavaroiſes l'occupaſſent auſſi long-
„ tems que les circonſtances pourroient l'exi-
„ ger: Qu'Elle l'aſſuroit & lui promettoit,
„ que cette évacuation ne porteroit pas le
„ moindre préjudice à la Supériorité territo-
„ riale, ni à ſes autres Droits: Qu'Elle n'a-
„ voit pas non plus le moindre deſſein de
„ toucher à ſes revenus: Que ſon intention
„ étoit que ſes troupes ne fuſſent point à
„ charge, & qu'Elle avoit réglé tout ce qui
„ regardoit leur ſubſiſtance: Qu'Elle eſpéroit

M 2

„ donc

,, donc que Son Alteſſe Eminentiſſime ne feroit
,, aucune difficulté d'évacuer le Château ; que
,, ſi cependant le contraire arrivoit, toutes
,, les meſures étoient priſes pour s'en empa-
,, rer par la force : Qu'en ce cas, on ſeroit
,, obligé de mettre dans Paſſau une Garniſon
,, qui ne pourroit qu'incommoder les habi-
,, tans : Que tous ces inconvéniens pouvoient
,, être évités, en remettant le Château ſans
,, délai aux Troupes de Son Alteſſe Electo-
,, rale ; & que, ſi l'on prenoit ce parti, on
,, ne mettroit dans la Ville que les Troupes
,, néceſſaires pour garder les trois ponts ſur
,, l'Inn & l'Arcenal.

L'Evêque de Paſſau ayant reçu cette Lettre, demanda quelque tems pour délibérer
ſur le parti qu'il devoit prendre Le Général
Minuzzi n'y voulut point conſentir, & fit
répondre que l'Evêque n'avoit qu'à ſe déterminer au plus vite ; que tout ce qu'il pouvoit faire, c'étoit de lui accorder deux heures. Sur quoi ce Prélat lui fit ſignifier une
Proteſtation, par laquelle il déclaroit qu'il
ſouffroit cette violence, parce qu'il n'étoit
point en état de s'y oppoſer ; que dès que
la force l'emportoit ſur la juſtice, ceux qui
ſe trouvoient les plus foibles étoient obligés
de céder ; & qu'il proteſtoit, de la maniére
la plus ſolennelle, contre toutes entrepriſes
faites ou à faire en cette occaſion.

L'Electeur, voulant prévenir les jugemens
du Public ſur cette entrepriſe, écrivit la Lettre ſuivante à ſon Miniſtre à la Diéte.

,, On apprendra ſans-doute bientôt à Ra-
,, tisbonne, où l'on a peut-être déjà appris
,, que

,, que Nous nous sommes assurés ces jours-
,, ci de la Ville de Passau & de son Châ-
,, teau appellé *Oberhaus*, & y avons mis u-
,, ne Garnison de nos Troupes.

,, Comme il convient que vous soyez in-
,, struit de cette démarche de notre part, &
,, sur-tout que vous n'ignoriez pas les raisons
,, qui Nous ont porté à la faire, vous saurez
,, qu'elles sont fondées sur le même Droit
,, de la Nature qui Nous oblige de pourvoir
,, à la sûreté de nos Etats, ainsi que sur
,, tous les autres Droits qui Nous autorisent
,, à prévenir un dommage irréparable, dont
,, Nous étions menacés, de-même que nos
,, Sujets, & qu'on ne pouvoit absolument
,, pas éviter, à-moins que d'avoir recours à
,, cet expédient ; d'autant que Mr. le Cardi-
,, nal-Evêque de cette Ville n'auroit pas eu
,, longtems la liberté de s'excuser de recevoir
,, les Troupes que la Cour de Vienne lui
,, avoit proposé de faire entrer dans sa Ville,
,, ou de s'opposer à la force, si on avoit vou-
,, lu l'employer pour les y faire entrer ; les
,, Troupes qui sont dans le voisinage de Lintz,
,, & qu'on apprend qui augmentent tous les
,, jours en nombre, étant plus que suffisan-
,, tes pour l'exécution de cette entreprise ;
,, desorte que le moindre délai étant dange-
,, reux, il n'a été question que de faire le
,, premier ce que d'autres avoient envie de
,, faire avant Nous.

,, Ces circonstances justifient pleinement
,, notre conduite devant Dieu & devant les
,, Hommes, puisqu'il est évident que Nous
,, n'avons fait que ce qu'une nécessité in-

M 3   ,, dis-

,, difpenfable Nous obligeoit de faire, dans
,, la vue de mettre nos Etats à couvert du
,, danger inévitable dont ils étoient mena-
,, cés.

,, Nous pourvoyons nous-mêmes à la fub-
,, fiftance des Troupes que Nous avons mifes
,, en garnifon à Paffau, fans qu'elles foient
,, aucunement à charge aux Habitans & aux
,, Sujets du Pays, qui n'ont pas befoin de
,, leur fournir autre chofe que le loge-
,, ment.

,, Nous avons fur-tout eu foin de donner
,, au Cardinal-Evêque les affurances les plus
,, fortes, que Nous n'avons pas intention de
,, donner la moindre atteinte à fa Supériorité
,, territoriale, & moins encore de Nous em-
,, parer de fes revenus ; mais qu'au-contraire
,, Nous fommes réfolus de remettre en fon
,, pouvoir la Ville & le Château, avec l'Ar-
,, cenal & les munitions, auffitôt que le dan-
,, ger fera paffé. Nous avons pareillement
,, enjoint très-férieufement au Comte Minuz-
,, zi Vice-Préfident de nos Confeils de Finan-
,, ces & de Guerre, Général d'Artillerie, que
,, Nous avons chargé d'occuper la Ville de
,, Paffau & d'y mettre Garnifon, de faire
,, obferver bon ordre à fes Troupes, & de
,, leur interdire toutes voies de fait, ce qu'il
,, a exécuté avec tant de ponctualité, à no-
,, tre fatisfaction & à celle du Cardinal-Evê-
,, que, qu'il n'auroit guére été poffible de
,, procéder avec plus de ménagement, &
,, d'exécuter plus doucement une entreprife
,, de cette nature.

,, Cela étant ainfi, Nous nos flattons que
,, per-

„ personne ne trouvera à redire à cette dé-
„ marche, & cela d'autant moins, que Nous
„ avons donné à Mr. le Cardinal notre parole
„ Electorale, de la maniére la plus obligatoi-
„ re, qu'en mettant une Garnison dans la
„ Ville, Nous ne prétendons aucunement
„ nous arroger aucune autorité au préjudice
„ de sa Personne & de sa Principauté: que
„ nos Troupes observeront une si bonne Dis-
„ cipline qu'il n'en souffrira aucune incommo-
„ dité, ni les siens non plus; mais qu'au-con-
„ traire elles lui rendront non seulement tout
„ le respect qui lui est dû, mais le protége-
„ ront avec les siens. C'est pourquoi Nous
„ nous promettons, que Mr. le Cardinal se
„ prêtera avec d'autant plus de facilité à cet-
„ te démarche (qui loin de tendre au desa-
„ vantage de personne, n'a pour but que la
„ sûreté de nos Etats & des siens, à laquelle
„ Nous sommes aussi obligé de pourvoir en
„ qualité de Colonel du Cercle) que son in-
„ térêt & celui de son Pays & de ses Sujets,
„ qui étant les seuls enclavés dans nos Etats,
„ en retirent le même avantage que nos pro-
„ pres Sujets, ne demandoit pas moins que
„ le nôtre, qu'on eût sans délai recours à ce
„ reméde, qui étoit unique dans la circon-
„ stance.

Le Cardinal ne manqua pas de se plaindre
à l'Electeur même du procédé en question,
mais il n'en eut aucune satisfaction. La situation de Passau entre la Baviére & l'Autriche ne pouvoit qu'attirer l'attention des deux
Partis. L'Electeur de Baviére avoit des vues
sur la Haute-Autriche, dont Passau est comme

la clé. Il prit le parti de s'en affurer, avant que les Autrichiens s'en emparaffent pour rompre fes defeins. La Reine de Hongrie ne pouvant autrement rémédier à cet accident, tâcha d'en tirer le parti ordinaire, c'eft-à-dire, de le repréfenter fous des couleurs capables de rendre la conduite de fon Ennemi auffi odieufe qu'il feroit poffible. Dans cette vue elle écrivit deux Lettres fort vives, l'une à l'Evêque de Paffau, l'autre aux Miniftres qu'elle avoit dans les Cours étrangéres.

,, J'ai *vu, difoit-elle à ce Prélat, par la
,, Lettre de l'Electeur de Baviére, datée du
,, 24. du mois dernier, laquelle m'a été com-
,, muniquée, que pour juftifier une démarche
,, auffi contraire aux Droits & aux Conftitu-
,, tions de l'Empire, que l'a été l'invafion
,, violente de votre réfidence, au mépris de
,, Votre Dilection, en la forçant de plus à re-
,, cevoir garnifon dans fa Fortereffe d'Ober-
,, haus, on ait allégué dans cette Lettre, que
,, l'Electeur de Baviére, *craignant une inva-
,, fion dans fes Etats, a voulu prévenir les def-
,, feins de notre Cour; que fes vues ne tendoient
,, aucunement au préjudice de qui que ce foit,
,, mais qu'elles n'avoient pour objet que le main-
,, tien & la défenfe de Votre Dilection & de
,, fon Pays; & enfin que la Garnifon n'y refte-
,, roit que jufqu'à ce que le danger fût paffé.*

,, Votre Dilection connoît mieux que per-
,, fonne le peu de fondement de ces prétex-
　　　　　　　　　　　　　　　　　　　,, tes,

* Lettre de la Reine de Hongrie au Cardinal - Evêque
de Paffau.

,, tes, & elle ne doit point ignorer quel peut
,, avoir été le sujet du voyage du Major &
,, du Commandant d'Oberhaus à Ratisbonne;
,, par conféquent elle ne doit pas être furpri-
,, fe qu'il fe trouve des gens qui par toute
,, forte de fauffes infinuations favent furpren-
,, dre la Religion de l'Electeur de Baviére,
,, & l'induire à des entreprifes fi préjudicia-
,, bles au Bien-public.

,, C'eft une chofe connue, tant au-dedans
,, qu'au dehors de l'Empire, que depuis long-
,, tems on médite d'envahir mes Royaumes,
,, & mes Provinces Héréditaires. Je n'ai pu
,, ni voulu d'abord ajoûter foi à de pareils
,, bruits, & dans cette idée j'ai ordonné au
,, peu de Troupes qui étoient dans les Pro-
,, vinces d'Autriche, de marcher en Siléfie.
,, Cependant, comme on faifoit de la part de
,, la Cour de Baviére des préparatifs extraor-
,, dinaires de guerre, & qu'on ne faifoit plus
,, de myftére de l'envoi d'un Corps de Trou-
,, pes étrangéres, fous le nom de Troupes
,, auxiliaires, j'aurois manqué à ce que je
,, dois à mes fidéles Royaumes & Etats héré-
,, ditaires, ainfi qu'au bien & à la tranquillité
,, publique, & j'en aurois été refponfable de-
,, vant Dieu & les Hommes, fi pour ma pro-
,, pre défenfe je n'avois ordonné la marche
,, des Régimens dont il eft fait mention dans
,, ladite Lettre.

,, D'un côté perfonne ne pourra croire que
,, dans le tems que je me fuis trouvé engagée
,, dans une guerre onéreufe, j'aye fongé à
,, troubler en aucune maniére le repos de

M 5

,, mes

,, mes voifins. D'un autre côté les Régimens
,, ordonnés étoient en fi petit nombre, qu'ils
,, ne devoient & ne pouvoient caufer le
,, moindre ombrage à l'Electeur de Baviére;
,, d'autant plus qu'il n'ignore pas le défir fin-
,, cére que j'ai d'établir une union perpétuel-
,, le entre Nous & fa Maifon Electorale. Je
,, perfifte dans ce défir, & il ne dépend que
,, de Sa Dilection que tous les Différends ne
,, foient terminés tout d'un coup & à ja-
,, mais.

,, Et afin de convaincre plus évidemment
,, l'Empire & le Monde entier de l'injuftice
,, de l'autre Parti, & de détruire tout ce
,, qu'on pourroit alléguer pour la juftifica-
,, tion de cette entreprife, j'offre, au cas
,, que l'Electeur de Baviére veuille retirer
,, fes Troupes de votre Réfidence & de la For-
,, tereffe d'Oberhaus, de lui donner les affu-
,, rances les plus fortes, que je n'y ferai ni
,, n'ai envie d'y faire entrer un feul homme
,, de mes troupes. Je ne fuis pas moins
,, difpofée, pourvu qu'on le foit pareillement
,, de la part de l'Electeur de Baviére, à l'affu-
,, rer entiérement, & de la maniére la plus con-
,, venable qu'il fe puiffe, qu'il ne fera fait de no-
,, tre part aucune invafion. Si les affuran-
,, ces mentionnées dans la Lettre de l'Elec-
,, teur de Baviére font fincéres, favoir *que
,, fa Garnifon n'y reftera que jufqu'à ce que le*
,, *danger foit paffé*, rien ne pourra empêcher,
,, après ce que je viens d'alléguer, que Vo-
,, tre Dilection ne foit bientôt délivrée des
,, Troupes étrangéres. Je le fouhaite de tout
,, mon

,, mon cœur, tant par rapport à la tranquil-
,, lité publique de l'Empire, que par la part
,, que je prens au repos & au contentement
,, de Votre Dilection.

Voici l'autre Lettre dont nous avons parlé.

,, Le† premier de ce mois, on apprit ino-
,, pinément, qu'un Détachement de six cens
,, hommes de Troupes Bavaroises étant entré
,, à l'improviste dans la Ville de Passau, avoit
,, obligé la Garnison à mettre bas les armes,
,, & à abandonner ses postes; qu'ensuite il
,, avoit entouré la résidence du Prince, &
,, tâché d'obliger par-là le Cardinal Evêque
,, à rendre la Citadelle, appellée *Oberhaus*;
,, mais que Son Eminence s'étant excusée de
,, le faire, on avoit employé la force, au
,, moyen dequoi on l'avoit occupé, & forcé
,, la Garnison à en ouvrir les portes, comme
,, le prouve plus amplement la rélation ci-
,, jointe.

,, Nous n'entreprendrons pas de relever
,, l'irrégularité de cette démarche inouïe: la
,, chose parle d'elle-même, & il suffit de la
,, rapporter telle qu'elle est, là où vous êtes.
,, L'envoi que Nous avons cru devoir faire de
,, quelques Régimens d'Infanterie & de Ca-
,, valerie dans nos Etats qui confinent à ceux
,, de Baviére, pour notre propre défense, &
,, uniquement pour repousser toute violence
,, injuste, fournira peut-être à cette Cour un
,, prétexte de dire qu'on a cru devoir Nous
,, prévenir. Mais Nous croyons pouvoir nous
,, flatter que tout l'Univers est intimement

,, COn-

† Seconde Lettre de la Reine de Hongrie à ses Ministres
dans les Cours étrangéres, sur le même sujet.

,, convaincu, que Nous ne sommes pas dans
,, le cas de songer à troubler la tranquillité
,, de personne, mais uniquement à défen-
,, dre nos Etats, & à Nous mettre en pos-
,, ture contre les nombreux & évidens dan-
,, gers dont Nous sommes menacés. Toute
,, la Chrétienté sait aussi-bien que l'Empire,
,, que Nous avons détruit les prétentions de
,, la Maison de Baviére, par l'inspection du
,, Testament sur lequel elle avoit voulu les
,, fonder ; de quelle maniére on en a agi de-
,, puis longtems à notre égard, & qu'il s'en
,, faut bien peu que ce n'ait été en ennemi.
,, Cependant Nous n'avons opposé que la dou-
,, ceur & la modération à ce procédé, &
,, n'ayant pour but de notre conduite que le
,, Bien-public, Nous avons donné toutes sor-
,, tes de preuves de notre ardent désir de ré-
,, tablir, s'il est possible, la bonne intelligen-
,, ce avec la Maison de Baviére, d'une ma-
,, niére satisfaisante pour l'un & pour l'autre,
,, désir qui subsiste encore en son entier. Nous
,, avons même poussé la confiance qu'on imi-
,, teroit notre exemple, jusqu'à faire marcher
,, vers la Silésie la plus grande partie des
,, Troupes qui étoient destinées à la défense
,, de nos Etats d'Autriche, mais le mal étant
,, devenu plus grand de jour en jour, & la
,, Baviére augmentant continuellement les
,, préparatifs de guerre au-dedans & au-de-
,, hors, & le bruit d'une prochaine invasion
,, de sa part étant devenu général, Nous
,, manquerions à ce que Nous nous devons
,, à Nous-mêmes & à nos Sujets, si Nous ne
,, pourvoyions à notre propre sûreté sans of-
,, fen

,, fenfer perfonne. Nous n'avons jamais ou-
,, trepaſſé ces bornes, ni rien fait ou entre-
,, pris qui pût tendre à obliger un Etat li-
,, bre de l'Empire à faire quoi que ce fût con-
,, tre ſa volonté. Au-contraire, afin de tran-
,, quilliſer le Cardinal de Lamberg Evêque
,, de Paſſau, & ne lui laiſſer aucun ſujet
,, d'apréhenſion, Nous lui avons fait à ce
,, ſujet toutes les déclarations convenables, &
,, lui avons donné les aſſurances les plus fortes.

,, Au reſte, ſans Nous arrêter à relever tout
,, ce qu'il y a d'odieux dans cette démarche,
,, & pour détruire tout ce qu'on pourroit al-
,, léguer pour la colorer, Nous ſommes prêts
,, à donner les aſſurances les plus fortes, que
,, Nous ne nous emparerons jamais de la Vil-
,, le de Paſſau, ni de ſon Château, & n'y
,, mettrons point de garniſon, ſi la Cour de
,, Baviére veut faire la même déclaration,
,, donner les mêmes aſſurances, & retirer
,, des Troupes qu'elle y a, &c.

Après la priſe de Paſſau, l'Electeur de Baviére ayant été joint par une partie de l'Armée
que la France envoyoit à ſon ſecours, entra
dans la Haute-Autriche, Pays ouvert, où la
meilleure Place n'avoit pas même de foſſés.
Le peu de Troupes que la Reine y avoit fait
marcher pour le défendre, ſe retiroit en hâte, de
peur d'être coupées par une ſi puiſſante Armée.
Il s'empara d'abord de Lintz, qui en eſt la Capitale. C'eſt une Ville grande, mais mal bâtie, & point fortifiée. Elle a un vieux Château qui ne vaut pas mieux. C'eſt dans cette
Ville que mourut en 1685. Charles IV. Duc
de Lorraine & de Bar, Ayeul du Prince Char-

les d'aujourd'hui, qui paroît avoir hérité de la valeur & de la capacité de ce Héros. De Lintz l'Electeur se rendit maître d'Ens & de Steyr, & ayant passé la Riviére d'Ens il menaça Vienne d'un siége, moins dans la vue de tenter une pareille entreprise, que pour cacher ses véritables desseins. Cette manœuvre jetta la terreur dans Vienne, tout ce qu'il y avoit de grand & d'auguste dans cette Ville se sauva à Presbourg ou à Gratz en Stirie. On emporta les meubles & les joyaux les plus précieux, & jusqu'aux Bibliothéques. On abattit les fauxbourgs qui n'étoient pas fortifiés, & les Palais qui tenoient aux fortifications de la Ville. Ces fortifications, qui en plusieurs endroits avoient été négligées & tomboient en ruines, furent incessamment réparées. On y employoit continuellement un grand nombre de Travailleurs. Quelques vieux Régimens se jettérent dans la Place pour la défendre. On fit prendre les armes aux Bourgeois & aux Etudians. On remplit les Magazins. En un mot, on se prépara à soutenir un long siége, qui n'avoit pas la moindre apparence, attendu que de la part de l'Electeur on n'avoit fait aucun des préparatifs nécessaires pour une telle entreprise, & qu'avant que tout eût été prêt la saison se seroit trouvée trop avancée; car on étoit alors en Septembre, tems déjà peu propre aux expéditions militaires. Tout ce que l'Electeur auroit pu faire, ç'auroit été de la bloquer pendant l'hiver, & de l'assiéger au retour de la belle saison; mais avant ce tems-là il auroit fallu essuyer tant de combats & d'escarmouches, & peut-être tant de maladies, qu'il se seroit vu sans Armée.

lors-

lorſqu'il en auroit eu le plus de beſoin. Il falloit à ce Prince des conquêtes faciles ; car ſans compter l'inconvénient de la ſaiſon, il eſt bon de remarquer qu'il manquoit des fonds néceſſaires à applanir les difficultés d'une guerre où il faut vivre à ſes dépens, & fournir aux fraix immenſes que demandent des entrepriſes d'autant plus difficiles, qu'elles ont été prévues de l'Ennemi, & qu'il a eu le tems de s'y préparer. Auſſi ſe contenta-t-il de lever de groſſes contributions dans la Haute & Baſſe - Autriche, & de pouſſer des partis juſqu'à quatre lieues de Vienne ; il fit même la tentative de ſommer le Comte de Kévenhuller Gouverneur de cette Capitale, & lui adreſſa un paquet de Lettres pour la Reine de Hongrie, ſous le Titre de *Grande-Ducheſſe de Toſcane.* Le Comte les rendit au Trompette qui les avoit apportées, ne voulant pas recevoir des Lettres où l'on ne donnoit pas les Titres dus à la Reine ſa Maîtreſſe. Mais il retint le Courier qui lui avoit ſignifié la ſommation, & dépêcha un Exprès à Presbourg pour ſavoir les ſentimens de la Reine. Sa Majeſté fit réponſe : *Qu'Elle mettoit trop de confiance dans le zéle & l'affection de ſes fidéles Etats & Sujets de la Baſſe-Autriche, pour n'être pas perſuadée de l'éloignement qu'ils auroient à écouter des propoſitions ſi contraires à leur devoir ; Qu'Elle eſpéroit donc qu'ils les rejetteroient d'une maniére convenable, & qu'ils ne ceſſeroient de demeurer attachés à leur Soûveraine, & de faire tous leurs efforts pour repouſſer les Ennemis qui la perſécutoient.*

Le Comte de Kévenhuller renvoya là-deſfus le Courier Bavarois, après lui avoir déclaré : *Que les fidéles Etats & Sujets de la Baſſe-Autriche demeureroient inviolablement attachés à la Reine : Que leur fidélité leur feroit ſouffrir tous les maux que les Ennemis de Sa Majeſté pourroient leur préparer ; & qu'ils ſacrifieroient leurs biens & leurs vies pour défendre leur Souveraine.*

Cette réponſe fit connoître à l'Electeur de Baviére que la priſe de Vienne n'étoit pas une choſe aiſée, & qu'on y étoit diſpoſé à ſe bien défendre. Ce Prince, content de la conquête de l'Autriche ſupérieure, ne penſa qu'à s'en aſſurer la poſſeſſion. Dans cette vue il convoqua les Etats du Pays à Lintz, & s'y fit prêter hommage avec beaucoup de ſolemnité ; enſuite il fit faire quelques fortifications à cette Ville, autant qu'il en faloit pour la mettre à couvert des inſultes des Coureurs, mais non pas aſſez pour la rendre capable de ſoutenir un ſiége.

Cependant la Reine de Hongrie avoit aſſemblé les Grands du Royaume à Presbourg, pour aviſer aux moyens de pouvoir réſiſter aux Ennemis qui fondoient ſur Elle de toutes parts. Elle les avoit émus par une harangue des plus touchantes, & par la vue du petit Archiduc ſon Fils, qu'Elle leur avoit préſenté habillé à la Hongroiſe. Il faut quelquefois peu de choſe pour toucher les hommes, & les tourner aux ſentimens. Ces Seigneurs, émus de compaſſion, & peut-être animés par des ſentimens de reconnoiſſance pour une Princeſſe qui leur avoit rendu tous les priviléges dont ſes Ancêtres les avoient dépouillés au prix de tant de ſang répandu, proteſtérent qu'ils expoſeroient leurs biens & leur vie pour

main-

maintenir Sa Majeſté dans la poſſeſſion de ſes Etats, & qu'ils la défendroient contre quiconque s'étoit déclaré ou ſe déclareroit ſon ennemi.

Les Hongrois deſcendent des Huns, Peuple féroce, dont les fréquentes migrations ont été ſi funeſtes à l'Europe. Ils ont comme eux un parfait mépris pour tout ce qu'on appelle Sciences & Beaux-Arts : triſte héritage de leurs Ancêtres, qu'aucune autre Nation, je penſe, ne s'aviſera de leur envier, & que le voiſinage des Turcs a merveilleuſement entretenu dans toute ſa force. Ils joignent à ce mépris pour les Lettres tout ce qui en eſt la ſuite naturelle. Ils ne ſavent ce que c'eſt que la politeſſe des mœurs, la délicateſſe des ſentimens, & ces maniéres obligeantes & gracieuſes qui ſont les ſuites de la bonne éducation, & des ſoins qu'on a pris de former l'eſprit & le cœur. A la réſerve de quelquesuns des premiers du Royaume, nés, pour ainſi dire, dans le ſein de la Cour de l'Empereur, tels que les Palſi, les Eſterhaſy & peu d'autres, le reſte de la Nobleſſe eſt élevée dans une ignorance ruſtique, & ne s'occupe que de chaſſe & de guerre. Le Clergé n'eſt ni plus ſavant, ni plus civil ; à peine trouveroit-on dequoi former une Bibliothéque trèsmédiocre de tous les Livres qui ſont en Hongrie. Tous les Eccléſiaſtiques, & tous les Gentilshommes parlent & entendent le Latin ; cette Langue eſt même aſſez commune dans le tiers-état ; mais peu de Hongrois ſavent qu'il y ait eu des Romains, quels Pays ils habitoient, & quelles gens c'étoient. L'Architecture, la Peinture, la Poéſie, la Muſique, l'Aſtronomie, les Antiquités, & tant d'autres Sciences qui diſtinguent les Nations Civiliſées d'avec les Barbares, ne ſont pas même connues chez eux. Contens d'avoir dans leur Pays du grain, de bon vin, les meilleurs bœufs du monde, & en général tout ce qui eſt néceſſaire à la vie, avec des Mines d'argent, ils n'ont jamais ſongé à pouſſer leur commerce fort loin. Le peuple y eſt pauvre, & eſt eſclave des Grands ; il eſt naturellement porté au pillage. La Nobleſſe a toujours paru fort jalouſe de ſa liberté. Outre le Privilége qu'elle avoit, conjointement avec le Clergé, d'élire le Souverain, elle en avoit encore un autre aſſez ſingulier, qu'elle acquit ſous André II. & qui étoit que dès que le Roi entreprenoit quelque choſe de contraire aux anciens Uſages & Statuts du Royaume, le plus petit Gentilhomme étoit en droit de s'y oppoſer même violemment, & il ne manquoit guére d'être ſoutenu par le reſte de la Nobleſſe dans ſon oppoſition. Mais les Rois de la Maiſon d'Autriche trouvérent le ſecret de rendre la Couronne héréditaire, & d'abolir tous ces Priviléges, ſi funeſtes à l'Autorité Souveraine.

La Hongrie eſt diviſée en plus de ſoixante & dix Comtés. Autrefois, quand il s'agiſſoit de la défenſe du Royaume, les Seigneurs de ces Comtés levoient un certain nombre de Payſans chacun dans leur Diſtrict, & ces différens Corps portoient le nom des principales Villes des Comtés ou de la Province. Les Rois de la Maiſon d'Autriche ayant rendu

leur

leur pouvoir defpotique & arbitraire dans ce Royaume, ne crurent pas, en bonne politique, devoir employer beaucoup de Hongrois dans leurs Armées, de peur de leur fournir en quelque forte des armes contre l'Autorité Royale. Par une fuite du même principe, ils obfervoient de ne point confier les hautes Charges de la guerre à des Hongrois naturels, encore moins les Gouvernemens des Places & des Provinces du Royaume. Les Hongrois fentoient tout le poids du joug qu'on leur impofoit, ils voyoient à regret des Allemands jouïr des plus beaux Emplois, tandis qu'on les négligeoit, & qu'on les vexoit en mille maniéres. Ils combattirent longtems pour leur Liberté mourante. Ils appellérent plufieurs fois le Turc à leur fecours, mais enfin ils fuccombérent à une force fupérieure. Ils éprouvérent alors toute la rigueur de la vengeance du Souverain irrité. Ils furent traités comme des rebelles. On en fit périr par la main du Bourreau, d'autres furent bannis; & ceux qui proteffoient la Religion Proteftante furent furtout livrés à la plus affreufe perfécution; foit qu'ils euffent paru plus zélés que les autres pour la Liberté, foit qu'on crût en effet faire une œuvre agréable à Dieu en les forçant ainfi à renoncer à leurs Opinions.

Comme la Politique des Princes varie felon les circonftances, celle de la Reine de Hongrie a été fort différente de celle de fes auguftes Ancêtres. Elle a rétabli à peu près les Priviléges de la Nation. Les Hongrois partagent actuellement avec les Allemands les principales Charges de la Cour &

de l'Armée. Elle s'eft fervie avantageufement des Milices Hongroifes, que les Etats lui offrirent avec beaucoup de zèle.

Tous les Hongrois généralement font bien faits : on voit parmi eux peu de boffus & de boiteux : ils font robuftes, & propres à fupporter les plus grandes fatigues. Les guerres continuelles qu'ils ont eues chez eux, les ont accoutumés au fang & au carnage. Expofés continuellement au pillage des différens partis, ils fe font aguerris par l'intérêt de leur fûreté particuliére. Là, les Payfans labourent la terre le fabre au côté, & le piftolet à la ceinture ; quelques-uns ont tout près d'eux un cheval bridé & fellé, & à l'approche d'un parti ils montent à cheval, fe raffemblent, repouffent l'ennemi & retournent au travail.

Les *Dolbatfches*, & par corruption *Talpaches*, ne font autre chofe que l'Infanterie réglée & enrégimentée : *Dolbatfche* en Hongrois fignifie *Soldat*, *Fantaffin*. Ils portent de grandes culottes, à peu près comme les Polonois. Ils ont fur la tête un bonnet de fourrure dont la pointe leur defcend le long du dos ; & pour armes, un fufil, deux piftolets & un fabre.

Les *Pandoures*, ou *Bandurs*, font une Milice de l'Efclavonie entre la Save & la Drave, armée à peu près comme les Turcs. Outre une carabine, ils ont quatre & quelques-uns cinq piftolets à la ceinture, un fabre au côté, & un grand couteau affez femblable au *Cangiar* des Janiffaires. Il y a actuellemnt un Corps de ces Pandoures commandés par un certain Baron Trenk, Officier Efclavon, qui a fervi

en

en Ruſſie, & un des hommes des plus féroces qu'on puiſſe voir, comme le prouvent aſſez les affaires qu'il a eues dans le Service Moſco-vite, qu'il a quité pour paſſer dans celui de la Reine de Hongrie. Ces Pandoures de Trenk out une Muſique militaire entiérement ſemblable à celle des Janiſſaires. Ce ſont des gens affreux à voir, tant par leur habillement groteſque que par leur mine hagarde, & aſſez ſemblable à celle de ce Capitaine Suiſſe dont parle Brantome (*), qui faiſoit peur à *los Vilajos que lo miraven, ma no à los deter-minados*, AUX POLTRONS QUI LE VOYOIENT, MAIS NULLEMENT AUX BRAVES.

Les Croates, que les Allemands appellent *Crabates* & les François *Cravates*, ſont les Milices du Ban de Croatie, formées de Payſans féroces & cruels au-delà de ce qu'on peut s'imaginer. L'Allemagne, & ſur-tout la Bohême, n'a pas encore oublié les maux que ces Payſans lui firent dans la Guerre de *trente ans*. Ils y commirent des ravages effroyables.

Les Huſſars compoſent la Cavalerie Hongroiſe. Ils ſont montés ſur de petits chevaux, qu'ils pouſſent avec beaucoup de viteſſe, & qui ſont d'une facile ſubſiſtance. Lorſqu'un Huſſar ſent ſon cheval fatigué, il met pied à terre, lui fait brouter la premiére herbe

be

(*) Des Sold. Diſc. XXXIX. Art. 1. pag. 17. de la dernière édition. Au reſte ce Capitaine Suiſſe s'appelloit Tocquenet. Il étoit vétu de peau d'Ours depuis les pieds juſqu'à la tête. Ses cheveux étoient longs & hériſſés, & ſa barbe de-même, deſorte que, ſelon Brantome, il reſſembloit aſſez à au Diable

be qu'il trouve, & un moment après il re-monte deſſus, & continue ſa marche ou plu-tôt ſa courſe. Les Huſſars ſont armés d'un grand ſabre recourbé, d'un mouſqueton fort court, & de deux piſtolets à l'arçon.

Toutes ces Troupes Hongroiſes, quoique d'ailleurs fort braves, ne ſont, à mon avis, point à comparer à nos Troupes réglées dans les Actions générales; les Pandoures ni les Croates ne ſauroient ſoutenir le choc de nos Bataillons, & les Huſſars encore moins celui de nos Cuiraſſiers, ou des Eſcadrons de notre Cavalerie cuiraſſée ou non. Mais en re-vanche ces Troupes ne pouvoient qu'être d'un avantage infini dans la guerre que la Reine avoit à ſoutenir. C'eſt une choſe con-nue de tous les Généraux qui s'apliquent tant ſoit peu à leur métier, que dans une guerre purement défenſive, il faut éviter les actions déciſives, ne hazarder qne les eſcarmouches, tenir continuellement l'Ennemi en allarme, ne lui pas donner le loiſir de ſe fortifier, tâcher de gagner du tems & de lui en faire perdre, lui couper ſes convois, lui rendre ſa ſubſi-ſtance difficile, le harceler continuellement, ne lui laiſſer ni paix, ni tréve, même durant l'hiver; de cette maniére on le verra bientôt diminuer à vue d'œil. La diſette cauſée par l'enlévement de ſes convois, & les fatigues continuelles lui améneront les maladies épi-démiques; & le monde qu'il aura perdu dans les embuſcades qu'on lui aura dreſſées, ſera une conſidérable diminution de ſes forces.

La guerre que la Reine de Hongrie avoit à ſoutenir, étoit abſolument de cette eſpéce.

Ses

Ses Armées n'avoient agi que défensivement même en Siléfie, où il s'étoit donné une bataille qu'elle avoit perdue, plus par l'impéritie de fes Généraux, que faute de bravoure de la part de fes Troupes. Mais ceux à qui elle en confia dans la fuite le commandement, pouſſérent la fcience de la Défenſive auſſi loin qu'elle pouvoit aller. Ils en recueillirent les fruits, & il ne fut pas étonnant de voir trente mille François recrus & fatigués d'une marche de plus de deux cens lieues, combattant tout l'hiver parmi les neiges & les glaces, fans avoir eu le tems de fe repofer d'une ſi longue route, & n'ayant fouvent pas un morceau de pain à manger; il ne fut pas étonnant, dis-je, de les voir le printems fuivant réduits par le fer & les maladies à un peu moins de quinze mille hommes.

En général on peut aſſurer que dans la guerre défenſive avec un peu de patience, on viendra tôt ou tard à bout de fon Ennemi. Il n'y a que la précipitation à craindre dans cette forte de guerre, & il faut furtout éviter de tomber dans ce défaut. Une autre chofe non moins néceſſaire, c'eſt la fcience des lieux, & l'art d'en tirer tout le parti poſſible. Il me paroît que les Généraux Autrichiens ont parfaitement connu la Bohême, & qu'ils fe font utilement fervi de cette connoiſſance.

J'ai remarqué que ce Royaume étoit entouré de montagnes, excepté du côté de la Moravie, par où l'on entre dans la Baſſe-Autriche. Par cette difpofition naturelle, on fe trouvoit en état de pouvoir tirer avec facilité

lité tous les secours d'Autriche & de Hongrie, tant de troupes que de munitions; il
ne s'agissoit que d'être attentif à ne pas se
laisser enfermer dans la Bohême ; & c'est ce
que les Généraux de la Reine ont observé
avec beaucoup de capacité, pendant que l'Ennemi ne pouvoit recevoir des renforts qu'a-
vec des peines infinies, ni assurer ses convois
contre une nuée de Hussars qui voltigeoient
sans-cesse, que par de gros détachemens qui
l'affoiblissoient toujours, & le mettoient hors
d'état de rien entreprendre d'important.

C'est ainsi qu'avec un petit Corps d'Armée
le Prince de Lobkowitz s'est maintenu à
Budweis, sans qu'on l'ait pu chasser de ce
poste, parce qu'il faloit penser au plus pressant, à la subsistance des Troupes, & que les
Détachemens continuels qu'il faloit faire pour
escorter les Convois, & pour repousser les
Hussars qui paroissoient en plusieurs endroits à
la fois, ne permettoient pas d'assembler des
forces suffisantes pour entreprendre de débus-
quer le Général Autrichien de son poste avantageux.

L'Armée Françoise qui étoit entrée en Baviére, consistoit en quarante Bataillons &
quatre-vingt-dix Escadrons, ce qui faisoit au-
delà de quarante mille combattans. Cette
Armée avoit passé le Rhin dans le plus bel
état du monde. Toute la Cavalerie, & une
partie de l'Infanterie étoit habillée de neuf.
Les équipages & les harnois étoient super-
bes, & elle observa dans sa marche au-tra-
vers de l'Empire le plus bel ordre & la plus
belle discipline qu'on puisse voir. Ceux qui

ont

ont intérêt à rendre les François odieux, diront le contraire s'ils veulent ; pour moi, qui fuis très-convaincu de ce que je dis , & qui n'ai ni paſſion ni intérêt contre la France , je n'ai égard qu'à la vérité ; & je ne crois pas être moins bon Patriote pour n'être pas calomniateur. Ce que je dis ici , je le dis pour tout le reſte de cet Ouvrage , où l'amour du vrai ſe montrera dans tout ſon jour, ſans aucun égard pour perſonne. Ma plume n'eſt point vénale, j'écris pour m'amuſer. Je n'ai aucune haine, aucune animoſité contre aucune Nation en général , ni contre perſonne en particulier. Je rapporte ce que j'ai vu , ou ce que je ſai de très-bonne part. Et pour prouver ce que j'avance par un fait conſtant, en voici un que j'ai ouï conter à cent témoins occulaires. Après que les François ſe furent emparés de Prague, ils mirent leur Cavalerie dans des villages aux environs. Un Cavalier du Régiment d'Andelau , de la Compagnie d'un Gentilhomme Normand nommé Deshayes , prit quelques haillons à ſon hôteſſe, & les vendit dix à douze ſous. La Payſane les ayant recouvré en rendant l'argent, fut ſe plaindre au Commandant , qui fit arrêter le Cavalier , qui eut la tête caſſée deux jours après ſans miſéricorde. Enfin on ſait que les Commandans de ces Troupes étoient obligés de prendre des atteſtations des Magiſtrats des lieux où ils faiſoient quelque ſéjour , attendu qu'ils étoient reſponſables de tous les deſordres qui pouvoient arriver de la part des ſoldats qui étoient ſous leurs ordres.

N 5

Cès

Ces quarante mille hommes étoient commandés en Chef par le Maréchal de Bellifle,
ayant fous lui les Lieutenans - Généraux de
Leuville, de Segur, d'Aubigné, Polaftron,
le Comte Maurice de Saxe, & le Comte de
Baviére. Tous ces Généraux étoient néanmoins fubordonnés à l'Electeur de Baviére,
en vertu des Lettres Patentes du Roi Très-
Chrétien, qui conftituent Son Alteffe Electorale fon Lieutenant-Général, & repréfentant
fa perfonne en Allemagne, en ces termes.

,, Louis, par la Grace de Dieu, Roi de
,, France & de Navarre. A tous ceux qui
,, ces préfentes verront, Salut.

,, Notre très - haut & très - amé Frére &
,, Coufin l'Electeur de Baviére Nous ayant
,, requis de lui accorder les fecours néceffai-
,, res pour fe mettre à couvert des infultes
,, qu'il pourroit craindre, & en état de faire
,, valoir les Droits de Sa Maifon, Nous nous
,, fommes portés d'autant plus volontiers à
,, faire paffer dans fes Etats une Armée
,, auxiliaire, que les liens du Sang, & l'u-
,, nion qui régne depuis fi longtems entre
,, notre Couronne & cette Maifon, font pour
,, Nous des motifs fuffifans de Nous inté-
,, reffer à ce qui le regarde dans des con-
,, jonctures auffi preffantes, & la parfaite
,, confiance que Nous avons dans notre Fré-
,, re & Coufin nous ayant déterminé à Nous
,, repofer entiérement fur lui du Commande-
,, ment de ladite Armée. Pour ces caufes &
,, autres grandes confidérations à ce Nous
,, mouvant, Nous avons notre dit Frére &
,, Coufin l'Electeur de Baviére, fait, conftitué
                                    ,, &

,, & établi, faifons, conftituons & établif-
,, fons par ces Préfentes, fignées de notre
,, main, notre Lieutenant - Général, repré-
,, fentant notre perfonne en notre Armée
,, d'Allemagne, avec plein pouvoir & auto-
,, rité à toutes les Troupes, tant d'Infanterie
,, que de Cavalerie Françoifes & Etrangéres,
,, dont notre dite Armée fera compofée, leur
,, ordonner ce qu'elles auront à faire, & les
,, employer par-tout où befoin fera pour l'ef-
,, fet de fes intentions, & généralement com-
,, mander, faire & ordonner en notre dite
,, Armée tout ce que Nous-mêmes ferions ou
,, pourrions faire fi Nous y étions en per-
,, fonne, encore bien que le cas requiére man-
,, dement plus fpécial qu'il n'eft porté par les
,, Préfentes.

,, Si donnons en mandement à nos Lieute-
,, nans-Généraux qui ferviront en ladite Ar-
,, mée, & à tous nos Maréchaux-de-camp,
,, Brigadiers, tant de Cavalerie & Dragons
,, que d'Infanterie, Colonels, Meftres-de-
,, camp & autres Officiers d'Artillerie, Gé-
,, néraux des Vivres ou Commis à l'exerci-
,, ce de leurs charges, Capitaines, Chefs &
,, Conducteurs de nos gens de guerre, tant
,, de cheval que de pied, François & Etran-
,, gers qui ferviront auffi en notre dite Ar-
,, mée, & autres nos Officiers & Sujets qu'il
,, appartiendra, de reconnoître notre dit Fré-
,, re & Coufin l'Electeur de Baviére en ladi-
,, te qualité de Lieutenant, repréfentant no-
,, tre perfonne en ladite Armée, & de lui
,, obéir, & entendre en toutes les chofes con-
,, cernant ledit pouvoir, comme ils feroient

,, à

„ à notre propre perſonne ſans difficulté;
„ car tel eſt notre plaiſir. En témoin de-
„ quoi, &c.

Pendant que l'Electeur de Baviére jettoit la terreur dans Vienne & mettoit l'Autriche ſons contribution, le Roi d'Angleterre aſſembloit dans ſon Electorat une Armée de plus de trente mille hommes tant Hannovriens que Heſſois & Danois. Il en fit lui-même la revue le 23. de Septembre de cette année 1741.

Toute l'Europe étoit attentive ſur le parti que prendroit ce Prince. On ne doutoit pas qu'il ne fît une diverſion avantageuſe à la Reine de Hongrie, & qu'il n'entrât dans les Etats du Roi de Pruſſe, qui ſont tout ouverts de ce côté-là.

Mr. de Buſſi Miniſtre de France, homme ſouple & inſinuant s'il en fut jamais, mettoit tout en œuvre pour perſuader à Sa Majeſté Britannique de prendre le parti de neutralité; mais il n'avançoit que foiblement dans ſa négociation. Les intérêts du Monarque Anglois ne trouvoient pas leur compte dans la neutralité, ſoit qu'il l'enviſageât comme Roi, ou ſimplement comme Electeur. En la prémiére qualité, le maintien de la puiſſance de la Maiſon d'Autriche lui paroiſſoit d'une néceſſité abſolue, pour pouvoir toujours oppoſer à la France un Ennemi implacable & puiſſant, qui l'empêche de s'oppoſer à la ſuprématie que les Anglois s'arrogent ſur mer. En la ſeconde il lui paroiſſoit dangereux de laiſſer agrandir le Roi de Pruſſe, dont le voiſinage ne lui donnoit déjà que trop de ja-
louſie

loufie & d'inquiétude. Une nouvelle Armée Françoife leva toutes les difficultés que ces motifs oppofoient à la négociation de Mr. de Buffi. Catte Armée forte de trente mille hommes avoit traverfé, fous les ordres du Maréchal de Maillebois, une partie des Païs-Bas Autrichiens, l'Evêché de Liége, & étoit entrée dans les Duchés de Berg & de Juliers, dans l'Electorat de Cologne, où elle avoit été jointe par quelques Troupes de l'Electeur Palatin, & de l'Electeur de Cologne. Elle s'étoit répandue dans toute la Weftphalie, & avoit pouffé fes quartiers jufqu'aux portes de l'Electorat d'Hannovre, qu'elle menaça d'une invafion.

Le Roi d'Angleterre ne crut pas devoir hazarder la ruine de fes Etats héréditaires, & après plufieurs délibérations il figna enfin le 27. de Septembre de la même année un Traité, par lequel il s'engageoit à ne point fecourir la Reine de Hongrie en façon quelconque, à ne former aucune oppofition aux entreprifes du Roi de Pruffe, de l'Electeur de Baviére & des autres Alliés de la France, contre la Maifon d'Autriche; à ne pas traverfer les intérêts de l'Electeur de Baviére dans la prochaine Election d'un Empereur; en un mot à obferver une exacte neutralité. En revanche la Cour de France s'engage à ne pas fouffrir qu'il foit fait le moindre dommage aux Sujets de Electorat d'Hannovre, à tenir fes Troupes toujours éloignées de trois lieues de fes frontiéres, & à interpofer fes bons offices auprès du Roi de Pruffe, pour que fon Armée fous les ordres du Prince

ce d'Anhalt-Deſſau, ſe ſépare, pour ne donner aucun ſujet d'inquiétude à Sa Majeſté Britannique.

Tel fut en ſubſtance le fameux Traité de Neutralité que la néceſſité des tems obligea le Roi d'Angleterre à ſigner, & qu'il a rompu auſſitôt que le danger a été paſſé.

Cette Neutralité de l'Electorat ajoûtoit peu au mauvais état des affaires de la Reine de Hongrie. Des ſecours d'hommes n'étoient pas les beſoins les plus preſſans de cette Princeſſe. Avec de l'argent on a des Troupes. Or l'Angleterre, la Hollande & la Ruſſie faiſoient faire des remiſes capables de ſupléer à l'épuiſement des Finances Autrichiennes, & de réparer la diſſipation des Deniers cauſée par le Miniſtére précédent. L'Angleterte ſe diſtinguoit ſur-tout de ce côté-là, & s'expoſoit elle-même aux maux à quoi elle vouloit rémédier. Le tems nous apprendra quelles ont été les vues particuliéres de cette Puiſſance.

Fin du Livre Troiſiéme.

HISTOIRE

DE LA

DERNIERE GUERRE

DE BOHEME.

LIVRE QUATRIEME.

ARGUMENT.

L'Electeur de Baviére publie un Manifeste. L'Electeur de Saxe se déclare pour les Alliés. Il forme des prétentions sur la Succession Autrichienne. Son Manifeste contenant une déduction de ses Droits. Siége & prise de Prague par les François, les Bavarois & les Saxons.

QUOIQUE les Souverains ne se croient responsables de leurs actions qu'à Dieu, & qu'ils ne reconnoissent d'autre arbitre de leurs querelles que le sort des Armes, ils ne laissent pas néanmoins de prévenir les jugemens du Public par des Ecrits qu'ils appellent *Manifestes*, qui contiennent les raisons qui les engagent à prendre les armes. Il y a divers motifs qui peuvent porter un Prince à dé-

déclarer la guerre ; tantôt, c'eſt pour venger ſa Dignité attaquée & lézée par un Voiſin jaloux ; tantôt, pour pourſuivre des droits & des pretentions qu'il croit avoir ſur certains Pays. Dans ce dernier cas, celui qui attaque publie Manifeſtes ſur Manifeſtes. Il expoſe au long ſes prétentions, remonte juſqu'à leur ſource, en éclaircit tous les points, y répand tout le jour que ſes Miniſtres ſont capables d'y répandre, & en appuye la validité par les argumens les plus forts. C'eſt de cette derniére eſpéce qu'eſt la Guerre de Bohême, & ce ſeroit n'en pas ſavoir l'hiſtoire, que d'ignorer la nature des prétentions formées par l'Electeur de Baviére. J'en ai touché quelque choſe au commencement de cet Ouvrage, mais ſans entrer dans le moindre détail, deſorte que le Lecteur ne ſait point ſur quoi ſont fondées ces prétentions, & n'en connoît pas même la véritable origine. J'ai donc cru qu'il étoit tems de lui donner ſur ce ſujet les lumiéres néceſſaires, & je les tirerai du Manifeſte même que l'Electeur de Baviére publia immédiatement après s'être emparé de la Haute Autriche.

,, L'Europe entiére, diſoit ce Prince, eſt
,, inſtruite des droits inconteſtables de la Séré-
,, niſſime Maiſon de Baviére ſur pluſieurs des
,, Royaumes & Etats que poſſédoit le feu
,, Empereur Charles VI. Et l'Electeur de Ba-
,, viére ne pourroit ſans manquer eſſentielle-
,, ment à ce qu'il doit à ſa Maiſon & à ce
,, qu'il ſe doit à lui-même, abandonner ou né-
,, gliger des prétentions auſſi juſtes que celles
,, qu'il forme ſur la Succeſſion Autrichienne.
,, Ce

,, Ce n'eſt qu'avec regret, que malgré ſon
,, amour naturel & conſtant pour la paix, il
,, ſe voit forcé par les hauteurs & l'obſtina-
,, tion de la Cour de Vienne à recourir à des
,, moyens plus efficaces, pour ſe faire rendre
,, la juſtice qui lui eſt dûe.

,, Ce n'eſt ni par eſprit de conquête, ni
,, par des vues d'ambition qu'il ſort des bor-
,, nes de la modération, dont juſqu'ici il ne
,, s'étoit point écarté; & l'obligation indiſ-
,, penſable où il eſt de reclamer le patrimoine
,, de ſa Maiſon, ainſi que l'héritage à lui dé-
,, volu, fait le ſeul motif de la réſolution
,, qu'il prend d'employer au maintien de ſon
,, Honneur & à la conſervation de ſes Droits,
,, toutes les forces & toutes les reſſources
,, que la Providence Divine lui a ménagées.

,, Une récapitulation ſuccincte des faits &
,, des moyens amplement déduits dans le der-
,, nier Mémoire, ne laiſſera à ceux ſous les
,, yeux de qui cet Ouvrage n'a point enco-
,, re paſſé, aucun doute ſur la légitimité
,, des prétentions de Son Alteſſe Electorale,
,, & ſur l'aprobation qu'on ne peut refuſer
,, à ſes démarches.

,, Les Pays Autrichiens relevoient ancien-
,, nement du Duché de Baviére, auquel ils
,, étoient incorporés, & formoient un patri-
,, moine des Ducs de ce nom, lorsque la
,, mort de Frédéric *le Belliqueux*, dernier Duc
,, de la Branche Bavaroiſe qui régnoit en
,, Autriche, fit auſſitôt paroître nombre de
,, Concurrens.

,, Quoique de tous ceux qui ſe mirent ſur
,, les rangs, les mieux fondés fuſſent ſans-con-

„ tredit les Ducs de Baviére, ils ne furent
„ pas les plus heureux, & ne purent empêcher
„ qu'avec le tems le Roi Ottocare de Bohê-
„ me n'emportât fur eux les avantages de la
„ Succeffion.

„ Ottocare ayant été expulfé de l'Autriche
„ par l'Empereur Rodolphe de Habsbourg,
„ qui devoit fon élevation au Trône Impérial
„ à la nomination de Louis *le Sévére* Duc de
„ Baviére, en qui les autres Electeurs avoient
„ compromis, les Ducs de Baviére fe flat-
„ toient que ce Pays conquis fur l'Ufurpateur
„ leur feroit reftitué ; mais Rodolphe préféra
„ d'en inveftir fes propres Fils, manquant à
„ cette occafion aux devoirs les plus effentiels
„ de la juftice & de la reconnoiffance, & ne
„ laiffant d'autre voie aux Ducs de Baviére
„ que celle des Proteftations.

„ C'eft ainfi que Rodolphe, qui tenoit fon
„ autorité de la préférence qui Louis lui a-
„ voit donnée, en le proclamant Empereur,
„ s'eft fervi contre fon Bienfaiteur de cette
„ même autorité, pour dépouiller la Maifon
„ de Baviére de fon ancien Bien patrimonial,
„ & la fruftrer encore des donations à Elle
„ faites par le Duc Conradin de Suabe ; dona-
„ tion néanmoins que lui & quelques Elec-
„ teurs, ainfi que quelques Etats de l'Empire,
„ avoient peu auparavant confirmée par dif-
„ férens Actes des plus autentiques.

„ Tant d'injuftices autorifoient les Ducs de
„ Baviére à prendre les armes, pour fe procu-
„ rer par la force ce qu'ils n'avoient pu obte-
„ nir de gré ; mais Rodolphe, qui avoit adroi-
„ tement prévenu & gagné les Princes de l'Em-
„ pire,

,, pire, auxquels il avoit fu d'ailleurs infpirer
,, de la jaloufie contre la Maifon de Baviére,
,, s'étoit rendu trop puiffant pour qu'on en-
,, treprît de l'attaquer légérement ; de façon
,, que ces Ducs, après avoir protefté en
,, pleine Diéte, n'eurent d'autre parti à
,, prendre que de remettre à des conjonctu-
,, res plus favorables la pourfuite de leurs
,, Droits.

,, L'Empereur Ferdinand I. qui par des ar-
,, rangemens pris entre lui & fon Frére Char-
,, les-Quint étoit devenu le maître de tous les
,, Etats Autrichiens fitués en Allemagne, &
,, qui avoit encore acquis du chef de la Reine
,, Anne fon Epoufe les Royaumes de Hongrie
,, & de Bohême, fentit que, pour foutenir la
,, grandeur de fa Maifon, & pourvoir à la
,, tranquillité de fes Sujets, il convenoit d'éta-
,, blir dans fa Famille un Ordre de fucceffion
,, qui y eût force de Loi perpétuelle, & d'y in-
,, téreffer en même tems la Maifon de Bavié-
,, re, afin qu'elle acquiefçât d'autant plus vo-
,, lontiers à ce que les Archiducs continuaf-
,, fent d'être poffeffeurs des Etats Autri-
,, chiens.

,, Ce fut dans cette vue, qu'en 1543. &
,, 1547. il fit un Teftament & un Codicile,
,, par lesquels il ordonna qu'au défaut d'Héri-
,, tiers Mâles, la Succeffion pafferoit à fa Fille
,, aînée l'Archiducheffe Anne Epoufe d'Al-
,, bert V. Duc de Baviére & Mére de Guil-
,, laume V. Trifayeul de l'Electeur actuelle-
,, ment régnant.

,, Cette Fille aînée étoit donc l'Héritiére
,, fubftituée au défaut des Defcendans Mâles,

,, &

,, & tranfmettoit par conféquent tous fes
,, Droits à fa Poftérité.

,, Quelque folennelles & quelque précifes
,, que fuffent les difpofitions de Ferdinand I.
,, il jugea qu'il ne pouvoit prendre trop de
,, précautions pour affurer encore par de nou-
,, veaux titres les avantages de la Subftitution,
,, qu'il avoit rétablie en faveur de fa Fille
,, aînée. C'eft pourquoi, par le Contract
,, de Mariage conclu en 1546. entre ledit
,, Albert V. & l'Arhiducheffe Anne, il fut
,, féparément ftipulé, & fpécialement fta-
,, tué, que cette Princeffe renonceroit en
,, faveur des Mâles à toute Succeffion tant
,, Paternelle que Maternelle ; mais qu'au dé-
,, faut de Defcendance mafculine, Elle & fa
,, Poftérité hériteroit les Royaumes de Hon-
,, grie & de Bohême, ainfi que les Etats
,, d'Autriche & les Pays qui en dépendent.
,, L'Acte de renonciation figné en conféquen-
,, ce par l'Archiducheffe Anne, contint les
,, mêmes claufes & les mêmes réferves.

,, Après toutes ces difpofitions, la Maifon
,, de Baviére ne pouvoit que redoubler fon
,, attachement envers celle d'Autriche, dont,
,, arrivant l'extinction des Mâles, elle étoit
,, devenue l'Héritiére : auffi vit-on depuis les
,, Electeurs de Baviére facrifier fouvent leurs
,, propres intérêts à la confervation de ceux
,, des Archiducs, ainfi qu'il eft aifé de s'en
,, convaincre par les traits fuivans.

,, L'Empereur Mathias étant mort, il dépen-
,, doit de Maximilien de Baviére d'accepter la
,, Couronne Impériale, qui lui étoit offer-
,, te par la plus grande partie des Electeurs.
,, Fer-

,, Ferdinand II. qui briguoit cette Dignité,
,, se transporta lui-même à Munich, & pria
,, Maximilien de lui être favorable. Maximi-
,, lien se laissa aller à ses instances, & au-lieu
,, d'accepter les suffrages qu'on lui offroit, il
,, contribua plus qu'aucun autre Prince à l'E-
,, lection qui fut faite de Ferdinand II. Dans
,, la suite des tems il lui fit encore une avan-
,, ce de quatorze millions, du payement des-
,, quels Ferdinand II. a su, sans débourser une
,, obole, se dégager par la cession du Haut-
,, Palatinat, qui étoit d'ailleurs un ancien Pa-
,, trimoine de la Maison de Baviére.

,, Maximilien fut encore d'un grand secours
,, à Ferdinand II. envers lequel il se comporta
,, si généreusement, que pendant que les Sué-
,, dois ravageoient ses Etats, il employoit ail-
,, leurs ses troupes & exposoit sa vie pour le
,, service de la Maison d'Autriche.

,, L'Electeur Ferdinand Marie a fait un
,, acte de générosité à peu près semblable
,, à celui de Maximilien; car plusieurs Elec-
,, teurs lui ayant, après la mort de Ferdinand,
,, offert leur voix préférablement à Léopold,
,, pour lequel ils n'étoient nullement enclins,
,, non seulement il ne se prêta point à ces
,, offres, mais il contribua lui-même par ses
,, bons offices à mettre la Couronne sur la tê-
,, te de cet Archiduc.

,, Nombre de personnes encore vivantes
,, rendront témoignage à la mémoire de Ma-
,, ximilien Ferdinand, que cet Electeur, à la
,, tête de son Armée, a concouru à délivrer
,, Vienne du siége que les Turcs en avoient
,, formé, & qu'après ce siége il a fait cinq

O 3

,, cam-

,, campagnes confécutives, pendant lefquel-
,, les il a paffé la Save, aidé à remporter la
,, victoire de Gran, & mis Belgrade & autres
,, Villes fous l'obéiffance de la Maifon d'Au-
,, triche. Suivant l'exacte fupputation qui a
,, été faite de ce qu'il en a couté à la Baviére
,, feule, non compris trente mille hommes
,, qu'Elle a perdus, les débours de cette
,, guerre fe font montés à trente-deux mil-
,, lions de Florins du Rhin; & quoique Léo-
,, pold n'eût pu moins faire que d'indemni-
,, fer l'Electeur de fraix auffi immenfes, il
,, n'a pas feulement daigné lui offrir le moin-
,, dre dédommagement.

,, Après que la Guerre de Hongrie eut été
,, terminée, & que dans celle qui précéda le
,, Traité de Ryfwick, l'Empereur fe vit obli-
,, gé de tourner fes forces du côté du Rhin,
,, il n'eft pas d'inftances, ni de promeffes
,, flatteufes, qu'il ne fît à Maximilien pour
,, qu'il lui plût de continuer fes fecours, l'Elec-
,, teur y déféra; & s'il fe rendit utile, ce ne
,, fut qu'après s'être épuifé en hommes &
,, en argent. Il n'y a perfonne qui ne juge
,, que les avantages que la Maifon de Ba-
,, viére a réciproquement perçus, ont été
,, proportionnés à tant de fervices effentiels
,, & fignalés: mais non, jamais il n'a été
,, queftion d'aucune reconnoiffance; & fi la
,, Maifon d'Autriche, toutes les fois qu'Elle
,, s'eft vue dans la néceffité d'implorer de l'af-
,, fiftance, s'eft répandue en belles paroles,
,, il femble qu'Elle ne l'ait fait que pour
,, fe donner le plaifir de n'en tenir aucu-
,, ne.

,, Lors-

,, Lorſque l'Electeur Maximilien Emanuel,
,, pour défendre la liberté des Princes & E-
,, tats de l'Empire qu'on vouloit entraîner mal-
,, gré eux dans une guerre qui ne les regar-
,, doit point, fut forcé de prendre les armes,
,, il n'y a pas de perſécution que la Maiſon
,, d'Autriche ne mît en uſage pour l'opprimer,
,, & empêcher ſon retour en Allemagne : mais
,, le Ciel ne s'eſt point rendu favorable à des
,, vues auſſi peu Chrétiennes, & l'Electeur a
,, eu la conſolation de rentrer dans ſes Etats
,, à la grande ſatisfaction de ſes Sujets, qui
,, pendant ſon abſence avoient ſouffert toutes
,, les calamités d'une guerre dont ils reſſen-
,, tent encore les funeſtes ſuites.

,, Un an avant ce retour, ſavoir en 1713.
,, Charles VI. aſſembla ſes principaux Mini-
,, ſtres, & leur communiqua les Actes de par-
,, tage, ainſi que le Pacte de ſucceſſion au
,, ſujet de la Couronne d'Eſpagne convenu en-
,, tre les Empereurs Léopold Joſeph & Lui.
,, En conſéquence il déclara, qu'en vertu de
,, ces Conventions, non ſeulement la Succeſ-
,, ſion aux Royaumes, Etats & Pays héréditai-
,, res de la Maiſon d'Autriche lui appartenoit
,, de droit, mais que dans le cas   où il mour-
,, roit ſans laiſſer des Deſcendans Mâles, cette
,, même Succeſſion, ſuivant la régle de primo-
,, géniture & d'indiviſibilité établie dans ſa
,, Maiſon, ſeroit dévolue d'abord aux Archi-
,, ducheſſes Joſéphines, enfin aux Archiducheſ-
,, ſes Léopoldines, & ainſi en remontant tou-
,, jours de ligne en ligne.

,, Il ordonna enſuite l'enrégiſtrement de la
,, déclaration qu'il venoit de faire, & c'eſt

O 4

,, ce

„ ce simple enrégistrement rélatif à un Pacte,
„ qui ne concerne que la Succession d'Espa-
„ gne, & dans lequel il n'est fait nulle men-
„ tion des Filles, qu'on a voulu faire passer
„ pour Sanction-Pragmatique, quoiqu'il n'en
„ eût ni la forme ni la réalité.

„ Ce n'étoit point assez pour Charles VI.
„ d'avoir ainsi manifesté ses intentions & ses
„ volontés, & d'avoir cherché à intervertir
„ l'ordre de Succession établi par Ferdinand I.
„ son point essentiel étoit d'en assûrer l'exé-
„ cution. Ne pouvant ignorer les droits in-
„ contestables de la Maison de Baviére, & pré-
„ voyant les mouvemens que cette Maison
„ ne manqueroit pas de se donner pour em-
„ pêcher l'effet de la prétendue Sanction-
„ Pragmatique, lorsque le cas de l'ouverture
„ de la Succession Autrichienne existeroit, il
„ n'est pas de moyens qu'il n'ait imaginé pour
„ la mettre hors d'état de traverser ses idées
„ & ses projets.

„ Il jugea que l'expédient le plus sûr pour
„ donner à son ouvrage quelque solidité, é-
„ toit de lui procurer des Garants. Dans
„ cette vue il s'adressa à différentes Cours ;
„ mais persuadé que ses sollicitations à cet
„ égard ne trouveroient une entrée facile
„ qu'autant qu'il les coloreroit des apparences
„ de l'équité, il fit insinuer par-tout, tant de
„ vive voix que par écrit :

„ 1. Que la Sanction, dont il demandoit la
„ garantie, ayant été ainsi concertée entre les
„ Empereurs ses Prédécesseurs, & par lui en-
„ suite acceptée, devoit être regardée comme
„ un Pacte successoire irrévocable.

„ 2. Que

„ 2. Que l'ordre de Succession tel qu'il étoit
„ réglé en vertu de ce Pacte & de cette San-
„ ction, ne renfermoit rien qui ne fût exac-
„ tement conforme aux anciens Priviléges,
„ Constitutions, & Usages de sa Maison Ar-
„ chiducale.

„ 3. Que les Electeurs de Saxe & de Baviére,
„ seules ou principales Parties intéressées à
„ attaquer la Pragmatique-Sanction, en recon-
„ noissoient tellement la validité & la justice,
„ qu'ils l'avoient aprouvée, & confirmée par
„ les Actes les plus solemnels.

„ 4. Enfin, que cet ordre de Succession ne
„ portoit à qui que ce fût aucune sorte de
„ préjudice.

„ Il étoit bien difficile que les Puissances,
„ qui ont pris sur Elles la Garantie de cette
„ Sanction, ne se laissassent surprendre par
„ des assurances aussi formellement données
„ par un Prince, dont on pensoit trop avan-
„ tageusement pour le soupçonner de vouloir
„ en imposer sur une matiére aussi importan-
„ te. Cependant, pour peu qu'on examine de
„ près les quatre points qui ont formé la ba-
„ se de cette Sanction, on n'en trouvera au-
„ cun de fondé, & qui ne souffre une juste
„ contradiction.

„ 1. Les Empereurs Léopold, Joseph &
„ Charles, n'ont jamais réglé entre eux, tou-
„ chant leurs Etats d'Allemagne, rien qui
„ concerne la Succession Féminine au défaut
„ des Descendans Mâles, du-moins jusqu'ici
„ n'a-t-il rien transpiré qui y ait rapport ; &
„ en tout cas ce Réglement, s'il existoit, pour-

O 5

„ roit-

„ roit-il déroger aux difpofitions antérieure-
„ ment faites ?

„ 2. C'eft à tort qu'on avance, que l'or-
„ dre de Succeffion établi dans la Pragmati-
„ que eft conforme aux anciens Ufages & Pri-
„ viléges de la Maifon de Habsbourg, puifque
„ les Priviléges & Ufages antérieurs au tems
„ où cette Maifon a envahi l'Autriche, ne
„ peuvent regarder que les Ducs de Baviére.

„ Pour conftater cette vérité, il fuffit de fe
„ rappeller que Frédéric Barberouffe, de
„ qui eft émané le premier Privilége, dont
„ les fuivans n'ont été que la confirmation,
„ ne l'accorda qu'à Henri Jafamergott, Duc
„ de Baviére-Autriche, pour l'indemnifer de la
„ perte du Duché de Baviére; indemnité à
„ laquelle la Maifon de Habsbourg n'a eu
„ certainement aucune part. Si fous l'expref-
„ fion générique de Priviléges, Charles VI.
„ a auffi compris les difpofitions teftamentai-
„ res, on n'en fait aucune, qui (à l'excep-
„ tion de celles de Ferdinand I.) contienne
„ quant aux Filles le moindre Réglement au
„ fujet de la Succeffion aux Pays Héréditaires
„ d'Autriche, au cas que les Mâles de cette
„ Maifon viennent à manquer.

„ Quant aux Ufages poftérieurs à ces pré-
„ miers tems, bien loin d'avoir autorifé la
„ Primogéniture & l'Indivifibilité par rapport
„ aux Filles, ils ne l'ont pas même admife
„ pour les Mâles, ainfi que le démontrent
„ clairement tous les partages fucceffivement
„ faits entre les Archiducs d'Autriche, à com-
„ mencer depuis Rudolphe I. jufqu'à Ferdi-
„ nand.

„ 3. Il

„ 3. Il eſt également faux que Son Alteſſe E-
„ lectorale de Baviére ait jamais accepté la
„ Pragmatique, n'ayant, à l'occaſion de ſon ma-
„ riage, reconnu autre choſe, ſinon l'ordre
„ dans lequel l'Archiducheſſe ſon Epouſe ſe
„ trouve placée ; ce qui ne peut être regardé
„ que comme une approbation de ce qui avoit
„ rapport aux droits perſonnels de cette Prin-
„ ceſſe, & nullement à ceux qui ſont acquis
„ à la Maiſon par des titres plus anciens : de-
„ ſorte que c'eſt à tort que la Cour de Vienne
„ a tâché d'inſinuer par-tout, que l'Electeur
„ s'étoit déporté de ſes prétentions. Qui
„ pourra ſe perſuader, que pour une dot de
„ cent mille florins il ait abandonné ſes droits
„ ſur des Royaumes & des Etats entiers ? Qui
„ croira qu'il ait ſouſcrit à un déport géné-
„ ral & illimité ? Tandis que la Cour de
„ Vienne même ne lui a jamais rien propoſé
„ que de connexe avec l'alliance dont on trai-
„ toit alors ; & que cette Cour étoit trop
„ éclairée pour ne pas ſavoir, que toute la
„ Maiſon ſe trouvant intéreſſée dans les Sub-
„ ſtitutions réglées par l'Empereur Ferdinand,
„ c'étoit avec toute la Maiſon qu'il eût fallu
„ négocier cette affaire ?

„ 4. Il n'eſt pas vrai que la Sanction dite
„ Pragmatique ne porte aucun préjudice aux
„ droits du Tiers, puiſque ceux de l'Electeur
„ de Baviére ſouffriront une atteinte eſſen-
„ tielle & irréparable, ſi cet ordre de Succeſ-
„ ſion pouvoit ſubſiſter.

„ L'Electeur de Baviére a été ſi peu diſpo-
„ ſé à conſentir à la garantie de la Pragmati-
„ que, que pour mettre ſes droits à couvert, &

„ dé-

„ démontrer en même tems à tous les Princes
„ & Etats de l'Empire les suites dangereuses
„ auxquelles ils s'exposeroient, s'ils se char-
„ geoient de cette garantie, il fit présenter à
„ la Diéte son *Votum*, contenant :

„ Que l'Empereur ayant précédemment fait
„ plusieurs Traités sans consulter les Etats de
„ l'Empire, il étoit aisé de voir que ce Prince
„ n'avoit recours à eux, que dans les cas où il
„ avoit un besoin pressant de leur suffrage &
„ de leur coopération ; mais qu'il les négli-
„ geoit absolument dans les autres circonstan-
„ ces, où cependant leur autorité & accession
„ n'étoient pas moins nécessaires suivant les
„ Loix & les Constitutions Germaniques.

„ Que contre la teneur des Capitulations,
„ qui défendoient à l'Empereur d'engager
„ l'Empire dans aucune guerre, l'Empire se
„ trouveroit cependant obligé par cette ga-
„ rantie à soutenir le poids de toutes les guer-
„ res que l'Empereur entreprendroit.

„ Que l'on a vu en différentes occasions
„ l'Empereur attaqué en Hongrie, en Italie
„ & dans les Pays-Bas, sans que l'Empire s'y
„ soit laissé induire à épouser sa querelle.

„ Que plusieurs des Etats de la Maison
„ d'Autriche étant situés hors de l'Allema-
„ gne, cette Garantie mettroit l'Empire dans
„ le cas d'envoyer au loin les troupes destinées
„ à sa propre défense.

„ Que la Garantie une fois obtenue des E-
„ tats de l'Empire, on exigeroit qu'ils entre-
„ tinssent constamment sur pied des troupes
„ prêtes à soutenir les engagemens contractés.

„ Que les Etats Autrichiens, situés en Al-
„ le-

„ lemagne, étant liés à l'Empire par un lien
„ commun & féodal, en vertu duquel le Corps
„ entier doit, conformément aux Constitu-
„ tions générales, prendre la défense de cha-
„ cun de ses Membres. la Garantie deve-
„ noit naturelle, & n'avoit par conséquent pas
„ besoin d'être prématurément sollicitée.

„ Que la sécurité où cette Garantie met-
„ troit l'Empereur par rapport à ses Possessions,
„ l'empêcheroit de fortifier ou de garnir con-
„ venablement ses Places frontiéres, ce qui
„ rendroit l'Etat de l'Allemagne beaucoup
„ plus dangereux & plus exposé.

„ Que l'Empire se chargeant de la Garantie
„ de la Pragmatique, devenoit l'Ennemi né-
„ cessaire de tous ceux de sa Maison d'Autri-
„ che, & se priveroit ainsi à jamais des fon-
„ ctions de Médiateur.

„ Enfin, que l'Empire en s'engageant sans
„ nécessité, s'assujettiroit à une servitude con-
„ tinuelle, & se dépouilleroit des priviléges
„ précieux de sa Liberté.

„ Son Altesse Electorale ne dissimulera pas
„ les inquiétudes secrétes que lui eussent cau-
„ sé les Garanties obtenues par Charles VI.
„ si elle ne se fût toujours flattée que les Puis-
„ sances qui l'ont accordée, se croiroient el-
„ les-mêmes libres de leurs engagemens, lors-
„ qu'elles seroient exactement informées de la
„ justice de ses droits.

„ Pour cet effet elle demanda à la Cour de
„ Vienne communication du Testament de
„ Ferdinand I.; mais toutes ses démarches
„ pour obtenir cette communication ayant été
„ inutiles, elle s'adressa à la Cour de France,
„ & Sa Majesté Très-Chrétienne voulut bien

„ lui

,, lui accorder ſes bons offices. On doit avoir à
,, Vienne les Lettres que le Cardinal de Fleu-
,, ri écrivit à cette occaſion à l'Empereur. Ce-
,, pendant, quelque preſſantes, & quelque
,, réitérées que fuſſent les inſtances de l'Elec-
,, teur, & quoique la Cour de Vienne ne pût
,, point ignorer que des Titres communs, tels
,, que le Teſtament en queſtion, ne peuvent ſe
,, refuſer ſans injuſtice, il ne fut pas poſſible à
,, Son Alteſſe Electorale d'obtenir ce qu'elle
,, demandoit. La Cour de Vienne craignoit
,, apparemment que la production du Teſta-
,, ment de Ferdinand I. n'opérât la deſtruction
,, de la Pragmatique de Charles VI.

,, L'Electeur auroit pu ſe flatter, qu'après
,, avoir, lors de la derniére Guerre de Hongrie,
,, généreuſement fourni à l'Empereur dans le
,, fort de ſes malheurs un Corps conſidérable
,, de Troupes auxiliaires, il trouveroit en ce
,, Prince quelque réciprocité de complaiſance
,, & de bonne volonté, & que Sa Majeſté Impé-
,, riale, éclairée par le contenu des Documens
,, qui fondent les Droits de la Maiſon de Bavié-
,, re, ſe prêteroit à une conciliation amiable de
,, leurs Intérêts reſpectifs. Son Alteſſe Elec-
,, torale n'a ceſſé de faire dans cette eſpéran-
,, ce, mais toujours inutilement, toutes les
,, avances les plus propres à faire impreſſion
,, ſur un eſprit & un cœur moins prévenus
,, que ne l'avoit Charles VI. qui dans le tems
,, même que les débris des Troupes Bavaroi-
,, ſes ſacrifiées à ſon ſervice n'étoient pas en-
,, core de retour, non ſeulement refuſa à l'E-
,, lecteur une ſimple recommandation au Cha-
,, pitre d'Augsbourg pour le Duc Théodo-
,, re ſon Frére; mais ordonna en outre à ſes
,, Mi-

,, Miniftres à Rome, & à Augsbourg, de bar-
,, rer en tout les vues de la Maifon de Bavié-
,, re, à laquelle cependant il avoit des obli-
,, gations fi récentes. Ce n'étoit pas affez
,, que l'Electeur fe vît ainfi contrecarré par-
,, tout, il fuffifoit d'être ou de fes Amis, ou
,, de fes Créatures, pour avoir le même fort à
,, fubir.

,, Telles étoient les difpofitions de cet Em-
,, pereur, lorfque la volonté divine l'appella
,, à l'éternité.

,, Après fa mort, l'Electeur fit renouvel-
,, ler fes demandes par le Comte de la Pé-
,, roufe fon Miniftre à Vienne, auquel on
,, a enfin délivré une expédition du Teftament
,, de Ferdinand I.; mais parce que pour fa-
,, ciliter les recherches à faire, ce Miniftre
,, avoit fourni une note qui ne fervoit qu'à in-
,, diquer en gros les difpofitions que le Tefta-
,, ment contenoit à peu près, & dont on ne pou-
,, voit à Munich favoir la teneur au jufte, la
,, Cour de Vienne a feint de prendre cette note
,, pour le Texte même, dont Son Alteffe Elec-
,, torale prétendoit faire ufage. Et fur cette
,, fuppofition auffi imaginaire qu'injurieufe, El-
,, le a répandu dans des Refcripts circulaires,
,, que l'Electeur de Baviére établiffoit fes
,, droits fur une Copie falfifiée. Tous ceux
,, qui ont lu ces Refcripts, auront jugé fans
,, peine qu'il falloit que cette Cour fût ex-
,, trêmement dépourvue de bonnes raifons à
,, alléguer, puifque fes principaux moyens
,, n'ont roulé que fur des faits calomnieux.
,, Il eft notoire avec quelle précipitation af-
,, fectée la Grande-Ducheffe de Tofcane s'eft
,, mife

„ mife en poffeffion de la Succeffion Autri-
„ chienne, dans le tems où l'Electeur ne pen-
„ foit point à en venir à aucune voie de fait,
„ & où il ne vouloit de préférence, qu'avant de
„ faire valoir fes prétentions toutes les Cours
„ fuffent pleinement inftruites de leur légiti-
„ mité. Mais la Cour de Vienne ne s'eft
„ point contentée d'avoir, par cet empreffe-
„ ment à s'affûrer du Poffeffoire, fait violence
„ aux droits de l'Electeur. Elle ne s'eft point
„ contentée de l'avoir offenfé, en le taxant
„ de fe fervir de Piéces fauffes ou fuppofées.
„ Elle ne s'eft point contentée de s'être,
„ pour ainfi dire, rendue Agreffeur par l'ef-
„ péce d'hoftilité qu'Elle a commife, en de-
„ mandant nommément contre lui la garan-
„ tie de la Pragmatique-Sanction. Elle a vou-
„ lu encore mettre le comble à fes griefs, en fe
„ fervant de tous les artifices imaginables pour
„ s'attirer les fuffrages du Public, & particu-
„ liérement ceux des Miniftres des Cours E-
„ trangéres, qu'elle voyoit inclinées pour la
„ jufte caufe, s'entend pour les intérêts de Son
„ Alteffe Electorale. L'Electeur n'a point à fe
„ reprocher d'avoir fuivi un exemple fi condam-
„ nable, & il s'eft jufqu'à ce moment renfermé
„ dans les bornes de la plus grande retenue.
„ Mais la Cour de Vienne, bien loin d'être tou-
„ chée de cette modération, ne l'a attribuée
„ qu'à foibleffe, & a regardé l'inaction de l'E-
„ lecteur, ou comme une impuiffance réelle
„ d'agir par la voie des Armes, ou comme un
„ effet de la crainte de s'attirer autant d'En-
„ nemis que la Sanction avoit de Garants.
„ L'Electeur eft bien éloigné de penfer ainfi;
                                            „ &

,, & il a plus de confiance dans l'équité des
,, Puiffances garantes, que la Grande-Duchef-
,, fe ne doit & ne peut en avoir dans la folidité
,, des engagemens qu'elles ont contractés
,, avec le feu Empereur. En effet, foutenir
,, que ces Puiffances fe foient déclarées contre
,, des droits qu'elles ignoroient, & dont on a
,, eu foin de leur cacher non feulement la force
,, & l'étendue, mais même l'exiftence, c'eft
,, blesser ouvertement leur droiture & leur pro-
,, bité. Ainfi, bien loin de les redouter comme
,, Ennemis, l'Electeur de Baviére fe promet de
,, trouver en elles des Protecteurs, efpérant,
,, qu'indignées du procédé de Charles VI. qui
,, en leur cachant les droits de la Maifon de Ba-
,, viére, a furpris leur Religion, elles ne balan-
,, ceront point à prendre un parti oppofé à ce-
,, lui auquel la Grande-Duchefle s'attendoit.
,, L'Electeur a embraffé la réfolution inva-
,, riable de ne jamais abandonner fes préten-
,, tions. Il fe rendroit refponfable devant
,, Dieu, & s'expoferoit aux juftes reproches
,, de toute fa Maifon, s'il étoit capable d'ou-
,, blier fes devoirs dans une occafion auffi ef-
,, fentielle & dans une fituation auffi intéref-
,, fante que celle où il fe trouve, puisqu'il
,, a en même tems fon honneur & fa gloire à
,, foutenir, & les intérêts de fa Maifon à dé-
,, fendre. Il peut avec fondement alléguer en
,, fa faveur l'un des paffages du Manifefte de
,, l'Empereur Léopold, où il eft dit: Aucune
,, Perfonne, foit Roi, foit Membre de la Fa-
,, mille Royale, foit Peuple, ne doit ni ne peut,
,, fous prétexte quelconque, enlever, malgré
,, lui, à celui qui refte de la Famille, un droit

„ qui lui est dévolu par de premiéres Conven-
„ tions, & lui ôter des espérances qui lui sont
„ acquises par sa naissance. Si donc l'Electeur,
„ tant en sa qualité d'Héritier de l'Archi-
„ duchesse Anne, que comme Descendant
„ des anciens Possesseurs de l'Autriche, a des
„ droits acquis par sa naissance, s'il en a d'as-
„ surés par des Actes & des Conventions par-
„ ticuliéres, il est dans le cas de pouvoir
„ (même à plus juste titre) tenir un langage
„ semblable à celui de Léopold. Et que
„ pourra répondre la Cour de Vienne, quand
„ on se servira contre elle des mêmes princi-
„ pes, que ceux qu'elle a ci-devant avancés?
„ De plus longs délais ne feroient qu'affermir
„ la Grande-Duchesse de Toscane dans l'inju-
„ ste possession où elle s'est mise : Et comme
„ elle ne reconnoît aucun Tribunal autorisé
„ pour terminer les différends dont il s'agit, on
„ ne peut que prendre contre elle des partis
„ extrêmes & violens. L'Electeur se voit donc
„ indispensablement obligé d'avoir recours au
„ glaive dont la Justice Divine, ainsi que le
„ Droit Naturel & des Gens, lui permettent
„ de s'armer, pour forcer cette Princesse à
„ un désistement auquel les voies de la dou-
„ ceur & de la Négociation ne sauroient la
„ déterminer. La Couronne de France ayant
„ contracté avec les Prédécesseurs de l'Elec-
„ teur de Baviére des engagemens qui ont
„ encore toute leur vigueur, & en ayant de
„ particuliers avec l'Electeur aujourd'hui ré-
„ gnant, dont l'exécution a été renvoyée au
„ tems de l'extinction de la Maison d'Autri-
„ che, l'Electeur a imploré avec confiance, &

„ même

„ même obtenu de l'amitié & de la juftice du
„ Roi Très-Chrétien fes fecours & fon puif-
„ fant appui.

„ Il ne s'attend pas moins à l'affiftance du
„ Corps Germanique, dont fa Maifon a tou-
„ jours été un des plus fermes foutiens; & il
„ fe promet que les Etats de l'Empire héfi-
„ teront d'autant moins à lui donner la préfé-
„ rence fur une Maifon étrangére, que jamais
„ ils n'ont héfité à l'accorder à ceux dont les
„ droits étoient auffi évidens que les fiens.

„ Il affûre que foit comme l'un des Vi-
„ caires, foit comme Membre de l'Empire, il
„ ne permettra jamais rien qui puiffe donner
„ atteinte aux Conftitutions & aux Priviléges
„ des Etats de l'Allemagne: Il fe déclarera
„ au-contraire Ennemi de tous ceux qui en-
„ treprendront de les combattre; & afin d'ob-
„ vier à tout fujet de plaintes, il fera tenir
„ une difcipline fi exacte & prendra des me-
„ fures fi juftes, que les Cercles, dans lef-
„ quels la Guerre pourroit fe porter, ne s'a-
„ percevront de la préfence de fon Armée,
„ que par le bon ordre qui y fera obfervé.

„ Il compte pareillement, que les Habi-
„ tans des Royaumes & Etats qui reconnoif-
„ foient ci-devant la Souveraineté de Ferdi-
„ nand I. reconnoîtront aujourd'hui celle de
„ l'Héritier légitime que cet Empereur leur
„ a deftiné; & que ces Peuples revenus des
„ erreurs dans lefquelles on a fu jufqu'ici
„ les entretenir, fe rendront à la juftice, en
„ fe livrant avec affection à une domination,
„ qu'ils trouveront pour le moins auffi douce,
„ que pouvoit être celle de la Maifon de

P 2

„ Habs-

„ Habsbourg. C'eſt moins en Maître qu'en
„ Pére, que l'Electeur ſe propoſe de les
„ gouverner ; & s'il réuſſit à régner ſur eux,
„ il demeurera toujours indécis, ſi la ſa-
„ tisfaction de les voir ſes Sujets égalera cel-
„ le qu'il ſe procurera, en leur faiſant goû-
„ ter tous les avantages d'une heureuſe ſujet-
„ tion.

„ Ceux, au-contraire, qui ſont par un entê-
„ tement mal placé, ſoit par trop de condeſ-
„ cendance aux perſuaſions des Partiſans de la
„ Cour de Vienne, ſoit par des vues d'inté-
„ rêt particulier, auront formé une vaine ré-
„ ſiſtance au progrès des armes de l'Electeur,
„ ne pourront que s'en prendre à eux-mêmes,
„ s'ils ſe voient aſſujettis à des diſgraces &
„ à des calamités, qu'il dépendoit d'eux d'é-
„ viter.

„ Enfin Son Alteſſe Electorale pour préve-
„ nir tout prétexte, ou toute raiſon de plain-
„ tes, & empêcher qu'il ne ſoit commis aucun
„ excès, a pris d'avance toutes les meſures né-
„ ceſſaires, ſe flattant en même tems qu'au-
„ cun des Etats de l'Empire ne refuſera à
„ ſes Troupes, ſoit propres, ſoit auxiliaires,
„ non plus qu'à celles de ſes Alliés, les
„ paſſages qui lui ſeront indiſpenſables,
„ après néanmoins qu'au préalable elle en
„ aura dûement fait la requiſition, & aux
„ offres d'acquiter exactement tout ce qui
„ pourra être fourni pour la ſubſiſtance des
„ dites Troupes. Cette demande ne tend à
„ rien qui ne ſoit conforme aux Conſtitu-
„ tions de l'Empire, & que les Princes ne ſe
„ doivent mutuellement. L'Electeur en a
„ lui-

,, lui-même donné un exemple affez récent,
,, lorfqu'à la requifition de Charles VI. il a
,, permis en dernier lieu aux Troupes Mof-
,, covites de paffer par fes Etats.

,, Il ne refte plus à Son Alteffe Electora-
,, le, que d'implorer l'affiftance du Tout-
,, puiffant, pour qu'il lui plaîfe de répandre fur
,, fes armes une bénédiction fi efficace, qu'a-
,, près qu'elles lui auront procuré une plei-
,, ne fatisfaction, l'on voie un calme général
,, fuccéder promptement aux troubles de la
,, Guerre; & que toute l'Allemagne puiffe
,, jouïr tranquillement des douceurs d'une
,, Paix folide & conftante.

C'eft ainfi que l'Electeur de Baviére ex-
pofoit fes prétentions & les raifons de fa conduite. Le Roi de Pologne Electeur de Saxe
faifoit de fon côté avancer des troupes vers la
Bohême, & on n'eut plus lieu de douter
des engagemens de ce Prince avec les Alliés,
lorfqu'on vit paroître une efpéce de Déclaration de guerre, & une Expofition des droits
que Sa Majefté Polonoife formoit fur l'héritage de Charles VI. du chef de la Reine
fon Epoufe.

,, Les Droits de la Séréniffime Reine de
,, Pologne, Electrice de Saxe, Fille aînée
,, de l'Empereur Jofeph, *difoit-on dans ce*
,, *Manifefte*, fur tous les Royaumes délaiffés
,, par l'Empereur Charles VI. pour n'avoir
,, pas d'abord été manifeftés au Public, n'en
,, font pas moins certains, ni moins fon-
,, dés.

P 3

,, Ceux

,, Ceux qui ont fait quelque attention aux
,, événemens de ce Siécle, n'auront pas de
,, peine à comprendre les raisons pour lesquel-
,, les Sa Majesté le Roi de Pologne est resté
,, si longtems dans le silence par rapport à ses
,, droits. D'autres motifs très-louables l'ont
,, engagé à cette conduite ; & l'on peut dire
,, avec vérité, que sa grande modération, son
,, zéle pour la conservation du repos public,
,, & son désir que les différends survenus au
,, sujet de ladite Succession, pussent être pa-
,, cifiés à la satisfaction d'un chacun, l'ont em-
,, pêché plus longtems que ses intérêts ne le
,, demandoient, de publier les droits de sa
,, Maison, & de recourir aux moyens qui se
,, présentoient de les faire valoir, autant au-
,, moins que les conjonctures pouvoient le
,, permettre.

,, Après la mort de l'Empereur Charles
,, VI. de glorieuse mémoire, sa Fille aînée,
,, la Reine de Hongrie Marie-Thérése, Du-
,, chesse de Lorraine & Grande-Duchesse de
,, Toscane, se fondant sur un Acte qu'on a
,, trouvé bon de qualifier de *Sanction - Prag-*
,, *matique*, passé en 1713, reçu & accepté par
,, tous les Royaumes & Etats héréditaires *Au-*
,, *trichiens*, & garanti par les principales
,, Puissances de l'Europe, s'est mise en posses-
,, sion desdits Etats.

,, Sa Majesté le Roi de Pologne, plus sen-
,, sible, comme il a déjà été dit, à la con-
,, servation du repos public, qu'empressée à
,, faire valoir les droits de sa Maison, ne
,, s'est point à-la-vérité opposée à cette pri-
,, se de possession ; mais elle a déclaré d'a-

,, bord,

,, bord, & encore dans la suite, quelle ne
,, pourroit jamais voir d'un œil indifférent,
,, s'il arrivoit que d'autres Puiſſances entre-
,, priſſent de renverſer cette Sanction, ou de
,, lui porter atteinte, puiſqu'en ce cas elle
,, ſe verroit obligée de ſoutenir ſes droits.

,, D'un côté cette Sanction-Pragmatique a
,, été d'abord enfreinte, par la collation fai-
,, te au Duc de Lorraine de la Corrégence
,, des Etats héréditaires, & par celle de la
,, Voix de Bohême; & malgré toutes les ju-
,, ſtes repréſentations faites à cet égard, la
,, Cour de Vienne n'a pas pu être diſpoſée à
,, rémédier au tort ſenſible qui en réſultoit
,, aux droits de Sa Majeſté la Reine de Po-
,, logne.

,, De l'autre, diverſes Prétentions ſe font
,, formées, non ſeulement contraires à cette
,, Succeſſion établie par Charles, mais qui la
,, renverſent & la détruiſent entiérement; &
,, ces Prétentions ſe trouvent appuyées par
,, une partie des Puiſſances garantes, ſe fon-
,, dant ſur la raiſon, que leur garantie ne peut
,, préjudicier aux droits d'un Tiers, pendant
,, que d'autres ſe voient hors d'état de ſoute-
,, nir la Sanction-Pragmatique.

,, Ces circonſtances, connues de tout le
,, monde, ne font rappellées ici que pour en-
,, trer en matiére ſur la Déduction des Droits
,, de Sa Majeſté la Reine, & pour faire con-
,, noître en même tems ce que c'eſt que cet-
,, te Sanction tant vantée, & dont la garantie
,, a été recherchée par la Cour de Vienne avec
,, tant d'empreſſement & d'ardeur.

,, L'INCONSISTANCE & la nullité de
P 4
,, cet

,, cet Acte eſt clairement démontrée, par ce
,, qui a été réglé & ſtatué en 1733. entre
,, l'Empereur Léopold, de glorieuſe mémoi-
,, re, & ſes deux Fils, ſavoir Joſeph, pour
,, lors Roi des Romains, & Charles, pour
,, lors déclaré Roi d'Eſpagne.

,, C'eſt un Pacte de Famille immuable, con-
,, firmé par le ſerment de Charles, qui doit
,, régler à jamais l'ordre de la Succeſſion dans
,, la Maiſon. Par ce Pacte ſolemnel les
,, Droits ſucceſſifs de la Séréniſſime Archi-
,, ducheſſe Marie - Joſéphe, à-préſent Reine
,, de Pologne, & Electrice de Saxe, comme
,, Fille aînée de Joſeph, & ceux de ſes Deſ-
,, cendans, comme auſſi, après eux, ceux
,, de la Séréniſſime Electrice de Baviére, ſa
,, Sœur, ſont tellement établis & aſſûrés,
,, par préférence aux Archiducheſſes, Filles
,, de Charles, que par aucun Acte poſtérieur,
,, ni en particulier par cette prétendue San-
,, ction-Pragmatique, ils n'ont pu être révo-
,, qués ni affoiblis en quelque façon que
,, ce ſoit.

,, Une longue Déduction ſeroit ſuperflue
,, pour metre cette vérité dans tout ſon jour.
,, Il ſuffit de produire ce Pacte même ; & pour
,, peu qu'on faſſe attentiou, tant aux termes
,, dans leſquels il eſt conçu, qu'à ſa diſpoſition
,, & à ſon but, on y reconnoîtra ſans peine l'in-
,, tention des Contractans, & en même tems
,, l'irrévocabilité de cet Acte. Ce Pacte eſt
,, produit ici en ſon entier, ſous la lettre A ;
,, mais pour en faciliter d'autant plus l'intelli-
,, gence, on a cru qu'il ne ſeroit pas inutile
,, de l'accompagner des remarques ſuivantes.

,, I. C'eſt

„ 1. C'eſt une diſpoſition d'un Pére, faite
„ entre ſes Enfans, ſur un cas nouvellement
„ ſurvenu, (c'étoit l'ouverture de la Succeſ-
„ ſion d'Eſpagne) où il s'agiſſoit de faire des
„ arrangemens convenables, pour le plus grand
„ bien, luſtre & conſervation de la Maiſon ;
„ comme auſſi de régler pour l'avenir l'ordre
„ de la Succeſſion entre les deux Branches de
„ cette Maiſon qui alloient ſe former.

„ 2. C'eſt une Loi immuable & irrévoca-
„ ble, qui doit ſervir de régle à jamais, *Lex*
„ *in omne ævum valitura.* Ce ſont les pro-
„ pres termes de cette Diſpoſition.

„ 3. Les deux Fréres s'y ſoumettent, l'a-
„ gréent & l'acceptent ; & Charles promet par
„ ſerment de s'y conformer & de n'y jamais
„ contrevenir, ni de permettre qu'il y ſoit
„ contrevenu par les ſiens.

„ 4. Joſeph, à qui la Monarchie d'Eſpagne
„ revenoit de droit, comme à l'Aîné, y re-
„ nonce en faveur de Charles ſon Frére, &
„ la lui céde, pour en jouïr lui & ſes Héri-
„ tiers mâles à jamais.

„ 5. Charles, en acceptant cette Ceſſion,
„ fait toutes les renonciations requiſes en pa-
„ reil cas, & conſent que le cas arrivant
„ qu'il ne reſtât que des Filles dans la Maiſon,
„ celles de Joſeph ſoient préférées aux ſien-
„ nes propres dans l'ordre de la Succeſſion.
„ Cette Diſpoſition de Léopold, à laquelle
„ Charles donne ſon conſentement, eſt con-
„ çue en ces termes : *Et quæ eas,* (*filias ni-*
„ *mirum Caroli VI.*) *ubivis ſemper præcedant*
„ *Primogeniti noſtri fæminis, juxta Primoge-*
„ *nitura ordinem.* C'eſt-à-dire, que les Fil-

„ les de Joseph, Fils aîné de Léopold, pré-
„ céderont toujours, & en toute occasion,
„ celles de Charles, suivant l'ordre de la Pri-
„ mogéniture.

„ 6. Cette préférence étoit juste. Charles,
„ comme puîné, n'avoit qu'un simple appa-
„ nage à prétendre ; car le Droit de Primogé-
„ niture étoit établi dans la Maison, de-même
„ que l'Indivisibilité des Etats héréditaires.
„ Joseph lui abandonne une Monarchie entié-
„ re pour lui & pour ses Héritiers mâles, dont
„ il auroit pu jouïr lui-même, & la transmettre
„ ensuite à ses Filles, ou en tout, ou en partie.
„ L'intérêt n'engageoit donc pas moins Char-
„ les que la reconnoissance, de consentir que
„ les Filles de Joseph, qui auroient succédé
„ de droit à cette Monarchie, fussent pré-
„ férées aux siennes, au cas susdit, dans la
„ succession du tout.

„ 7 L'Empereur Léopold avoit d'autant
„ plus raison de former par cette Disposi-
„ tion deux Branches dans sa Maison, une
„ Branche aînée, & une Branche cadette, que
„ les Puissances dont l'assistance étoit néces-
„ saire pour la prise de possession de la Mo-
„ narchie d'Espagne le lui conseilloient, &
„ que par le Traité de partage, conclu même
„ avant le décès de Charles II. Roi d'Espa-
„ gne, elles avoient déjà assez fait connoître,
„ que leur intention n'étoit point de lais-
„ ser toute cette Puissance réunie entre les
„ mains d'une seule Personne. Mais l'Empe-
„ reur Léopold porta encore ses vues plus
„ loin ; & pour éviter les différends qui pour-
„ roient survenir à l'avenir par rapport à la
„ Suc-

„ Succeſſion, il veut bien que Charles ſuccé-
„ de à Joſeph, au cas qu'il meure ſans Poſ-
„ térité maſculine ; mais s'il arrivoit que Char-
„ les eût le même ſort, les Filles de la Bran-
„ che aînée, pour les raiſons ci-deſſus, fuſſent
„ préférées à celles de la Branche cadette.
„ Rien n'étoit plus juſte ; auſſi Charles s'y
„ ſoumet-il, & promet par ſerment de n'y
„ jamais contrevenir.

„ 8. De-plus, l'Empereur Léopold & ſes
„ Fils étoient pleinement en droit d'ériger en-
„ tre eux, & d'un conſentement commun, un
„ tel Pacte Succeſſoire. Aucune Diſpoſition ni
„ Privilége précédent ne les gênoit. Jamais
„ auparavant la Primogéniture linéale n'avoit
„ été introduite par rapport aux Ennemis. El-
„ les n'avoient donc aucun droit acquis à allé-
„ guer en pareil cas, dérivé de la Diſpoſition
„ des Ancêtres, & l'Empereur Léopold avoit
„ entiére liberté & faculté de diſpoſer ſur la
„ ſucceſſion des Femmes au défaut des Mâles.

„ 9. Et cela d'autant plus, que les Prédéceſ-
„ ſeurs de Léopold lui avoient tranſmis un
„ droit ſur la Bohême acquis par la guerre, &
„ qu'il en avoit acquis un pareil lui-même ſur
„ la Hongrie, qu'il avoit arrachée des mains
„ des Turcs ; enſorte que, rélativement à ces
„ deux Royaumes, rien ne l'empêchoit de diſ-
„ poſer comme il le jugeoit à propos.

„ 10. Enfin il paroît évidemment, que la
„ Succeſſion ainſi ordonnée & établie par Léo-
„ pold, a été le ſeul motif & fondement de
„ la Ceſſion de la Monarchie d'Eſpagne faite
„ au profit de Charles ; enſorte qu'elle a été
„ une condition ſans laquelle cette Ceſſion
„ n'au-

„ n'auroit jamais été faite. Voici comment
„ Léopold s'exprime : *Declaramus igitur, se-*
„ *cundùm initam ante Hispanicæ Monarchiæ*
„ *Cessionem ; & in ipsâ Cessione, uti primariam*
„ *conditionem repetitam Conventionem statuimus,*
„ *atque in omne ævum valituram Legem dicta-*
„ *mus.* C'est-à-dire : Nous déclarons donc,
„ qu'en conséquence de la Cession de la Mo-
„ narchie d'Espagne ainsi faite, & de la prin-
„ cipale condition répétée dans ladite Ces-
„ sion, cette Convention sera ferme & du-
„ rable, & nous lui donnons force de Loi
„ permanente dans tous les siécles.

„ Cette Disposition si sage de l'Empereur
„ Léopold, fondée sur des motifs si justes, ac-
„ ceptée par les deux Fils, en faveur de qui
„ & de leurs Descendans elle étoit faite, ci-
„ mentée par les engagemens les plus forts
„ & les plus sacrés, a eu cependant un sort
„ peu favorable. Cette Loi respectable, qui
„ ne devoit finir qu'avec les siécles, est atta-
„ quée presqu'aussitôt que Charles s'est vu
„ le Maître des Etats délaissés par son
„ Frére.

„ La mémoire de l'Empereur Charles se-
„ ra toujours digne de vénération. C'étoit
„ un Prince naturellement juste & équitable,
„ Mais il est des occurrences où la vertu la
„ plus affermie se laisse ébranler. La tendresse
„ paternelle est séduisante ; & comme on est
„ facile à se flatter dans les choses que l'on
„ souhaite, on ne fait pas toujours assez
„ d'attention qu'un ouvrage qui n'est fondé
„ que sur l'autorité & le pouvoir, ne peut ê-
„ tre de longue durée, malgré toutes les pré-
„ cau-

,, cautions que l'art ou l'artifice peuvent y
,, avoit apportées.

,, C'eſt ainſi qu'en 1713. après que Charles
,, ſe vit placé ſur le Trône Impérial, & qu'il
,, ſe fût mis en poſſeſſion de tout l'héritage de
,, Joſeph ſon Frére, parut cette Production
,, honorée du titre de Sanction-Pragmatique,
,, à laquelle on crut ne devoir donner d'abord
,, d'autre forme, que d'une ſimple Déclaration
,, faite par l'Empereur dans ſon Conſeil, que
,, ſes Filles ſeroient Héritiéres après lui, &
,, que celles de l'Empereur Joſeph ne par-
,, viendroient à la Succeſſion qu'après elles
,, & leur Poſtérité.

,, Ce qu'il y a de ſingulier dans cette Dé-
,, claration, eſt qu'elle ſe fonde ſur la Diſpo-
,, ſition de l'Emperenr Léopold, cette Loi ir-
,, révocable, qui doit durer autant que les
,, Siécles, ſolemnellement acceptée, & con-
,, firmée par ſerment par le même Empereur
,, Charles, comme Roi d'Eſpagne, quoiqu'el-
,, le y ſoit directement contraire. Charles
,, conſére à ſes Filles des droits, en vertu
,, d'un Acte par lequel ces mêmes droits ſont
,, irrévocablement tranſmis & aſſûrés à celles
,, de l'Empereur Joſeph.

,, Ce n'eſt pas qu'on ne ſentît bien le dé-
,, fectueux de cette Déclaration; mais il fal-
,, loit pourtant faire le pas, & pour l'autori-
,, ſer par quelque apparence de Juſtice, on
,, crut pouvoir fonder cette Déclaration de
,, l'Empereur Charles, ſur la Ceſſion à lui
,, faite par l'Empereur Joſeph, ſon Frére,
,, comme ſur un Acte connu de tout le monde,
,, dans l'eſpérance que les clauſes de la Diſ-
,, poſi-

„ position de l'Empereur Léopold concernant
„ la Succession, qui avoient été tenues soi-
„ gneusement cachées, ne parviendroient ja-
„ mais à la connoissance du Public.

„ On n'en demeura pas-là. Les Archidu-
„ chesses Joséphines avançoient en âge. On ré-
„ solut donc de ne consentir à aucune recher-
„ che qui seroit faite d'elles, qu'à condition
„ qu'elles renonceroient à leurs Droits , &
„ qu'elles se soumettroient à la Déclaration
„ que l'Empereur leur Oncle avoit faite en
„ faveur de ses Filles. Aussi , lorsqu'en 1719.
„ l'Archiduchesse Marie-Joséphe fut deman-
„ dée par Sa Majesté le Roi de Pologne , au-
„ jourd'hui régnant , alors Prince - Royal de
„ Pologne , on fit entendre fort clairement à
„ ladite Sérénissime Archiduchesse, qu'à-moins
„ de se résoudre à une renonciation , il n'y
„ avoit point d'établissement à espérer pour
„ elle.

„ Il fallut donc renoncer ; mais la Sérénis-
„ sime Archiduchesse , présentement Reine de
„ Pologne , le fit , sans savoir précisément à
„ quoi , sans aucune autorisation légale , quoi-
„ qu'absolument nécessaire , & dépourvue de
„ tout conseil & de direction. On n'avoit gar-
„ de d'admettre une procédure légale , bien-
„ qu'essentiellement requise en pareil cas.
„ Son Epoux , Roi de Pologne d'aujourd'hui ,
„ fut de-même obligé d'en passer par - là. Il
„ en fut dressé un Acte , qu'on chargea de
„ clauses pour en plâtrer les défauts essentiels;
„ mais on n'osa le revêtir des formes requises,
„ pour au-moins lui donner , quant au dehors,
„ un

,, un air de légalité dont le fond n'étoit pas
,, fufceptible.

,, L'injuftice & la nullité de cette renon-
,, ciation, de-même que des confirmations qui
,, s'en font enfuivies après le mariage, peu-
,, vent être aifément démontrées. Ce qui vient
,, d'en être expofé, peut fuffire à un Lecteur
,, intelligent, pour peu qu'il foit au fait de
,, la matiére des Rononciations, qui a été am-
,, plement traitée dans le cours du fiécle paffé.
,, Si pourtant il reftoit encore quelques dou-
,, tes là-deffus, ils pourroient aifément être lé-
,, vés par une Déduction des Droits de la Séré-
,, niffime Reine de Pologne, fur tous les E-
,, tats appartenans à la Succeffion d'Autriche à
,, donner au Public, plus ample que n'eft le
,, préfent Manifefte, où l'on s'eft propofé d'é-
,, viter au poffible d'être trop prolixe.

,, Le fecond moyen dont la Cour de Vienne
,, s'eft fervie pour étayer fon édifice ruineux,
,, eft de faire accepter & garantir cette pré-
,, tendue Sanction-Pragmatique, par autant
,, de Puiffances qu'elle a pu, tant de l'Em-
,, pire qu'au dehors.

,, Il feroit affez inutile de rapporter ici
,, toutes les manœuvres qui fe font faites à cet
,, égard. Il feroit également fuperflu d'exa-
,, miner, jufqu'où les Puiffances garantes ont
,, pu ou voulu s'engager par cette garantie.
,, Il fuffit de dire que la Cour de Vienne n'a
,, pas lieu de fe féliciter beaucoup fur l'heu-
,, reufe invention de cet expédient, puifque,
,, comme il a déjà été dit ci-deffus, de toutes
,, ces Puiffances garantes, les unes croient n'y
,, être pas obligées, & les autres fe croient
,, dif-

,, diſpenſées de cette obligation, ou par l'im-
,, puiſſance d'en remplir les devoirs, ou à cauſe
,, des riſques évidens auxquels elles s'expo-
,, ſeroient par-là : Diſpenſe très-légitime en
,, pareil cas, puiſqu'on n'eſt point obligé à
,, ſe perdre pour ſauver autrui.

,, Sa Majeſté eſt ſans-contredit plus en
,, droit que perſonne, de déſirer que cette
,, Sanction n'eût jamais été faite, ou qu'elle
,, fût entiérement abolie. Cependant ſon a-
,, mour pour la Paix, & ſa grande modéra-
,, tion dans la recherche de ſes intérêts pro-
,, pres, lui ont toujours fait ſouhaiter que la
,, Cour de Vienne pût ſe réſoudre enfin à
,, prendre des meſures convenables à ſa ſitua-
,, tion; & dans cette eſpérance, elle a peut-
,, être employé plus de ſoins depuis la mort
,, de l'Empereur, qu'aucun autre à qui cet-
,, te Sanction pouvoit paroître plus utile ou
,, moins indifférente qu'à Sa Majeſté, pour
,, qu'elle fût conſervée & maintenue en ſon
,, entier; & ce n'eſt qu'après en avoir com-
,, pris l'impoſſibilité abſolue, qu'elle a cru
,, devoir en abandonner le deſſein.

,, Mais quel que ſoit le ſort de cette San-
,, ction, il eſt à remarquer ici, que l'acceptation
,, qui en a été faite par Sa Majeſté ne pré-
,, judicie pas plus aux droits de la Reine ſon
,, Epouſe, & de ſa Maiſon Royale que la
,, renonciation. Si on n'a pu validement faire
,, renoncer Sa Majeſté la Reine de Pologne; ſi
,, ſa renonciation eſt nulle quant à la forme
,, & quant au fond; ſi, quand même elle ſe-
,, roit auſſi valide qu'elle eſt illégale & inſub-
,, ſiſtante, elle ne peut jamais ſervir ni être

,, allé-

,, alléguée contre les Droits de la Famille Ro-
,, yale, qui ne les tient point de la Reine feu-
,, le, mais bien de la Loi, & de la Difpo-
,, fition de l'Ayeul & du Bisayeul, *ex pa-*
,, *cto & providentiâ Majorum*, auxquels Droits
,, aucun Acte, de quelque nature qu'il puiffe
,, être, & par qui qu'il ait pu être paffé, n'a pu
,, porter aucun préjudice, comme il a été
,, clairement démontré; l'acceptation de cette
,, Sanction ne peut lier Leurs Majeftés à un
,, point, qu'Elles ne puiffent & ne doivent
,, faire valoir les Droits de leur Maifon Roya-
,, le & Electorale; Droits qui leur font re-
,, ftés fains & faufs, malgré tout ce qui a pu
,, être fait & entrepris au contraire.

,, En voilà affez pour la manifeftation des
,, juftes Prétentions de Leurs Majeftés, & de
,, Leur Famille Royale. Mais outre les Droits
,, Succeffifs de la Séréniffime Reine de Polo-
,, gne fur tous les Royaumes & Etats nom-
,, més Autrichiens, Sa Majefté le Roi de Po-
,, logne, Electeur de Saxe, a de fon chef des
,, Droits & des Prétentions particuliéres qu'on
,, ne fera qu'indiquer ici, fe réfervant d'en fai-
,, re, en tems & lieu, une production plus
,, ample & plus détaillée.

,, 1. Après l'entiére extinction des anciens
,, Ducs d'Autriche de la Maifon de Babenberg,
,, Albert & Diéterich, Fils de Henri Margra-
,, ve de Mifnie, avoient un double Droit aux
,, Etats d'Autriche & de Stirie. L'un, en
,, vertu d'un Réfultat des Etats desdits Du-
,, chés, dans une Diéte tenue en 1250. fon-
,, dée fur les Libertés & Priviléges particu-
,, liers qu'ils avoient pour lors de choifir un

,, Sou-

„ Souverain; & l'autre, du chef de Conſtan-
„ ce, leur Mére, Sœur aînée du dernier Duc
„ Frédéric *le Belliqueux*. La Maiſon de Miſ-
„ nie fit valoir ſes Droits; mais le premier
„ empêchement qu'elle recontra, fut la puiſ-
„ ſance d'Ottocare, pour lors Roi de Bohême,
„ qui uſurpa lesdits Duchés; le ſecond y fut
„ apporté par Rodolphe d'Habsbourg, qui s'en
„ empara, & en inveſtit ſes Fils, ſur le fonde-
„ ment que ces Fiefs étant maſculins ils é-
„ toient dévolus à l'Empire. De tels obſta-
„ cles étant portés par-là à la pourſuite des
„ Droits des Margraves de Miſnie, ils furent
„ obligés de ſe ſoumettre aux tems; & de
„ permettre ce qu'ils ne pouvoient empêcher.
„ Cependant les Droits de la Maiſon Electo-
„ rale de Saxe n'ont ſouffert par-là aucune di-
„ minution ni atteinte. Ils ont été ſuſpendus,
„ ſi l'on veut, tant que la Maiſon de Habs-
„ bourg a ſubſiſté. L'Empereur Rodolphe
„ n'avoit demandé & obtenu ces Etats pour
„ ſes Fils, qu'en ſe fondant ſur la qualité de
„ ces Fiefs; mais à-préſent que cette Mai-
„ ſon eſt entiérement éteinte, les Droits de
„ celle de Saxe revivent, & reprennent toute
„ leur force, enſorte que Sa Majeſté ſe trou-
„ ve en pleine liberté de les faire valoir, par
„ préférence à tout autre Prétendant.
„ 2. Si la Séréniſſime Archiducheſſe, Du-
„ cheſſe de Lorraine, prétend être Héritiére
„ univerſelle, Elle eſt tenue en cette qualité
„ d'indemniſer la Maiſon de Saxe, de ce que,
„ par le fait des Empereurs précédens, cette
„ Maiſon a été fruſtrée des Etats de Juliers &
„ de Bergue, qui lui étoient légitimement ac-
„ quis,

,, quis, & à titre onéreux ; indemnité que les
,, susdits Empereurs ont reconnu être à leur
,, charge, & ont promis d'y satisfaire.

,, 3. Lorsqu'en 1706. les Suédois entrérent
,, en Saxe, le secours solemnellement promis
,, par l'Alliance du 19. Janvier 1702. & par le-
,, quel le feu Roi fut induit à dégarnir ses E-
,, tats pour assister l'Empereur, manqua, &
,, la Saxe fut désolée. Il est juste que la répara-
,, tion de ce dommage , montant au-delà de 30.
,, millions d'Ecus, soit à la charge de celui
,, qui a dû l'empêcher.

,, 4. On passe sous silence, qu'il est enco-
,, re dû à Sa Majesté par la Cour de Vien-
,, ne une somme considérable, tant en subsi-
,, des, qu'en arrérages, dont on n'a pu obtenir
,, le payement de ladite Cour, malgré les sol-
,, licitations pendant plusieurs années.

,, Pour toutes ces raisons Sa Majesté le Roi
,, de Pologne croiroit manquer à ce qu'il doit
,, à sa Maison, s'il tardoit plus long-tems à
,, faire connoître au Public les Droits de la
,, Reine son Epouse à la Succession de tous les
,, Royaumes & Etats Autrichiens, par préfé-
,, rence à tout autre Prétendant, & en par-
,, ticulier aux Archiduchesses Filles du der-
,, nier Empereur, & d'appuyer & faire va-
,, loir ces Droits, de-même que ceux qu'il a
,, de son chef, par tous les moyens que Dieu
,, lui a mis en main, & par l'assistance de ses
,, Hauts Alliés, dans l'espérance d'en obtenir
,, ce qu'en toute justice il doit lui revenir, tant
,, en vertu desdits Droits de la Reine son E-
,, pouse, qu'en celle des siens propres.

,, Sa Majesté s'attend que la résolution qu'El-
,, le a prise, sur-tout depuis que la plupart

Q 2

,, des

„ des Puiſſances de l'Europe ont pris d'autres
„ idées ſur la Sanction-Pragmatique, recevra
„ dans le monde la juſte interprétation qui lui
„ eſt dûe. Auſſi proteſte-t-Elle aux yeux de
„ tout l'Univers, qu'Elle ne demande ni n'en-
„ treprend rien, que ce à quoi Elle ſe croit ê-
„ tre autoriſée en juſtice & en conſcience.
„ L'événement eſt entre les mains de Dieu, &
„ ſa Providence en ordonnera ſelon qu'Elle
„ jugera à propos.

„ Tous les Electeurs, Princes & Etats du
„ Saint Empire Romain peuvent faire fond,
„ & être fortement perſuadés, que Sa Maje-
„ ſté depuis ſon avénement au Vicariat, après
„ le décès du dernier Empereur, ayant em-
„ ployé tous ſes ſoins à la conſervation du re-
„ pos de l'Empire & à une adminiſtration im-
„ partiale de la Juſtice, ce n'eſt qu'avec peine
„ que, chargée encore de ce Vicariat, Elle ſe
„ trouve obligée de renoncer aux voies pacifi-
„ ques qu'Elle a ſuivies juſqu'à-préſent,& dont
„ Elle ne s'écarte qu'après avoir pleinement
„ reconnu que, ſi dans les circonſtances pré-
„ ſentes Elle ne prenoit le parti de joindre ſes
„ armes à celles des autres Prétendans, il ne
„ lui reſtoit que celui d'abandonner ſans re-
„ tour ce qui lui appartient ſi juſtement.

„ Les mêmes Electeurs, Princes & Etats,
„ remarqueront encore que c'eſt ici une affai-
„ re purement domeſtique de la Maiſon d'Au-
„ triche, qui ne regarde proprement que les
„ Intéreſſés, & qui ne concerne ni ne tou-
„ che en aucune façon les droits du St. Empi-
„ re. Auſſi les Provinces où les Troupes de
„ Sa Majeſté Polonoiſe entrent, ſont telle-
„ ment

„ ment fituées, que les autres Etats dudit
„ Empire ne peuvent être aucunement in-
„ commodés ni troublés par cette expédition
„ des Troupes Saxonnes, Sa Majefté s'étant
„ fortement propofé en cette occafion, de
„ ne caufer aucun dommage, oppreffion, ni
„ contrainte à qui que ce foit que cette affaire
„ ne regarde pas, ni de permettre, autant
„ qu'il fera en fon pouvoir, que cela fe faffe
„ par d'autres.

„ Tous les Etats de l'Empire voudront donc
„ bien perfifter dans la même confiance qu'ils
„ ont toujours eue en Sa Majefté & en fon a-
„ mour pour la Juftice, comme auffi l'affifter,
„ autant qu'il fera en leur pouvoir, dans la
„ recherche d'un objet fondé fur la juftice, &
„ fur des raifons néceffaires & indifpenfables.

„ Sa Majefté déclare de plus, que fi d'un
„ côté Elle a ardemment fouhaité que les pré-
„ tentions formées de divers endroits fur la
„ Succeffion d'Autriche, y compris même
„ celles de fa Maifon Royale & Electorale,
„ euffent pu être difcutées & accommodées à
„ l'amiable, fans qu'il fût befoin de recourir
„ aux armes, elle affûre de l'autre qu'après
„ avoir été obligée de prendre, malgré elle,
„ d'autres mefures, elle employera toutes fes
„ forces, & tous les moyens que Dieu lui a mis
„ en main, pour foutenir fes Droits & ceux
„ de fa Maifon Royale & Electorale, efpérant
„ de Sa Divine Bonté, qui connoiffant la droi-
„ ture de fes intentions & la juftice de fa cau-
„ fe, il voudra bien répandre fa bénédiction
„ fur les opérations de fes armes, pour
„ qu'elle puiffe par ce moyen parvenir à la
„ jufte fatisfaction qu'Elle demande, & que

Q 3

„ la

„ la paix fi défirable puiffe être d'autant plu-
„ tôt rétablie.

La Cour de Vienne parut un peu déconcer-
tée à la nouvelle de cette Déclaration. Elle a-
voit déjà affez d'occupation avec l'Electeur de
Baviére & le Roi de Pruffe, pour être indifférente fur le parti que le Roi de Pologne venoit de prendre. Elle avoit compté fur lé
fecours de ce Prince, ou du - moins fur le
neutralité, & le voilà qui fe joint aux Ennemis de Sa Majefté Hongroife, & veut faire
valoir des prétentions auxquelles on croyoit
qu'il ne penfoit plus.

La Reine de Hongrie fe plaignant aux Princes de l'Empire de cette Déclaration de guerre, marque affez combien Elle y étoit fenfible.

„ Elle étoit, difoit-elle, très-éloignée d'im-
„ puter aux propres fentimens de Sa Majefté
„ Polonoife un procédé auffi fcandaleux que
„ celui qu'on entreprenoit de juftifier par ce
„ Manifefte : Qu'Elle ignoroit à qui attribuer
„ des confeils fi oppofés à des engagemens
„ confirmés la plupart par des fermens folem-
„ nels ; mais qu'Elle favoit bien les prétextes
„ qu'on employoit depuis quelque tems pour
„ furprendre la religion de ce Prince, & en
„ impofer à la tendreffe de fa confcience, en
„ prétendant fe prévaloir, pour pourfuivre
„ fes propres vues, des atteintes qu'un autre
„ auroit portées à la Pragmatique-Sanction :
„ Qu'en fuppofant pour vrais les faux motifs
„ du Manifefte de la Cour de Saxe, il étoit
„ impoffible de ne point regarder comme nul-
„ les & injuftes les prétentions des Cours avec
„ lefquelles Sa Majefté Polonoife venoit de
„ s'allier

„ s'allier pour abîmer entiérement la Maiſon
„ d'Autriche.

Toutes ces plaintes ne retardérent pas d'un jour les préparatifs de guerre qu'on faiſoit en Saxe. L'Artillerie & les pontons étoient hors de l'Arſenal de Dresde, toutes les Troupes de l'Electorat ſortoient de leurs quartiers, & le Roi de Pologne ajoûtoit déjà à ſes titres celui de Roi de Moravie.

Pendant que les Troupes Saxonnes étoient en mouvement pour s'approcher des frontiéres de la Bohême, l'Armée Autrichienne quittoit la Siléſie, & couroit à la défenſe de ce Royaume menacé d'un côté par les Bavarois & les François, & de l'autre par les Saxons. Cette Armée tint, à ſon retour de la Siléſie, à peu près la même route qu'elle avoit tenue en y allant. Elle arriva enfin devant Olmutz dans un aſſez bel état, ayant reçu divers renforts depuis la bataille de Molwitz, deſorte qu'elle étoit encore forte de trente à trentecinq mille hommes tous bien équipés & bien armés, mais rebutés du mauvais ſuccès de la campagne, & auſſi mécontens de leur Général qu'il eſt poſſible de ſe l'imaginer. Il n'y avoit pas deux voix ſur ſon ſujet, & depuis les premiers Officiers juſqu'aux derniers Soldats, tous l'accuſoient d'être cauſe de la perte de la bataille & de celle de la Siléſie. Je ne m'amuſerai pas à rapporter ici tout ce que j'ai ouï dire ſur ce ſujet à des gens des plus qualifiés de l'Armée, de peur de donner à mon Lecteur des imaginations pour des vérités. En effet quand un Général eſt malheureux, & qu'avec cela il n'eſt pas aimé, il n'y a ſorte

　d'hiſd'hiftoires qu'on ne débite fur fon compte, foit par prévention, par dépit, & quelquefois par jaloufie. Il eft certain que la manœuvre de Mr. de Neiperg à Molwitz ne fut pas bonne; mais qui fait s'il ne l'a pas faite de bonne-foi, & s'il ne faut pas attribuer à fon incapacité une conduite qu'on prétend rapporter à des ref-forts de politique qui n'ont peut-être jamais exifté? Il eft très-fûr auffi que de tous ceux qui commandoient dans les Fortereffes de la Si-léfie, aucun n'a fait affez de réfiftance pour é-carter les foupçons de ceux qui prétendoient favoir, comme on dit, le deffous des cartes: que Picolomini, par exemple, qui a toujours paffé pour très-brave homme, ne s'eft rien moins que bien défendu, & qu'il a rendu Brieg après deux ou trois jours de tranchée ou-verte, & fans qu'il en coutât que quelques bombes aux Pruffiens, quoique la Place foit bonne & forte par fa fituation; ayant été en 1642. affiégée vainement par les Suédois fous le brave Torftenfon. Picolomini s'excufa fur le manque de Munitions, & c'eft tout ce que j'en fai, & tout ce que j'en puis dire; permis aux Ecrivains des fiécles futurs d'en dire da-vantage, fi des chofes fi fecrétes peuvent ve-nir à leur connoiffance; car fuppofé qu'il y ait eu d'autres raifons, c'eft un fecret entre les Puiffances, & un fecret par conféquent qu'un Particulier ne fauroit fonder fans être témé-raire. Je me contenterai de dire que j'ai ouï difcourir fur la facilité de toutes ces conquê-tes à des Généraux de mérite, qui l'attri-buoient à des intrigues particuliéres, & aux refforts de la plus fine politique. Mais de rap-

porter

porter leurs raifonnemens & leurs conjectu-
res, ce féroit quitter le corps pour l'ombre,
& donner dans le défaut des Nouvelliftes qui
cherchent du myftére par-tout. Peut-être
que le tems apprendra bien des chofes; mais
pour aujourd'hui tenons-nous en à ce que nous
avons vu ou entendu de réel, & n'allons pas
fouiller dans le Sanctuaire du Cabinet, de
peur de nous y égarer. Cependant avouons
que la conduite des Commandans Autrichiens
en Siléfie a quelque chofe de bien fingulier &
de bien rare. A peine les Pruffiens fe pré-
fentoient devant une Place qu'elle étoit auffitôt rendue, fous le prétexte vrai ou faux de
n'avoir pas les munitions néceffaires pour foutenir un fiége; & cependant quand ceux-ci y
étoient entrés, ils y trouvoient, s'il en faut
croire leurs rélations, des amas prodigieux de
munitions de guerre & de bouche. La prife
de Glogau fut ce qui donna lieu aux raifonnemens, & aux foupçons, qui s'accrurent dans la
fuite; & véritablement elle eut quelque chofe de fingulier. La Ville eft fituée fur l'O-
der, pas loin des frontiéres de Pologne. Elle
eft bien fortifiée, quoiqu'affez irréguliére-
ment.

Les Pruffiens avoient bloqué cette Place
prefque dès leur entrée en Siléfie, mais avec
fi peu de troupes qu'ils n'avoient pu empêcher
qu'elle ne reçût diverfes provifions tant par
eau que par terre. Tout le Corps employé au
blocus ne confiftoit qu'en huit Bataillons & un
Efcadron de Dragons. Mais le Roi de Pruffe qui
avoit befoin de raffembler toutes fes troupes
à l'approche de l'Armée Autrichienne, & qui

fa-

fa voit fans-doute que quatre à cinq mille hommes fuffifoient pour prendre Glogau, envoya le 7 de Mars ordre au Prince Léopold d'Anhalt d'infulter la Place & de s'en rendre maître. Le Gouverneur étoit un Comte de Wallis, & celui qui commandoit dans la Citadelle étoit un vieux Officier, fort brave homme, nommé Reiffcke.

Les Pruffiens commencérent à minuit à s'approcher du foffé, & à le paffer. Ils le trouvérent fraifé & paliffadé, mais pas une ame pour le défendre. Ils eurent bientôt fait fauter les paliffades ; & comme ils appliquoient leurs échelles pour efcalader le rempart, le Gouverneur fit tirer deux ou trois coups de canon, qni ne tuérent ni ne blefférent perfonne, l'Ennemi étant déjà fous le feu de l'artillerie, & tous les coups paffant bien haut au-deffus de lui. Les Pruffiens fe rendirent donc ainfi maîtres de la Ville, fans avoir perdu un feul homme. Reiffcke, qui ne favoit rien qui dût l'empêcher de faire fon devoir, avoit rangé fur ces entrefaites fa petite garnifon en bataille dans le Château ou la Citadelle. Il n'avoit qu'environ deux cens hommes. Il les difpofa dans les endroits où il jugea qu'il pourroit être attaqué, & fe mit à la tête des plus déterminés pour défendre la porte, que les Pruffiens tâchoient d'enfoncer. Il fit faire fur eux du rempart un feu continuel, qui les prenoit en flanc & les incommodoit beaucoup ; dans ce moment les troupes qui foutenoient les charpentiers ayant tiré, Reiffcke reçut deux bleffures dont il mourut. Ses Soldats prirent la fuite, & les Pruffiens emportérent

le

le Château après avoir perdu environ vingt hommes tant tués que blessés dans cette attaque, où les Autrichiens en eurent dix à douze de tués. La Garnison, consistant en 855. hommes, fut désarmée, & faite prisonnière de guerre. Le Comte de Wallis eut ordre de rester chez lui après avoir fait remettre les clés des portes, aucun habitant ne fut pillé par les sévéres défenses qui en furent faites aux Soldats. Le même jour, tout le Corps de Troupes qui avoit servi à cette prise, défila à travers la Ville (à un Régiment près qui y fut laissé en garnison) & alla joindre l'Armée que le Roi commandoit en personne.

Tel fut le succès de l'escalade de Glogau, qu'on prétend que les Prussiens n'auroient point entreprise, s'ils n'avoient plus compté sur certaines circonstances, que sur le bonheur de leurs armes. Mais, quoi qu'il en soit, il est très-sûr que la Garnison de la Ville ne fit pas la moindre résistance, & qu'il n'y eut pas une homme de tué de part ni d'autre avant l'attaque du Château.

L'Armée Autrichienne étant arrivée le 24. Octobre aux environs d'Olmutz, & y ayant séjourné quelques jours, se remit en marche le 1. Novembre sur six colomnes, & s'avança jusqu'à Mesritz, d'où elle partit le lendemain pour venir à Ebenschüts, & de-là à Wiemiesliz près de Cromau, où on lui avoit marqué un camp, qu'elle occupa le 3. du même mois.

Pendant qu'elle se reposoit-là de ses fatigues, la Cour de Vienne faisoit de grands préparatifs pour rompre les desseins que les Alliés

liés paroiſſoient avoir ſur la Bohême. Le Grand-Duc ſuivi de divers Généraux Hongrois, & d'un gros de Huſſars, Pandoures, Talpaches, Waradins, & autres, prit la route de la Moravie, & ſe rendit à Znaïm, petite Ville de ce Marquiſat ſur les frontiéres de l'Autriche. A peine y étoit-il arrivé, qu'il fut renforcé par les Régimens d'Infanterie de Waldeck & de Molk, qu'on avoit tirés de la Garniſon de Vienne, & qui étoient commandés par les Généraux Geisruck & Tornaco, avec un train d'Artillerie de vingt piéces de canon, quelques mortiers, & une quantité conſidérable de poudre & de boulets. Le deſſein de ce Prince étoit de ſe joindre au Feld-Maréchal de Neiperg, & cela lui fut très-aiſé, puiſque perſonne ne pouvoit l'en empêcher. Les Pruſſiens étoient retournés dans la Haute-Siléſie, pour couvrir cette Province, & prendre en même tems des Quartiers de cantonnement après une ſi longue campagne. Cependant un Corps de dix mille hommes de cette Armée entra dans le Comté de Glatz, & bloqua la Ville de ce nom, où les Autrichiens avoient laiſſé une aſſez forte garniſon.

Pendant que le Grand-Duc arrivoit à Znaïm, le Maréchal Neiperg quitoit le Camp de Wémieſliz pour ſe rendre au même endroit, & ſe joindre aux troupes qu'on y avoit aſſemblées. La jonction s'étant faite le 8. & le 9. du même mois de Novembre, l'Armée ſe trouva forte de trente-ſix Bataillons, ſavoir 2. de François Lorraine, 2. de Charles Lorraine, 2. de Daun, de Bade-Bade, de Stahrenberg, de

Gotha,

Gotha, de Brown, de Grüne, de Maximilien de Heſſe, d'Ogilvi, de Wurmbrand, de Mercy, de Harrach, de Thungen, de Collowrath, de Molck, de Waldeck, & de Schulembourg ; de ſix Régimens de Dragons, Althan, Lichtenſtein, Bathiani, Dolonne, Wurtemberg, & Römer ; & de treize Régimens de Cuiraſſiers ; Séher, Lanthieri, Cordona, Hohenembs, Pozasky, Brickenfeld, Hohenzollern, Diemar, St. Ignon, Caraffa, Bernes, Charles Palfy & Lubomirsky ; ſans compter les Régimens de Deſoffi, Ghilani, Spléni, Caroli, Czacky & Peſtwermagai Huſſars, & quantité de milice irréguliére de Hongrie, deſorte qu'en tout on faiſoit monter cette Armée à près de quatre-vingts mille hommes, non compris cinq mille autres commandés par le Prince de Lobkowitz, qui étoit poſté près de Pilſen pour obſerver les Alliés.

Le 13. de Novembre, toute l'Armée décampa de Znaïm, & prit la route de la Bohême. Tous les Huſſars furent détachés ſous le Général Nadaſti, & s'avancérent juſqu'à Neuhaus, petite Ville avec un Château appartenant à la Comteſſe de Czernin, dont les François & les Bavarois venoient de s'emparer. Ce poſte étoit important, & pouvoit beaucoup retarder la marche de l'Armée Autrichienne. Il n'étoit même pas poſſible de penſer à ſecourir Prague ſans être auparavant maître de Neuhaus. Cette petite Ville étant placée ſur la grande route de Znaïm à Prague, on auroit eu les Ennemis à dos, qui nous auroient coupé la communication avec la Moravie, l'Autriche & la Hongrie. Le Général Nadaſti eut

donc

donc ordre de le reprendre. Il attaqua l'Ennemi fur le champ, ne voulant pas lui donner le tems de fe fortifier. Il fut d'abord repouffé avec quelque perte ; mais ayant reçu un renfort de trois cens Croates que lui amenoit le Lieutenant-Colonel Prafinski, il força l'Ennemi à lui abandonner la Ville, & à fe retirer dans le Château. Il l'attaque tout de fuite dans ce nouveau pofte, fans lui donner le loifir de fe reconnoître, & l'obligea après quelque réfiftance à fe rendre prifonnier de guerre. Il y eut environ trois cens, tant François que Bavarois, pris, avec vingt-cinq Officiers, du nombre desquels étoit le Chevalier de Pajet Lieutenant-Colonel de Cavalerie.

Toute l'Armée Autrichienne arriva le 16. à Neuhaus, où le Grand-Duc établit fon Quartier-général. Le Prince de Lobkowitz s'y rendit auffi avec fon Corps de troupes.

Cependant l'Armée Françoife & Bavaroife, qui depuis le 18. d'Octobre avoit campé près de Mauttern, fe mit en marche le 24. & ayant paffé le Danube, elle prit la route de la Bohême, fous les ordres du Maréchal de Thöring. Le Général Minuzzi s'étoit déjà, dès le 21. emparé de quelques poftes du côté de Wald-Munich, avec un Corps détaché, pour faciliter à la grande Armée l'entrée de ce Royaume. Thöring s'affura de Pilfen & de Budweis, & pouffa des partis jufqu'à Rockizau pour lever des contributions. Son Armée ne fut que médiocrement harcelée par les Huffars Autrichiens, en quitant la Haute-Autriche, où l'Electeur laiffa un Corps de dix mille hommes fous les ordres du Comte te de Ségur Lieutenant-Général pour garder cette Province, & se disposa à suivre lui-même pour y recevoir l'hommage des Peuples qu'elle lui alloit soumettre.

Les François marchérent sans obstacle jusqu'à Königsaal à deux petites lieues de Prague, & y prirent poste. Les Bavarois se portérent à *Weissen-Buchen*, à la même distance de la Capitale.

D'un autre côté l'Armée Saxonne qui s'étoit assemblée sur les frontiéres de Bohême, pas loin de Töplitz, se mit en marche sur trois colonnes; la premiére prit sa route par Neustadt, l'autre par le *Zinn-Wald*, & la troisiéme par Geyersberg & Bienenhofen. La tête de la premiére arriva le 9. de Novembre à Leutmeritz, ou Leuthomeritz, Ville Episcopale de Bohême sur les frontiéres de Saxe. Le mauvais tems qu'il fit, & les défilés de Baskobohla que l'Armée Saxonne eut à passer, retardérent beaucoup sa marche. Enfin elle passa l'Eger sur les ponts construits près de Budin & de Hostowitz, & le 24. toutes les colonnes se réunirent à Troja & y posérent leur camp.

Cette Armée étoit composée des Trabans de la Garde, des Carabiniers du Corps, des Régimens du Prince Royal, Promnitz, de Minkwitz & de Gersdorf Cuirassiers; de ceux d'Infanterie de la Reine, de Weissenfels, du premier Régiment des Gardes, du second, du Prince Xavier, de Franckenberg, d'Allenbeck, de Niesemeuschel & de Cosel; du Régiment de Schomberg Fuseliers, d'un Bataillon de grands Grenadiers & du Corps d'Artillerie. Elle

Elle étoit commandée en chef par le Comte Roudowski ; le Chevalier de Saxe commandoit la Cavalerie, à laquelle se joignirent quelques jours après onze à douze cens Oulans, sorte de Tartares habitués en Pologne qui ne subsistent que du butin qu'ils font à la guerre, ou de ce qu'ils gagnent à escorter les Voyageurs qui passent par la Pologne, & qu'ils défendent contre les voleurs dont ce Païs est rempli. Ces Oulans sont montés sur des chevaux Cosaques, de petite taille, mais infatigables. Ils sont armés d'un sabre, & d'une espéce de demi - lance qu'ils nomment *Corpikgen*, au bout de laquelle est une branderole taillée en flammette, avec quoi ils font un bruit qui effraye les chevaux de l'Ennemi, & dont ils se servent aussi avantageusement pour percer le Cavalier. Ils ont toujours derriére eux chacun un Valet, qu'ils appellent *Pagolet*, lequel est armé d'un mousqueton & de deux pistolets à l'arçon. Quand les Oulans veulent attaquer un Escadron ennemi, ils font avancer ces Pagolets, comme des Enfans perdus ; ceux-ci font leur décharge le plus près qu'il est possible, & se retirent aussitôt derriére les Oulans, qui s'avancent au grand trot, remuant leur lance pour épouvanter les chevaux de l'Ennemi, & rompre ses rangs avec d'autant plus de facilité.

Cette espéce de Milice est excellente contre les Hussars qui craignent le feu & la lance, qui atteignant plus loin que leurs sabres, les rend par-là même inutiles. D'ailleurs les chevaux des Oulans sont d'aussi facile nourriture que ceux des Hussars, ils vont même

mieux

mieux & durent davantage. Quant aux Oulans mêmes, leurs équipages ne les embaraffent point : la plupart n'ont point de chemife, & ceux qui en ont n'en changent jamais, n'en ayant qu'une, qu'ils ne quitent que pour la faire laver, & en attendant ils portent leur jaquette fur la peau nue. Leur nourriture ordinaire eft du pain, du miel, & de l'eau. En campagne ils boivent du brandevin pour fe fortifier l'eftomac.

Troja, où l'Armée Saxonne étoit campée, n'eft qu'un Château à une petite lieue au Nord de Prague, en-delà de la Moldau. Par cette pofition la Ville fe trouva refferrée de tous côtés, & l'Artillerie étant arrivée au camp, on difpofa tout pour l'ouverture de la tranchée.

Plufieurs raifons engageoient les Alliés à cette entreprife. La premiére, c'eft qu'ils manquoient de vivres, & que ceux qu'ils pouvoient tirer de Saxe & de Baviére étoient fujets à mille inconvéniens, & ne pouvoient être tranfportés qu'avec beaucoup de tems & de peine : il faloit une promte reffource pour appaifer la faim du Soldat, à qui on ne donnoit qu'un peu de pain affez mauvais. Prague avoit de bons magazins de fégle, d'avoine & de foin ; s'en emparant on donnoit aux troupes les moyens de fe rétablir. En fecond lieu, il faloit avoir une Place d'armes, qui fervît d'entrepôt à tous les préparatifs d'une guerre qui pouvoit n'être pas fitôt finie. Enfin on efpéroit qu'étant maîtres de la Capitale, on attireroit les autres Villes dans fon parti, ou qu'au-moins on ne

les auroit pas pour ennemies, & que l'Electeur de Baviére une fois couronne & reconnu dans Prague le feroit auffitôt du refte du
Royaume.

Ces raifons étoient à-la-vérité balancées par
la rigueur de la Saifon, déjà trop avancée
pour entreprendre un fiége; mais quand même
on auroit été au mois de Mai, comment former un fiége fans avoir une Armée d'obfervation, pour le couvrir contre un Ennemi
nombreux & puiffant, qui s'avançoit au fecours de la Place, & qui paroiffoit réfolu de
tout rifquer pour la fauver?

Ces confidérations étoient affurément d'un
très-grands poids, & faifoient impreffion fur
la plupart des Généraux; mais enfin elles cé-
dérent à la néceffité de faire fubfifter l'Armée, à celle de fe procurer une retraite en
cas d'accident, & de commencer une campagne par un coup d'éclat qui relevât le
cœur du Soldat, abattît celui de l'Ennemi, &
prévînt l'efprit des Peuples. Ajoûtez à ces
motifs les avis certains qu'on avoit de la foibleffe de la Garnifon de la Place, du mauvais
état de fes fortifications, & enfin ce qu'on
efpéroit de quelques intelligences qui répon-
doient des Habitans, & garantiffoient qu'ils
ne fecourroient point la Garnifon.

Tout bien confidéré, il fut réfolu qu'on
affiégeroit Prague, & qu'on tenteroit même
de l'infulter, & de brusquer l'attaque, pour
prévenir les inconvéniens qu'un fiége régu-
lier pouvoit caufer, & pour abréger une
entreprife dont le fuccès dépendoit de la

cé-

célérité, & de la hardiesse qu'on y apporteroit.

Mais avant que de commencer le récit de cet événement, il est à propos de donner une description de cette Ville.

Ceux qui aiment les étymologies seront peut-être bien aises de trouver ici celle du nom de Prague. La Chronique de Bohême (1) rapporte que la Reine Libussa ayant envoyé un certain nombre de ses Sujets pour bâtir une Ville, ceux ci trouvérent, dans l'endroit où est situé Prague, des Païsans qui coupoient une grosse branche d'arbre, & que leur ayant demandé ce qu'ils faisoient, ils répondirent *Prab*, c'est-à-dire le seuil d'une porte. Ce qui ayant été rapporté à Libussa, elle voulut que la nouvelle Ville fût appellée *Prab*, d'où est venu le nom de *Prague*, à cause que dans la Langue Esclavonne l'*H* se prononce comme le *G* dans la nôtre.

Quoi qu'il en soit de cette étymologie, & de l'ancienneté de la Ville de Prague, que quelques-uns font remonter jusqu'à Marbod Roi des Marcomans, il reste toujours certain que Prague est sans-contredit la plus grande Ville de l'Allemagne, & une des plus peuplées de l'Europe. Elle est divisée en trois parties principales; qui sont la petite Ville en Esclavon *Malastrana*, la Ville & la Nouvelle Ville. La Petite-Ville ou le *Petit-côté* est situé à l'Occident, la vieille à l'Orient; & est environné de ce côté là de la Ville neuve.

____

(1) Tom. XI. Voyez aussi *Dubravius* Liv. II. & Stranskius, *de Rép. Bohem.* Cap. II.

ve, qui forme une espéce d'arc dont les deux côtés aboutissent à la Moldau, qui sépare la vieille Ville de la *Malastrana*, ou Petit-côté. Un vieux mur bâti à l'antique, avec quelques mauvaises tours, sépare la vieille Ville de la neuve.

Chacun de ces trois quartiers a ses Magistrats particuliers. On va de la vieille Ville au Petit-côté, par un pont qui passe pour le plus beau de l'Allemagne. Il est posé sur dix-sept arcades, & a dix-sept cens pieds de longueur sur trente-cinq de largeuer. Il fut d'abord bâti par les soins de la Princesse Gytha Sœur d'Uladislas ; mais ayant été à demi ruiné par le débordement des eaux, Charles IV. le fit rebâtir de fond en comble. On prétend que quatre carosses y peuvent aisément passer de front. L'Arcenal de Prague est une chose à voir. Les Curieux admirent l'Horloge que est sur la tour de l'Hôtel de Ville. La Maison des Révérends Péres Jésuites est une des plus belles que ces Religieux ayant en Europe. Le Petite-côté a commencé sous le régne de Charles-Quint. Le Duc Rodolphe de Saxe ayant fait bâtir un magnifique Palais près du pont, inspira à quelques Particuliers l'envie de s'établir de ce côté-là, desorte que peu à peu il s'y forma une troisiéme Ville, qui fut environnée d'un bon rempart, défendu par quelques demi-lunes avec un fossé. La Ville neuve a été bâtie par Charles IV. qui la fit séparer de la vieille par un fossé qui est à-présent tout comblé, & où l'on fait des jardins & des prairies. Ce quartier est le plus considérable de Prague. Il renferme

plu-

plusieurs Couvens, diverses Places, & quantité de Collines, car à Prague il faut toujours monter & descendre, excepté dans la vieille Ville, qui est située dans une plaine assez unie. Il y a dans Prague deux Palais Royaux, Ratschin & Wischerad. Le premier fut brulé en 1541. mais Ferdinand I. le fit rebâtir en 1555. C'est dans une Salle de ce Château que s'assembloient les Diétes qui régloient les affaires intérieures du Royaume, & c'est des fenêtres de cette Salle que les Députés firent jetter en 1618. quelques Conseillers Auliques qui soutenoient un peu trop chaudement les intérêts de l'Empereur. En mémoire dequoi ce Monarque fit ériger deux Pyramides au même lieu, avec des inscriptions rélatives à ce sujet. C'est enfin dans ce Château qu'est l'Eglise Métropolitaine que Saint Wenceslas fit bâtir en 932. On y voit une Chapelle où plusieurs Rois de Bohême ont été enterrés. A côté de cette Eglise en tirant vers l'Orient est un Couvent de Filles, le plus ancien de tout le Royaume. L'Abbesse est toujours une Princesse de l'Empire, & doit assister au Couronnement des Reines de Bohême. Du côté opposé est une Abbaïe de l'Ordre de *Prémontré* nommée *Strahoff*, bâtie par Uladislas I. sur une colline que ce Prince appella le *Mont de Sion*, sur ce que l'Evêque d'Olmutz lui fit accroire qu'elle ressembloit beaucoup à celle qui porte ce nom à Jérusalem. A une demi-lieue du Château est le Parc de la Vénérie, au milieu duquel est un beau Palais appellé l'*Etoile*, à cause de sa figure. Et tout près du Parc, sur la gauche est la *Montagne-blanche* ou le *Weissen-*

sen-Berg, fameuse par le sanglant combat qui s'y donna, & dont j'ai parlé ailleurs. L'Empereur Ferdinand fit bâtir sur le champ de bataille un Couvent qu'il nomma *l'Eglise de la Victoire*, en mémorie de l'avantage remporté par ses Troupes sur celles de son Concurrent.

Le Château de Wischerad est célèbre dans l'Histoire de Bohême. On comptoit jusqu'à treize Eglises dans son enceinte. C'étoit une espéce de Forteresse redoutable aux Habitans de Prague lorsqu'ils étoient brouillés avec leurs Souverains, qui y résidoient ordinairement. Il fut pris & repris par les Hussites, qui le désolérent & le ruinérent persqu'entiérement. Ce n'est aujourd'hui qu'une Citadelle très-médiocre, environnée d'un simple rempart, & commandée de tous côtés par des collines qui en rendent l'attaque très-facile, l'Ennemi pouvant être à couvert par les hauteurs qui l'entourent, sans avoir besoin d'autres épaulemens pour se garantir du feu de la Place. Les François y ont fait à-la-vérité quelques ouvrages pour rémédier à ces inconvéniens; mais ce n'est encore rien moins qu'une Place réguliére & d'une défense raisonnable.

Prague est en général une Place de peu de défense; ses fortifications ne valent rien, & elle est commandée de tous côtés, surtout vers la Moldau, dont le rivage est bordé d'une chaîne de montagnes, ou plutôt de collines, qui forment un aspect fort agréable à cause des vignobles dont ils sont couverts; mais qui empêchent entiérement

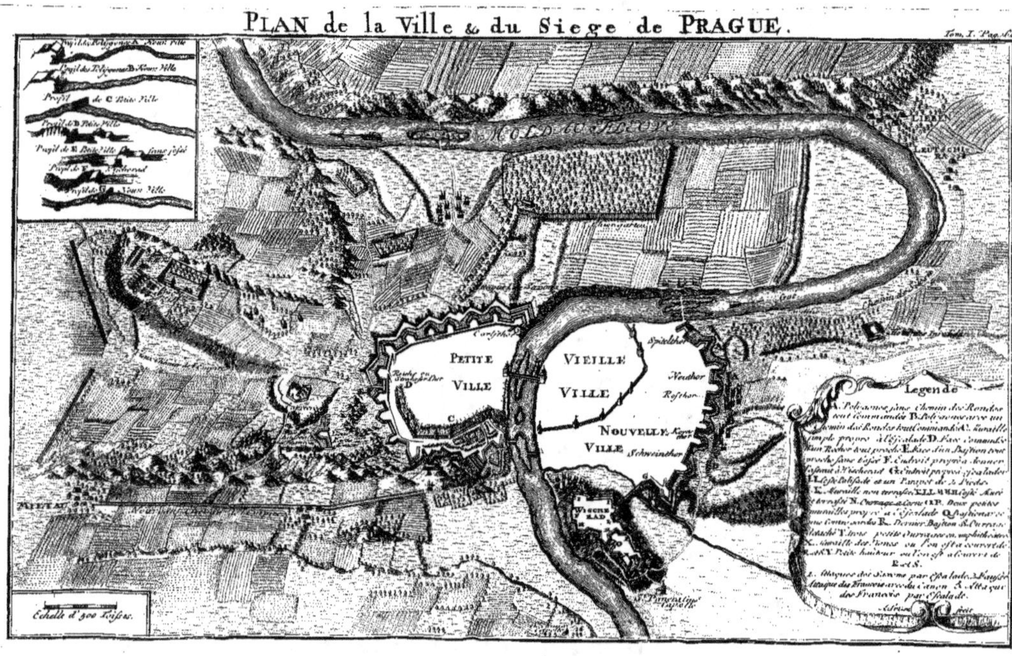
PETITE VILLE
VIEILLE VILLE
NOUVELLE VILLE
WISCHERAD
Legende
Echelle d'900 Toises.

la défense de la Ville, qu'on peut foudroyer de ces hauteurs.

On ne souffre dans Prague & dans toute la Bohème que la Religion Catholique-Romaine. Les Juifs y sont tolérés & y jouissent de plusieurs libertés & privilèges; mais pour les Protestans, ils en sont entiérement bannis, & la Maison d'Autriche a mieux réussi que la France à détruire le Protestantisme dans ses Etats. La Bohème, où l'on peut dire que prit naissance ce qu'on appelle *Réformation*, n'en a pas même conservé le moindre vestige.

L'Université de Prague est célèbre. C'est la seule qu'il y ait en Bohème. Elle doit sa naissance à l'Empereur Charles IV. Elle étoit autrefois remplie de Professeurs Protestans; mais les Jésuites les en ont chassés, & se sont emparés des Chaires Professorales, aussi-bien que des Revenus. L'Evêché de Prague fut fondé par Boleslas le Bon, érigé ensuite en Archevêché par Charles IV. Il n'a que deux Suffragans, les Evêques de Breslau & d'Olmutz.

Telle est en abrégé la Ville dont les Alliés avoient résolu de se rendre maîtres.

Cependant le Général Ogilvi, qui en étoit Gouverneur, avoit dépêché plusieurs Exprès au Grand-Duc, pour lui donner avis du dessein des Ennemis, & du pressant besoin qu'il avoit d'être secouru. Mais tout cela ne servit de rien, le Grand-Duc ne fit pas assez de diligence, ou les Alliés en firent trop pour le malheur de la Garnison & du Commandant.

R 4

Son

Son Alteſſe Royale ſe mit néanmoins en marche, & partit le 18. de Neuhaus, d'où toute l'Armée vint camper à Kartas - Rzeſchitz, ſur la grande route de Prague. On y tint un grand Conſeil de guerre, où l'on délibéra ſur des Dépêches nouvellement arrivées de Prague.

Le 21. & le 22. on ſéjourna. Le 23. on ſe remit en marche, & l'on vint camper à Tabor, Ville autrefois célébre & le Magazin général des Huſſites, qui lui donnérent le nom de Tabor, à cauſe des tentes qu'ils y dreſſérent avant que de bâtir ; car *Tabor* en Eſclavon ſignifie une *tente*. Ce n'eſt plus aujourd'hui qu'un Bourg ruiné, avec un Château au haut de la colline où la Ville étoit bâtie.

L'Armée décampa de Tabor le 25. & ſans s'arrêter elle marcha juſqu'à Beneſchouw, à cinq lieues de Prague ; elle y arriva le 27. mais il étoit trop tard, l'Ennemi étoit déjà maître de la Capitale. En effet, l'Electeur de Baviére étant arrivé à l'Armée, preſſa l'attaque de Prague ; on convint avec ce Prince qu'il faloit tenter de l'emporter d'emblée. Dans cette vue on en reconnut exactement le fort & le foible, & l'on réſolut de former quatre attaques, l'une fauſſe & les trois autres véritables.

Les Saxons paſſérent la Moldau dans des bacs, & vinrent ſe poſter près du Cours, qui commence à la Porte Caroline, *Carlsthor*, & s'étend juſqu'au Parc de la Vénérie.

Une partie des Troupes Françoiſes vint
ſe

se poster derriére un vieux retranchement vis-à-vis la porte de Strahof, pour faire la fausse attaque. L'autre partie passa la Moldau sous les ordres du Comte de Saxe, & vint former la véritable attaque du côté de la Ville neuve. Toute cette disposition se fit à minuit, dans un grand silence & par le plus beau clair de Lune du monde, qui favorisa beaucoup les Assiégeans, & ne servit de rien aux Assiégés, à cause des hauteurs dont Prague est environnée, & qui leur déroboient la vue de tout ce qui se passoit.

L'attaque commença par un grand feu d'artillerie que les François firent à leur fausse attaque. Le Commandant prit le change, & dégarnit toute la Ville neuve, pour renforcer les postes du *Petit côté*; & ce fut la raison pourquoi les Saxons trouvérent plus de résistance à leur attaque du Petit côté, que les François n'en trouvérent à celle qu'ils faisoient du coté de la Ville neuve.

Les Assiégés répondirent vigoureusement au feu du canon des François, & commencérent à faire jouer leur mousquetterie sur les Saxons, qui ayant passé le fossé, escaladoit le rempart avec beaucoup de résolution; & dès la premiére décharge ils tuérent ou blessérent plus de cinquante hommes. Le Général Weisbach reçut, comme il mettoit le pied sur l'échelle, un coup de mousquet dans la tête, qui le tua tout roide à côté du Comte de Cosel, qui se distingua beau-

coup

coup dans cette affaire, & fut un des premiers à gagner le rempart. Les Saxons parurent d'abord un peu étonnés de cette salve, & commencérent à plier; mais les Officiers les ayant encouragés, ils revinrent à l'attaque avec plus de valeur qu'auparavant.

Sur ces entrefaites, les François, qui faisoient la véritable attaque sur la Ville neuve, n'ayant trouvé aucune résistance, escaladérent le rempart, sans perdre un seul homme. Ils poussérent cinq à six cens Etudians qui étoient en bataille sur un Place, & qui mirent aussitôt bas les armes, & se retirérent chez eux par diverses rues. De-là les François marchérent à la Porte Caroline au travers de la Vieille ville & du Pont de pierre, dans le dessein de prendre l'Ennemi par derriére, & de l'obliger à ouvrir la Porte aux Saxons; mais ils trouvérent que ceux-ci étoient déjà maîtres du rempart, & que la Garde de la Porte mettoit les armes bas. La Porte fut ouverte dans l'instant, & les Troupes de Saxe entrérent suivies de la Cavalerie Françoise qui étoit restée en bataille à la portée du canon, pendant toute l'action.

Ce fut ainsi que Prague fut pris, la nuit du 25. au 26. Novembre à quatre heures & demie du matin, après un feu très-vif de mousquetterie & d'artillerie, qui couta la vie à une centaine d'hommes de part & d'autre. Mais pour bien comprendre la disposition des Assiégeans, on n'a qu'à jetter les yeux sur le Plan de cette attaque que je donne ici, d'après le dessein d'un Ingénieur Saxon.

Saxon. Et pour plus grand éclaircissement, j'ajoûterai encore ici la Rélation que le Lieutenant-Colonel Schmielinski Aide-de-camp du Comte Roudowski, apporta le 38. au Roi de Pologne de la part de ce Général.

*„ Comme on avoit reçu plusieurs avis que „ l'Armée Autrichienne, commandée par le „ Grand-Duc de Toscane, étoit en marche „ vers Prague, on résolut de ne plus diffé- „ rer à attaquer la Ville d'assaut. La nuit „ du 25. au 26. de ce mois fut fixée pour „ cette expédition. On avoit d'abord eu des- „ sein de commencer l'attaque du côté de „ la Riviére, près du Couvent des Jésuites; „ mais sur le rapport d'un Déserteur on se „ détermina à l'entreprendre du côté de la „ Porte Caroline. Il avoit été convenu avec „ l'Electeur de Baviére, qu'une partie des „ Troupes Françoises sortiroit de ses tran- „ chées à une heure après minuit, pour for- „ mer une fausse attaque du petit côté de la „ Ville, pendant que le Comte Maurice de „ Saxe attaqueroit la Ville neuve, & que les „ Troupes Saxonnes, de leur côté, forme- „ roient deux véritables attaques, l'une sur „ les deux Iles qui sont sur la Riviére, du cô- „ té de la Ville neuve, & l'autre, du petit „ côté de la Ville, près de la Porte Caroline. „ Nous commençâmes notre attaque à qua- „ tre heures du matin. Elle fut exécutée par

„ tou-

* Rélation du Comte Roudowski au Roi de Pologne.

„ toutes les Compagnies de Grenadiers, qui
„ formoient quatre Bataillons, & qui étoient
„ commandées par les Lieutenans - Colonels
„ Sehdens, Schlegel, Gersdorff & Carlo-
„ witz. Ils étoient suivis de huit cens Tra-
„ vailleurs, couverts par un Détachement de
„ dix-huit cens Hommes d'Infanterie, divisés
„ aussi en quatre Bataillons, sous le Com-
„ mandement des Colonels Natzmár &
„ Franckenberg, & des Lieutenans - Co-
„ lonels Crousaz & Watzdorff. Le Colonel
„ Comte de Cosel, qui conduisoit cette at-
„ taque, descendit dans le fossé à la tête
„ du premier Bataillon des Grenadiers, le
„ passa, & fit placer les échelles à l'autre
„ côté. Il fut d'abord repoussé par un feu
„ très-vif des Assiégés. Il ramena son mon-
„ de, & attaqua une seconde fois avec tant
„ de vigueur, qu'il parvint enfin, avec son
„ Bataillon, jusqu'au haut du rempart. Les
„ trois autres Bataillons suivirent son exem-
„ ple. Ce fut pendant que les Saxons essu-
„ yoient le feu de la Ville au passage du fossé,
„ que le Major - Général Weisbach fut tué.
„ Le Lieutenant Général Renard, qui avoit
„ pénétré jusqu'à la Porte de la Ville, l'ayant
„ fait ouvrir, la Garnison mit bas les ar-
„ mes, & les Troupes entrérent sans aucune
„ résistance. Elle occupérent aussitôt le grand
„ Marché, ainsi que les autres Portes & le
„ reste de la Ville.

„ Les Généraux Jasmund & Rockau, qui,
„ avec neuf Bataillons, commandoient la se-
„ conde attaque à l'autre côté de la Rivié-
                                „ re,

„ re, rencontrérent d'abord beaucoup de
„ difficultés à paſſer deux foſſés, ou ca-
„ naux, que les arrêtérent quelque tems. Cet
„ obſtacle fut cauſe qu'ils pénétrérent plus
„ tard dans la Ville, & particuliérement
„ celles de Franco, commandées par le Com-
„ te Maurice de Saxe. On n'éprouva point
„ de réſiſtance à ces deux derniéres attaques.
„ Vers le point du jour on porta au Comte
„ Roudowski les clés de la partie appellée
„ le Petit côté de la Ville.

„ Le nombre des priſonniers qu'on a faits
„ en s'emparant de Prague, monte à trois
„ mille. Le Commandant avoit partagé la
„ Garniſon ſur les remparts. La plus gran-
„ de partie des Troupes réglées ſe trouvoit
„ à l'endroit où les Saxons firent leur atta-
„ que. On a fait entrer cinq Bataillons dans
„ le petit côté de la Ville. Les Régimens
„ de Weiſſenfels & de Franckenberg ont été
„ mis dans la vieille Ville. On a renvoyé
„ le reſte des Troupes à l'Armée. On ne
„ peut donner de trop juſtes éloges à la con-
„ duite que le Comte Maurice de Saxe &
„ le Lieutenant-Général Renard ont tenue
„ dans cette expédition, auſſi-bien que le feu
„ Général Wiesbach, le Colonel Neubauer,
„ les Lieutenans-Colonels Schmielinski,
„ Noſtitz, Poniatowski, Gersdorff, Carlo-
„ witz & Diber, & pluſieurs autres Officiers
„ de moindre rang.

Le Château de Wiſcherad ſe rendit avec
la Ville. On y fit cent quarante hommes priſon-

fonniers ; c'étoit toute la Garnifon. Plufieurs
Drapeaux & Etendards furent envoyés à Dresde, pour fervir de trophée à la valeur des
Troupes Saxonnes.

Fin du Premier Tome.

www.ingramcontent.com/pod-product-compliance
Lightning Source LLC
LaVergne TN
LVHW020116060726
842526LV00004B/1143